JN002140

初めての人にもわかる

宅建士 教科書

中神エマ ［著］

エマ先生&
なるやま君が
ていねいに解説！

成山堂書店

はじめに

皆様こんにちは。宅建受験講師の中神エマ（なかかみえま）と申します。

本書「初めての人にもわかる　宅建士教科書」をお手に取っていただきましてありがとうございます。

宅建士―宅地建物取引士の試験は、毎年約20万人の方が受験申し込みをする人気資格です。宅建士は不動産取引の現場に関わる専門家ですが、「就活に強い！」「資格の知名度が高い！」「法律知識が生活にも役立つ！」等々メリットの多い資格です。それでいて、仕事や家事、学業の合間の時間を上手にやりくりすれば十分合格できる資格ですので、コスパの高い資格といえるのです。受験者が極めて多いのはそこに理由があります。

宅建士資格は、特別な法律知識の下地がなくても初心の方から合格が目指せますが、合格するためには2つのコツがあります。1つ目は、「宅建試験でよく出る法律や項目の傾向に沿ったテキストで学習する」ということです。何だか当たり前のようなことですが、実は、同じ「民法」という法律でも、目指す資格の種類によってその出題傾向は変わってきます。宅建試験に受かるためには、宅建試験の出題傾向に沿って書かれたテキストで学習することが確実な方法であり、効率の良い方法ということなのです。

2つ目は……「出題項目をしっかり押さえて、失点しない！」ということです。これまた当たり前のような話ですが……宅建士になる人に押さえておいてほしい項目は、50問の出題数の中で、毎年飽きるほど繰り返して出題されます。その中に、合格基準点を調整するための（？）難しい問題や、ややこしい問題を混ぜて問題が作られる傾向にあります。「難しい問題」「ややこしい問題」では、合否に差はつきません。受験生の多くの方が得点しにくい問題だからです。かえって、「繰り返して出題される傾向にある基本的な問題」を落とすほうが、1～2点差で合否に差が出る宅建試験ではリスクが高いのです。

本書は、「よく出る出題項目」をピックアップして分かりやすく覚えられるように記述し、図表やアイコンで示しながら理解が進むように作り込みました！試験に役立つテクニックや重要な過去問もピンポイントで収載しています。

ナビゲート役は、私、中神エマと、不動産会社「海の家不動産」へ出向のなるやま君です。カワイイキャラクターとのやり取りにホンワカなじみながら、試験合格に必要な知識が無理なく身に付くように講義を進めて参ります♪

ぜひ、ご一緒に、宅建試験合格を実現いたしましょう！

2022年5月
中神エマ

もくじ

7

第3編　法令上の制限

本書の使い方！

①分野ごとの中扉に、学習方法のヒントを掲載！

　宅建試験の全範囲を網羅した本テキストは、**序編＋４編の全部で５つの編**に分

けて書かれています。その編ごとの**中扉**では、登場する　　　　　 "エマ先生"

と　　　　　 "なるやま君" がその分野の出題数や得点目標、学習方法について
等のおしゃべりをしています。ここに、学習に役立つヒントが出ていますよ♪
見落としなきようお願いします！

②編ごとの冒頭には、「学習上のプロローグ」を掲載！

宅地建物取引業法　　学習上のプロローグ

　宅建試験で出てくる分野ごとの特徴や学習開始の際に効果的な方法について、
ざっくばらんに解説しているコーナーです。受験勉強のスタート時にとまどうこ
とのないように、エマ先生ならではの "ツボとコツ" を説いているコーナーです
よ。なるやま君と一緒に、エマ先生のお話にまずは耳を傾けてみましょう♪

③項目ごとに、「この項目のテーマ」を掲載！

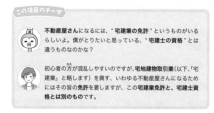

　いよいよ学習開始！　項目ごとの冒頭で、**学習する内容についてのテーマ**を頭
に叩き込みましょう。そのうえで、学習内容に入っていくようにしてみてくださ
い。それから復習の際には、テーマを見て、本文の内容を思い出しながら繰り返
し学習をしていくのも効果的ですよ♪

④学習は、エマ先生となるやま君の "マンツーマン講義" で進んでいきます！

有効期間を 10 日過ぎて更新
されれば、10 日間もうけも
のになるのかナ？

 いいえ！ 満了日の翌日か
ら起算して 5 年間になり
ますよ（業 3 ⑤）。

本文中では、エマ先生となるやま君の間での、**マンツーマン指導にて学習が進**んで参ります！　なるやま君が学習の中で感じた疑問は、そのつどエマ先生が回答して解決していきますので、サクサクッと理解が進みますよ♪

⑤一覧表や図解・イラストが学習効果を高めます！

知事免許　　　　　　　　　大臣免許
都内本支店100店舗　　　　都内本店　埼玉県支店1店舗

宅建試験は理解しながら暗記していくべきポイントがたくさんあります。適宜、図表やイラスト・後述のアイコンをヒントに、イメージ学習に努めましょう。**右脳を刺激**することで、リラックスしながら理解力を磨きましょう♪

⑥暗記が必要な箇所は、ダジャレと俳句風のノリで征服！

 覚え方〜ダジャレで覚えちゃおう！
「く（90 日前から）み（30 日までの間）ちゃん更新　免許証」

なるやま君は、**ダジャレが大好き！**　重要な数字などは覚えやすいように、頭に残る珠玉の“ダジャレ”を連発していきます！　宅建試験では、ダジャレやゴロ合わせは、**意外なほど効果を発揮**します♪　慣れてきたら、自分でオリジナルのゴロ合わせを考えてみるのもお薦めですよ♪

⑦過去問題に挑戦して、理解度チェックも！

Q 令3-49-4 扇頂や小河川の出口で堆積物の多い所等は、土石流の危険が少ない

A 解説　出口部分は、土石流の危険があります。安全とはいえません。答×

過去問題を研究することで、**出題傾向が明らかになる**のも資格試験の“あるある”です！　本書では適宜、頻出事項の過去問題も掲載しています。問題演習の小手調べに、ぜひ挑戦してみてくださいね♪

⑧法律は生もの、この先の法改正の動きにもご注目！

法律は世の中の動きに合わせて改正がされていきます。宅建試験に関連する法令でも、その動きは顕著です。**最近の気になる法改正の動向**を、宅建トピックスとして掲載しました。参考までにご覧ください♪

登場キャラクター／アイコンのご紹介

中神エマ（エマ先生）

宅建試験受験講師。
エマ先生がやさしい語り口調で、重要法令と出題ポイントを詳しく解説してまいります。今回は、「海の家不動産」のなるやま君と一緒に、宅建試験合格を目指して全力で頑張っていきます！　それでは、レッツゴー!!

なるやま君

海の家不動産へ出向しているコウテイペンギンの、いわゆる" 海の王子様 "なるやま君。そろそろ" 宅建士資格 "をゲットしないとね！　性格は、省エネ系で、もちろん宅建士資格は欲しいけど、なるべく早く、楽ちんに、合格したいなと考えています。趣味はスマホいじり。

覚えなイカ

大事な知識を解説している箇所で〜す！　覚えてね。本文部分の基本知識は最重要ですが、それだけでは簡単になってしまって出題事項になりません。試験で問われる関連重要知識を示します。学習上の肝 (キモ) となる箇所です！

クラゲチーム

主に権利関係の事例のご紹介などで、分かりやすく図示しま〜す。宅建試験に出てくる事例問題に対応するべく、自在に増殖して図に示してくれるアリガタイ生き物です。

法令略称一覧

宅建業法

業	：宅地建物取引業法
保証金則	：宅地建物取引業者営業保証金規則
報酬額告示	：宅地建物取引業者が宅地又は建物の売買等に関して受けることができる報酬の額
解釈・運用	：宅地建物取引業法の解釈・運用の考え方（ガイドライン）
品確	：住宅の品質確保の促進等に関する法律
瑕疵担保履行	：特定住宅瑕疵担保責任の履行の確保等に関する法律

権利関係

民	：民法
区分	：建物の区分所有等に関する法律
不登	：不動産登記法
借	：借地借家法

法令上の制限

都計	：都市計画法
建基	：建築基準法
国土	：国土利用計画法
整理	：土地区画整理法
宅造	：宅地造成等規制法
農	：農地法
河川法	：河川法
生産緑地法	：生産緑地法
急傾斜	：急傾斜地の崩壊による災害の防止に関する法律

自然公園法	：自然公園法
道路法	：道路法
海岸法	：海岸法
港湾法	：港湾法
文化財保護法	：文化財保護法

税法

地	：地方税法
所	：所得税法
租特	：租税特別措置法
登免	：登録免許税法
相続	：相続税法
印	：印紙税法

鑑定評価

鑑定	：不動産鑑定評価基準総論
公示	：地価公示法

需要と供給

支援	：住宅金融支援機構法
景表	：不当景品類及び不当表示防止法
景品規約	：不動産業における景品類の提供の制限に関する公正競争規約
表示規約	：不動産の表示に関する公正競争規約

その他

令	：施行令
則	：施行規則

※本文中では条文番号は算用数字で示し、丸数字で「項」を、漢数字で「号」を示しています。

※本書の収録法令は、令和4年4月1日施行中の法令等によります。

序編

宅建試験のガイダンス

宅建試験ってどんな試験？

いよいよ学習開始！
がんばるよぉ〜〜！

そうですね、
まずはこの編の「学習ガイダンス」を
しっかりと読んで、
必ず宅建士になりましょう!!

序編　宅建試験のガイダンス　宅建試験ってどんな試験？

　ここは、都内某所に社屋を構える不動産会社「海の家不動産」の事務所内です。なるやま君の元気な声が、響いてきますよ♪

ねえ！　僕は、"宅建士"の資格を取りたいと考えているんだけど、ところで、宅建士って、どうすれば取れるのかな？

宅建(たっけん)とは、何でしょうか。**宅建士(たっけんし)**とは、どのような人のことをいうのでしょうか。まずは、ここから！

1.　宅建って、どんな資格なのかナ

宅建士の役割は？

　宅建（たっけん）とは、**宅地建物取引士の資格**を指して称する際の言葉です。宅地建物取引士（略して宅建士）は、**宅地建物取引の専門知識を持った資格者**として、宅地建物取引業の取引の現場で活躍します。つまりは、不動産取引の際に**必須の資格**であるということ、詳しくは第1編の「宅地建物取引業法」の項目で説明しますが、宅建士がいないと、業務として宅地建物取引を行うことはできないのです。

宅建試験は公平な試験

　宅建試験は、その受験資格については、**特に制限はありません**。年齢、経歴、国籍等を問わず、**誰でも受験可能**です。その意味で、実に開かれた試験であるということがいえます。チャンスはみんなに公平に与えられているといってよいでしょう。

宅建試験は働きながらでも上手に取得できる資格！

　宅建試験は、1年に1度（10月の第3日曜日）の試験ですので、受験勉強のペースは、「6か月ないし1年間」程度の期間で組むのが通常パターンです。合

格された方の受験勉強のトータル時間をアンケート調査したところ、**延べ350～400時間学習**したというデータがありました。毎日2時間くらい学習すると、半年ちょっと、かかりますね。何だか大変そう！？

ですが、この学習時間は、**延べ時間**です。"机にかじりついて毎日学習"ということばかりではなくて、電車に乗っている時間にサラリと問題を解いたり、休み時間に基本テキストを読んだりと、**「細切れ時間」**をトータルした学習時間です。「細切れ時間」ということなら、毎日少しずつ学習していくことが可能になりますね。また、"試験勉強に集中するために仕事を含めて一切ほかのことはやらない"といったような極端な学習スタイルをとる必要もありません。仕事をしながら、学生であれば学校の勉強の合間に、**「細切れ時間」を上手に使って受験準備**をしていけば、**充分に合格が狙える試験**なのです。

宅建業にお勤めの方は、登録講習を受講しましょう！

宅建業の従業者の方は、"**登録講習**"という講習をあらかじめ受けることで、宅建試験の一定の科目から**5点分が免除**され、通常では2時間で50問の問題を解くところで、1時間50分の時間内に45問の問題を解けばよいという制度もあります。登録講習がいわゆる"**5点免除講習**"とよばれる理由です。5問分先に得点できていますと、気持ち的にも有利です。ぜひ、受講をご検討されてみてください！

（登録講習については、後述の 24 ページ も見てくださいね♪）

2. 宅建士になるためのステップとは！

宅建士資格を取得するには、**宅地建物取引士資格試験**を受験し、合格することがまずは必要です。宅建士として活躍するためには、**宅地建物取引業法に定められた以下のステップを踏む**必要があります。

①**宅建試験に合格する**。（宅建試験合格者）

②合格した試験を行った都道府県知事の**登録を受ける**（登録に際しては、<u>2年以上の実務経験が必要になります</u>）。（宅建士資格者）

③**宅建士証の交付を受ける**。（宅地建物取引士）

上記①～③のステップをクリアして、晴れて宅建士の誕生！　となります。

一番の難関は、①の「宅建試験に合格する」ですが、過去の試験傾向を研究し、作成された**基本テキスト（本書）**に沿って学習して、**過去問題（過去の本試験に**

おいて実際に出題された問題）等を充分に演習すれば、合格が見えてきます♪

3. 宅建試験の出題範囲・形式や内容は

試験の内容・出題範囲について知りましょう。

　宅建試験は、**宅地建物取引業に関する実用的な知識を有し、その知識が、次の**内容のおおむね全般に及んでいるかどうかを判定することに基準を置くものとされています（全部で7分野）。

①**土地**の形質、地積、地目及び種別並びに**建物**の形質、構造及び種類に関すること。
②土地及び建物についての**権利及び権利の変動に関する法令**に関すること。
③土地及び建物についての**法令上の制限**に関すること。
④宅地及び建物についての**税に関する法令**に関すること。
⑤宅地及び建物の**需給に関する法令及び実務**に関すること。
⑥宅地及び建物の**価格の評定**に関すること。
⑦**宅地建物取引業法及び同法の関係法令**に関すること。

※受験対策上、上記項目の①、④、⑤、⑥をまとめて「**その他の分野**」と呼んでいます。

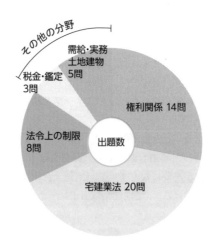

宅建試験の形式と内容は

　宅建試験は、**例年10月の第3日曜日に実施**されます。試験時間は、**2時間、4肢択一式50問のマークシート形式**です。解答は、鉛筆又はシャープペンシル（HB又はB）で行い、消しゴムはプラスチック消しゴムを使用します。

　試験では、**1問につき、2分ちょっとの時間で解答していくことが必要**です。過去問題を繰り返し解答し、解答時間を短縮することが必要な訳は、ここにあります。

　試験の科目中、**50問中で実に8割の出題になる科目**があります。これが「**主要3分野**」といわれるもので、以下のとおりです。

①**権利関係法令**（出題数：14問）
②**法令上の制限**（出題数：8問）
③**宅地建物取引業法**（出題数：20問）

　本書では、上記の大事な3分野について、重要なポイントを中心に記載しています。重要なポイントとは、「**過去問において、繰り返し出題されている事項**」「**法律の基本事項**」というものです。試験の難問化が進んだとしても、この2点を無視して学習をすることは、却って合格への回り道となってしまいます。

　「**主要3分野**」を十分に学習した上で、「その他の分野」といわれる科目（税法、土地建物の知識等）に進むルートが**合格圏内への効率の良い進み方**になります♪

宅建試験の合格ラインは

　2021年度（令和3年度）の試験では、50問中34問以上が合格基準（合格率は17.9%）でした。年度によって差はありますが、**50問中7割強の得点（36点〜38点）**を目標にするとよいでしょう。

4. 最近の試験合格者の人数など

令和3年度（10月）の試験合格者の人数など

◆合格者数は前年試験よりも増加

　試験の申込者数は256,704人、受験者数は209,749人（受験率は81.7%）でした。合格者数は37,579人で、令和2年度試験の合格者に比べて7,851人の増加となりました。合格率は17.9%、合格基準点は50問中34問以上（登録講習：いわゆる5点免除講習の修了者では45問中29問以上）でした。

傾向として、宅建士受験の申込者数は増加し続けています。基本的に競争試験で、試験は徐々に難化傾向にもあります。なるべく早めに資格をゲットしてしまいましょう！

■直近の5年間の合格点は、以下のとおりです。

年　度	合格基準点
平成29年	35点
平成30年	37点
令和元年	35点
令和2年	38点（10月）・36点（12月）※
令和3年	34点（10月）・34点（12月）※

※社会状況に鑑み、10月と12月に分けて試験が実施されています。

5．受験の申込み手続きなど

受験の申込み手続きは

受験申込書（試験案内）の配布は、**例年7月初旬から行われ、受験申込みの締切日まで配布されます。この配布は、（一財）不動産適正取引推進機構及びその協力機関、大型書店等で無料で配布されます。

受験申込みは、郵送又はインターネットによる申込み**となります。申込みにつきましては、毎年5月〜6月ごろに公開される受験案内（**都道府県別：ご住所地での受験となりますのでご注意下さい**）をご覧下さい。

 インターネット申込みは、郵送申込みよりも締め切りが早いので気を付けましょう！

受験票は、受験者各自に（一財）不動産適正取引推進機構から直接郵送されます（最初に住所確認の通知が来て、その後で、受験票が来ます）。送付時期は、9月下旬から10月にかけてです。この時期に受験票が到着しないときは、（一財）不動産適正取引推進機構又は協力機関に問い合わせてください。

（一財）不動産適正取引推進機構　試験部
〒105-0001　東京都港区虎ノ門3-8-21　（第33森ビル）
TEL　03-3435-8181

　　　ホームページ　https://www.retio.or.jp/

　合格発表は、原則として12月の第1水曜日又は11月の最終水曜日です。合格者には、（一財）不動産適正取引推進機構から合格証書が郵送（簡易書留）されます。

6. 学習スケジュールの目安ってどんなカナ？

学習スケジュールの目安です（まずは**大まかにプランを立てましょう！**）

| 学習開始〜6月頃 | → 基本書によるインプット学習の進行に従って、過去問題集を補完的に利用します。基本テキストをしっかりと読み込んで、過去問題を参考に解いてみることによる**重要項目の確認**を繰り返して行いましょう。

| 7・8月上旬〜10月上旬 | → 演習問題と基本書で重要項目の再確認、**速読即解に慣れること！** 試験日が近づいたら、徐々に**模擬試験**などを解答して実力を**養成**しましょう。

| 10月上旬〜試験まで | → 過去問題集の見直しと、択一式予想問題の復習で学習の仕上げを行いましょう。**誤ったところは必ず基本書でチェック**しましょう。**暗記項目の再確認は試験直前**に行なった方が、試験当日に忘れにくいです♪

ねえ！　僕、"**宅建士**"の資格について、相当詳しくなった気がするなぁ〜！　これなら、**すぐに合格できそう！**

一緒にがんばりましょうね♪　次は、学習法に入りましょう。

7. 宅建試験　主要3分野のイメージと、科目別の学習方法！

自動車の免許を取得することになぞらえて、宅建試験の科目のうちの重要な3分野「**宅建業法科目**」「**権利関係科目**」「**法令上の制限科目**」をざっと俯瞰してみましょう。

（自動車の免許も、宅建業界ではお客様のご案内に必須だね）

◆「宅建業法科目」～自動車の構造を知るイメージ！

ハンドルを切って、右に曲がる、左に曲がる、ギヤをRに入れて、後退する……。曲がるときはその進行方向に、ウインカーを出しますね。雨が降ってきたら、ワイパーを動かしますし、そもそも運転時には、シートベルトも付けなきゃ！　乗車人数の制限もありますね。

　宅建業を営む場合も、その**開業の準備や業務内容**について、**しっかりとマスター**しておかなければうまく回らないですね。まずは、ここから学習していきましょう。

◆「権利関係科目」～エンジンの動く仕組みを知るイメージ！

自動車運転の場合は、ディーラーさんに整備をお願いすれば、エンジンの中身までは知らなくてもOKですが、宅建業を営むには**法律や契約の仕組み**を知っておかないとなりません。でも、この役割は"宅建士"がその専門家ですので、不動産屋さんに宅建士の方にいつもいてもらえれば安心ですね。ですので、宅建士になるためには、自動車に例えれば、エンジンの仕組みまで知っておかなければならないということになります。**宅建士は法律系実務家としてその仕組みを熟知しておく使命**があるのです。その学習が、民法をはじめとする「権利関係」の科目なのです。

◆「法令上の制限科目」～交通法規を知るイメージ！

ここは、一方通行！　ここは、時間によっては駐車禁止！　ここは、自動車専用道路ですよ！　等、運転ができても交通**法規**が分かりませんと、危なくて自動車の運転はできません！　不動産屋さんの業務においても、パチンコ店を出店したくて土地を探しているお客様に、パチンコ店が建てられない地域の土地を仲介してしまったら？　3階建て住宅を建てたいお客様に、高さ制限のある土地を仲介してしまったら？　コワイですよね‼　そういった**建築法規系の法律を学ぶ**のが、「法令上の制限」という科目です。

　イメージが何となくつかめれば、OKです！　次に進みましょう‼

科目別のこれでカンペキ！　学習方法‼

【宅地建物取引業法】（業法、同法施行令・施行規則、解釈と運用、履行確保法）

●主要3分野の中では難易度は優しめですが、「**個数問題**」や「**組合せ問題**」の数が多いのが特徴です。宅建業者が受ける業務上の規制に注意して学習してください。特に**宅建業者が自ら売主**となって、一般の顧客を相手に取引を行う場合の規制に気を付けましょう。**重要事項説明、37条書面の交付義務**についても、要注意です。

●宅建業法では、その施行規則や施行令を含めて全般的に出題がなされますので、**1題も落とさないくらいの心構え**で勉強をすることが大切です。まず、全体的に業法の組み立てを理解し、横断的な思考を持つことが必要となります。また、関連法令として「**特定住宅瑕疵担保責任の履行の確保等に関する法律**」が出題範囲になっています。目指して、満点♪

【**権利関係**】（民法、借地借家法、区分所有法、不動産登記法）

●「権利関係」では、基本となる**民法を十分に学習**します。その上で、**関連する各特別法（借地借家法、区分所有法、不動産登記法）**を、過去問題演習を通してマスターしていきましょう。**民法は、総則、物権、債権、親族、相続**に分けられますが、「総則」では、**制限行為能力者、意思表示、代理、時効**などが重要項目となります。

●「物権」では、**所有権、抵当権**の出題が多く、**地上権、地役権や担保物権**の特徴も押さえておく必要があります。「債権」は出題数も多く、債権総論では、**債務不履行、連帯債務、保証**が重要で、さらに**債権譲渡、弁済、相殺**なども注意するところです。債権各論では、**契約成立、債務不履行、契約解除**などの他に、各種の契約、特に**売買と賃貸借契約**は重要です。また、**委任契約と請負契約、事務管理**の項目にも注意しましょう。「相続」については、**相続人の範囲と相続分の知識**、新しい制度である“**配偶者居住権**”などが必須事項です。

●民法については、毎年、**判例（最高裁判所の判断）**を問う問題が出ていて、令和3年度試験でも顕著でした。判例についても、有名なもの（基本テキストや、過去問題集に出てくる判例）については、注意が必要です。また、令和4年施行の法改正箇所についても要注意です。

●建物区分所有法（マンション法）では、**区分所有、専有部分、共用部分の意味、共用部分の使用、持分処分、管理、変更の内容、敷地利用権や規約、管理組合法人、復旧、建て替え等の項目**について、目を通しておきましょう。不動産登記法では、登記することの意義と効力、登記記録の仕組みと手続きについて、キチンと押さえておくことが大切です。**仮登記の知識**も重要です。借地借家法では、**定期借家権**に注意しましょう。

【法令上の制限】（都市計画法、建築基準法、国土利用計画法、農地法、宅地造成等規制法、土地区画整理法、混合問題）

● 「法令上の制限」では、都市計画区域内で適用となる制限（建築制限、開発許可制度等）をマスターしてください。建築基準法も関係してきます。正確に覚えれば、実は比較的得点しやすい分野ともいえます。

● 都市計画法と建築基準法の２法で、８問中４問程度の出題がなされますので、この２法の理解は必須です。都市計画法では、**都市計画の内容、決定手続、開発行為の規制、都市計画制限**などが出題の中心です。建築基準法では、**集団規定の用途制限、道路規制、建蔽率、容積率、高さ制限、防火・準防火地域、**単体規定では、**建築確認**は頻出事項です。

● その他の法令では、国土利用計画法では**「事後届出制度」**、土地区画整理法では**「仮換地の指定、換地処分の効力」**、農地法では**「市街化区域内での届出制の特例」**、宅地造成等規制法では**「規制される宅地造成工事の規模」**等が重要項目です。他の法律で、まとめて自然公園法や道路法、森林法が問われることもあります。こちらの出題は、区域内で規制される行為（土地の形質変更など）の許可権者を問う問題がほとんどです。

【その他の分野】（税法、鑑定評価、地価公示法、景表法、住宅金融支援機構法、統計、土地建物の知識）

● 「その他の分野」では、過去問題においてよく出てくるポイントを中心に押さえておいてください。**税法、鑑定**にて難問もありますが、**よく出る事項を押さえておくことで得点可能な場合**があります。税法についてなどでも、**印紙税、譲渡所得**などで難問が出る事がありますが、よく出るポイントを覚えておくことにより、**消去法により答えを導き出せることもあります。過去問題の演習**を通じて、大事なポイントを押さえておいてください。

 さあ、以上の点に留意して、がんばっていきましょう♪

 ハイ！（なるべく省エネで、楽ちんに合格するのが僕の作戦だよ）

8. 登録講習ご受講の勧め！

 登録講習は、**宅地建物取引業に従事している方**に対し、その業務の適正化及び資質の向上を図るために必要な基礎的知識の習得を行うために行われているものです。

　何だか難しい言い方ですが、ようするに、**登録講習を修了すると、宅建資格試験の問題の一部**（例年5問程度）**が免除されます。**つまり、最初から、5点分ゲットできちゃうのです！

※登録講習修了者は、試験科目のうち「宅地建物の需給概要、実務と統計等」と「土地の形質および建物の構造等」が免除となります。

　宅建業に従事されている方であれば、登録講習を受講して、修了しておかれることを強く強くおススメいたします！　1〜2点差で合否が分かれる宅建試験では、なんといっても**5点のアドバンテージは強力**です。

じゃあ僕も、登録講習を受けておこうかな……

宅地建物取引業法
（宅建業法）

宅建業法からは、
毎年20問の出題があります。
得点目標！　18問超〜
全問正解を目指しましょう!!

了解！
がんばるよ〜。

宅地建物取引業法　学習上のプロローグ

 不動産屋さんになるには、"**宅建業の免許**"というものがいるらしいよ。僕がとりたいと思っている、"**宅建士の資格**"とは違うものなのかな？

 初心者の方が混乱しやすいのですが、**宅地建物取引業**（以下、「宅建業」と略します）を興す、いわゆる不動産屋さんになるためにはその旨の**免許**を要しますが、この**宅建業免許と、宅建士資格とは別のもの**です。

「宅建業の免許」は、「宅建士資格」とは別物！

 宅建業の免許を取得するには**個人または法人が主体（主役）となって免許を申請**しますが、試験があるわけではありません。こちらは**営業許可を得るため**のものであり、一種の**信用調査**ということです。免許の申請には一定の条件を満たす必要がありますが、その中に、従業者数の一定以上の割合の人数で、事務所その他の場所に**宅建士を常駐させる**というものがあります。

　宅建士は、不動産取引に関する専門家として宅建業に携わります。宅建士がいないと、事務所等で**宅建業上の取引を行うことができません**。

　まずはしっかりと「**宅建業の免許**」と「**宅建士資格**」は**別のもの**であることを押さえておくようにしましょう！　ここで躓きますと、イキナリ知識が混乱してしまいますのでご注意くださいネ！

1-1　免許関係［宅建業には免許が必要］

この項目のテーマ

「宅建業」を行うには**宅建業の免許が必要**です。では、免許が必要な「**宅建業**」とは何か、それがまず学ぶ「**用語の定義**」です。

逆にいうと、**宅建業にあたらなければ、その免許は不要**なんだって〜！

1-1-1 宅建業法上の用語の定義

1 宅地とは

宅建業法で定義される宅地とは、①**現に建物の敷地に供されている土地**・②現在は建物が建っていないものの**将来的に建物を建てる目的で取り引きされる土地**・③都市計画法上の**用途地域**内の土地のことをいいます。

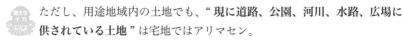
ただし、用途地域内の土地でも、"**現に道路、公園、河川、水路、広場に供されている土地**"は宅地ではアリマセン。

※「用途地域」については、第3編「法令上の制限」で学習します。

2 宅地建物取引業とは

「宅地・建物」について、自ら「**売買・交換**」をするか「**売買・交換又は貸借**」の媒介（仲介のこと）・代理をすることが"**取引**"で、これを"**業**"として行うことが"**宅地建物取引業**"です。"宅地建物取引業"をするには**宅建業の免許**が要ります。

"**業**"とは、**反復継続**して、**不特定多数**を相手に取引することです。

自ら貸借（自分で大家さん業を営む場合など）は、宅建業に当たらず、**免許が不要**です。

宅地建物の取引を業として行うと**免許が必要**になるよ！

「宅地建物取引業者」とは、**宅建業の免許を受けて宅建業を営む者を**いいます（業2三）。

3 事務所とは

①**本店**（主たる事務所）&**支店**（従たる事務所）・②**継続的に業務を行うことができる施設を有する場所**で、宅建業に係る契約締結権限を有する使用人（「政令使用人」。支店長など）を置くもの　〜この①と②が、事務所です。

本店は、たとえそこで宅建業を行っていなくとも、**常に事務所扱い**です。

この他、住宅展示場の**案内所**など、**事務所に準じた場所**（ 51 ページ ）②参照）があります。事務所とあわせて"**事務所等**"と呼びます。

1-1-2 宅地建物取引業の免許〜大臣免許と知事免許、営業上の効力は同じ！

1 免許権者（免許を交付してくれる人）は事務所の設置場所で決まります

①**複数の都道府県にまたいで事務所を設置**〜国土交通大臣免許を申請。
②**一つの都道府県内だけに事務所を設置**〜都道府県知事免許を申請。

事務所の数は問われません。**都道府県をまたぐかどうかで免許権者が決まります。**

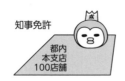

じゃあ、都内100店舗でも都知事免許だね。

大臣免許でも知事免許でも、**全国的に営業活動ができ**ますよ。

2 適用除外～免許を申請しなくても宅建業ができるのは誰と誰？

①国や地方公共団体（業78①）

　国及び地方公共団体（都道府県・市区町村）は、宅建業法が適用されません。免許なしで、宅建業に該当する行為が可能です。

②信託会社等（業77①～③）

　信託会社及び信託銀行は、国土交通大臣に届出をすれば大臣免許を持った宅建業者とみなされて、**宅建業法中の免許に関する規定だけが適用されません。**

Q 平22-26-4 信託業法第3条の免許を受けた信託会社が宅地建物取引業を営もうとする場合、免許を取得する必要はないが、その旨を国土交通大臣に届け出ることが必要である。

A 免許を取得する必要はありませんが、その旨を**国土交通大臣に届け出る**ことが必要です（業77）。答○

---

3 免許の基準について

　免許の申請の際には、十分な信用調査が行われます。試験では、"免許されない人（欠格事由）"について、整理して細かく覚えるのがミソ♪

①破産している人の場合は

　破産手続き開始の決定を受けて、復権（借金について免責を受けること）を得ていない者は、免許NG！（業5①一）

②監督処分を受けた場合は（業5①二）

　「**不正の手段で免許を受けた**」「**業務停止で情状が特に重い**」「**業務停止処分違反**」のいずれかの理由で免許取消しとなり（業66①八・九）、その**取消しの日から5年を経過していない者**は、免許NG！

　→　特に悪質な上記の3つの理由での免許取り消しなので、<u>5年は反省してもらう期間</u>ということ！

　この欠格事由該当者が法人である場合、免許取消しに係る聴聞の期日及び場所の公示の日前**60日以内にその法人の役員**※であった者で、取消しの日より5年を経過しない者は、やはり免許NG！

※ここでいう役員とは、**取締役**など、経営に強い支配力を及ぼす者で、相談役、顧問等の**名称を問わず役員に含まれます**。**非常勤の役員であっても、業務の執行権を有している者は含まれます**。ですが、**監査役**には、業務の執行権はないので、ここでいう役員には含まれません。

①の「破産して復権を得ていない者」の場合は、**復権を得れば、5年間待たなくても免許申請できます**。②と異なり、"宅建業について格別に悪いこと"をしたわけではないからです。

③廃業の届出をした場合は

「**不正の手段での免許を受けた**」「**業務停止で情状が特に重い**」「**業務停止処分違反**」による免許取消し処分の聴聞の日の公示がなされた後で、相当の理由がないのに廃業届出をして、**届出日から5年を経過しない者は、免許NG！**（業5①三）。

このケースで法人である場合は、聴聞の公示日より**遡って60日以内**に役員だった者も、届出日から5年を経過しない者は、申請しても免許NG！（業5①四）。

「免許を取り消されそうだ、自分から廃業してごまかしちゃえ！」っていうことはダメなんだね。

④刑事罰を受けた場合

禁錮以上の刑に処せられて刑の執行後5年を経過しない者、傷害罪、暴行罪など一定の刑法犯罪等を犯し、又は**宅建業法違反による罰金刑に処せられて刑の執行後5年を経過しない者**、暴力団員又は暴力団員でなくなった日から5年を経過しない者は、**免許NG！**

このケースで法人である場合は、これらの者が役員、政令使用人の中にいる場合は、その法人には、免許されません（業5①五〜七）。

刑罰を受けても執行猶予が付けば、その**執行猶予期間が満了**すると、刑そのものがなかったことになる（チャラになる）よ！

⑤宅建業法に関して不正なことや不当なことをした場合

免許申請前5年以内に宅建業に関し**不正又は著しく不当な行為をした者**（業5

①八）や宅建業に関して**不正又は不誠実な行為をするおそれが明らかな者**は、免許NG！（業5①九）

⑥**心身の故障**により宅建業を適正に営むことができない者として国土交通省令で定めるものは、免許NG！（業5①十）

⑦本人以外の事由で欠格となる場合

・営業に関し成年者と同一の**行為能力を**<u>有しない</u>**未成年者**※で、法定代理人（通常は「親」のこと。法定代理人が法人である場合には、その役員）が前記①～⑥のいずれかに該当するものは、免許NG！（業5①十一）

※“成年と同一の行為能力を有しない未成年者”とは、**普通の未成年者**のことです。親の保護下にありますので、欠格事由の有無はその法定代理人（親）について審査されます。

　　親から商売をする許可を得れば、「成年と同一の**行為能力を**<u>有する</u>**未成年者**」になりますので、単独で宅建業の免許を取得できます（未成年者の行為能力については、詳しくは第2編の権利関係科目で学習します）。

・法人でその役員又は**政令使用人**のうちに前記①～⑥のいずれかに該当する者のあるものは、免許NG！（業5①十二）

・個人で**政令使用人**のうちに前記①～⑥のいずれかに該当する者のあるものは、免許NG！（業5①十三）

⑧事務所・事業活動に関する欠格事由

・**暴力団員等**がその事業活動を支配する者（業5①十四）

・事務所について宅建士の設置要件を欠く者（業5①十五）

Q **平21-27-エ** 宅地建物取引業に係る営業に関し成年者と同一の行為能力を有する未成年者Dは、その法定代理人が禁錮以上の刑に処せられ、その刑の執行が終わった日から5年を経過しなければ、宅地建物取引業の免許を受けることができない。

A 法定代理人が禁錮以上の刑に処せられ、その刑の執行が終わった日から5年を経過していなくても、Dは、営業に関し**成年者と同一の行為能力を有している未成年者**（親から営業許可を得ている未成年者のこと）なので、免許を受けることができます（業5①十一）。 答×

4 免許の有効期間と更新

宅建業の免許の**有効期間は5年**で、**更新可能**です（業3②）。

更新の際は、有効期間満了日の**90日前**から**30日前**までの間に、免許権者に申請します（業3③・則3）。

覚え方～ダジャレで覚えちゃおう！

「**く**（90日前から）**み**（30日までの間）ちゃん**更新**　**免許証**」

更新の際、新しい免許が交付されるまで（又は免許されないことが決定するまで）は、有効期限が過ぎても従前の（今までの）免許が有効です（業3④）。

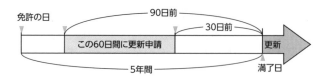

有効期間を10日過ぎて更新されれば、10日間もうけものになるのかナ？

いいえ！　満了日の翌日から起算して5年間になりますよ（業3⑤）。

覚え方～俳句風に覚えちゃおう！

「**免許証　5年有効　更新も**」（5・7・5調）

5 業者名簿の登載事項は（業8）

宅建業者は、免許を受けると「**業者名簿**」に登載されます。

〈**名簿登載事項**〉

①免許証番号及び免許の年月日
②商号又は名称
③法人である場合においては、役員及び政令使用人の**氏名**

④個人である場合においては、その者及び政令使用人の**氏名**

⑤事務所の名称及び所在地

⑥事務所ごとに置かれる**専任の宅建士の氏名**

⑦その他の事項（業務停止の処分歴、**兼業の種類**ほか）

 ③④においては氏名までで、**住所や本籍地は不要**です。⑥では、<u>専任でない</u>宅建士の氏名は、記載事項ではありません。

6 免許証の再交付の申請と有効期間

宅建業者は、免許証を亡失し、滅失し、汚損し、又は破損したときは、**遅滞なく**、その免許を受けた免許権者に免許証の再交付を申請しなければなりません。

 再交付される免許証は新規の免許証ではないので、その有効期間は<u>**残りの期間**</u>となります（業則 4-3）。

7 業者名簿の変更の届出（業 9）

宅建業者は、前述 5 の業者名簿の②〜⑥までに掲げる事項について変更があった場合には、**30 日以内**に、その旨をその**免許権者**に届け出なければなりません。

 ⑦の"**兼業の種類**"は名簿登載事項ですが、後で兼業が増減しても**変更届は不要**です。

8 免許換え（業 7）

①免許換えが必要になるのは

 事務所を引っ越すと、免許はどうなるのかナ？

 免許換えが必要になることがあるの。そのパターンは以下のとおりですよ。

・本店のみで営業している知事免許業者でも、他の都道府県に本店事務所を移すと、**移転先の新しい都道府県知事免許が必要**になります。

・大臣免許業者が事務所をいくつか廃止した結果、一つの都道府県内のみに事務所を有することになったときは、**知事免許が必要**になります。

・一つの都道府県内にだけ事務所があったのに、**他の都道府県にも事務所を設けると大臣免許に変わります。**

 このように事務所の設置状況が変わったことにより、免許権者が変わって新しい免許権者から新しい免許を受けることを「**免許換え**」といいます。

新しい免許を受けると、<u>従前の免許（今までの免許）</u>は、その効力を失います（業7）。

免許換えのパターン

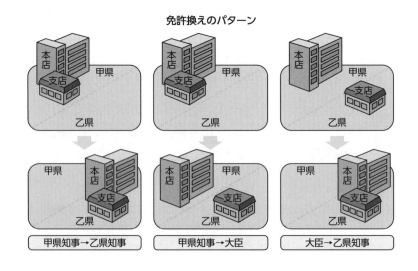

 免許換えのパターンは、**三つ**になるんだね！

②免許換えの手続等

免許換えの手続きは、新しい免許権者に**直接免許換えの申請**をします。例えば、東京都知事免許→茨城県知事免許ですと、直接茨城県知事に申請することになります。

上記の例では、茨城県知事は、免許をしたときは**遅滞なく**その旨を従前の免許権者である東京都知事に**通知**しなければなりません（業則4-5）。

じゃあ、北海道の宅建業者さんが**国土交通大臣免許に免許換えする**ときは、大臣さんのいる東京まで行かないとダメなの？

いいえ、**免許換えは新規免許と同じ**ですので、大臣免許では**新規申請と同じ**に考えて、**新しい本店**（主たる事務所）の所在地を管轄する**知事を経由して申請**します（業78-3）。

③新たな免許の有効期間

免許換えは新規免許の申請と同じなので、新しい免許は**有効期間5年間**となってスタートします！（業3②）。

④従前の（いままでの）免許はどうなるの？

従前の免許は**効力を失います**（業7①）。効力を失った従前の免許は、**免許権者に返納**します（業7①・則4-4）。

免許換えをした場合、新しい免許が交付されるまでの間は営業できないの？

免許換えをして新しい免許を受けるまでは**従前の免許はその効力を有する**から、そのまま営業を続けられます（業7②）。

9 免許に関する廃業等の届出

宅建業を廃業したときなどは、免許に関して「**廃業等の届出**」が必要になります（業11①）。

〈廃業等の届出〉　いつまでに、誰が届け出るの？

①宅建業者が死亡したとき──**相続人**がそのことを**知ってから30日以内**に届出

②法人の宅建業者が合併によって消滅したとき──合併により**消滅したほうの代表役員**が**消滅の日から30日以内**に届出

③宅建業者が破産したとき──**破産管財人**（弁護士など）が、破産した日か

ら30日以内に届出

④法人の宅建業者が解散したとき——**清算人**が解散の日から30日以内に届出

⑤宅建業者が廃業したとき——宅建業者だった**個人又は法人を代表する役員**が廃業の日から30日以内に届出

　　免許が失効するのは、①②の場合、それぞれその<u>事実があったとき</u>（死亡したとき又は合併により消滅したとき）、③〜⑤では<u>その届出があったとき</u>です（業11②）。失効した免許は、**免許権者に返納**します（業11・則4-4②）。

Q **平29-44-3** 個人である宅地建物取引業者E（甲県知事免許）が死亡した場合、その相続人は、Eの死亡を知った日から30日以内に、その旨を甲県知事に届け出なければならず、免許はその届出があった日に失効する。

A **解説**　個人の宅建業者が死亡したときは、その相続人が死亡の事実を知った日から30日以内に免許権者にその旨届け出なければなりません（業11①一）。そしてこの場合、免許の効力は、**死亡時に失効**します（業11②）。

答×

1-2　営業保証金と弁済業務保証金

この項目のテーマ

自動車の運転では、万一の場合に備えて保険に入るけれど、宅建業では何かないの？

「営業保証金」を供託して、届け出ておかないと、営業開始できないの。これも、万が一の場合の備えだから、いわれてみれば、保険みたいなものですね。

1-2-1 営業保証金制度

1 営業保証金制度

　宅建業者は、免許を取得しても、**主たる事務所（本店）の最寄りの供託所に営業保証金を供託**し、さらに**「供託した旨の届出」**をしないと業務を開始することができません。

供託先は、「**主たる事務所**」の最寄りの供託所に**まとめて供託**です。事務所ごとの最寄りの供託所ではないので注意！

2 営業保証金を供託しないと営業開始できません！

　免許を受けてから営業開始までは、次の図のような流れになります。

①免許をもらった！　②供託したよ　③供託した旨を届け出た！

営業保証金　供託官

供託
**主たる事務所の
最寄りの供託所**

営業開始

免許を受けてから、営業保証金を供託します。先に供託してから免許申請するのではありません。

3 営業保証金の額

営業保証金の額は、主たる事務所及びその他の事務所ごとに次のように定められています（業25・令2-4）。

- ・主たる事務所（本店）につき **1,000万円**
- ・従たる事務所（支店）1か所につき **500万円**

供託は、現金の他に有価証券で、また現金と有価証券を混ぜて供託することもできます。そしてその評価額は次のとおりです。

①国債証券は**額面通り**の評価額
②地方債証券は**9割**の評価額
③その他の有価証券は**8割**の評価額

4 営業保証金の供託済みの届出をしないと？

免許を受けても、営業保証金を供託してその旨の届出をしないと、**営業開始できません**（業25⑤）。免許権者は、その免許をした日から**3か月以内**に業者が営業保証金の供託をした旨の届出をしないときは、**催告をしなければなりません**。

この催告が到達した日から**1か月以内**に届出をしない者については、その**免許を取り消すことができます**（※この取消しは、任意で！）。

> 覚え方～ダジャレで覚えちゃおう！

「**み**(3か月以内に届出なし)**い**(1か月以内で届出するように催告)**ちゃん　エイホ**（営業保証金）**と免許取り消し！**」

5 事務所を新設の場合の営業保証金

事務所を**新設**すると、その分の営業保証金はどうすればよいの？

宅建業者は、事業の開始後新たに事務所を設置したときも、従たる事務所1か所につき**500万円**の営業保証金を供託して届け出なければなりません（業26①）。

届出をするまでは新設の事務所での営業はできません（業26②）。

6 営業保証金の還付（業27①）

①還付が受けられる取引・受けられない取引の別

宅建業者と取引を行った者で、宅建業に関する取引上の損害（債務不履行の損害賠償など）を被った者は、供託してある**営業保証金から還付**してもらうことができます。これが営業保証金の供託の**目的**です。

※宅建業者は、還付の対象外だよ。要注意！

宅建業に関する取引上の損害でないと、営業保証金からの還付は認められません。事務所の工事費や、広告会社の広告費などは含まれません。

②還付請求の流れは

還付請求は、国土交通大臣の確認書を提出の上、**供託所に対して行います**（保証金則1・2）。還付が行われたことは、a. 供託所から該当する宅建業者の免許権者に**通知**され（保証金則3）、→b. さらに、免許権者より宅建業者に**通知**されます（保証金則4）。

7 営業保証金の不足額の供託

　前述のように、還付が行われると、供託してある営業保証金の額が不足してしまいますので、宅建業者はその分の**追加供託**をして、供託額を元に戻しておかなければなりません。

宅建業者は、通知書の送付を受けた日から**2週間以内**に還付額を供託しなければなりません。供託したら、供託したときから**2週間以内**に供託書の写しを添付して免許権者に届け出なければなりません（業28①②）。

覚え方〜ダジャレで覚えてね
「**乾布**（還付）摩擦を**2週間**！」

8 営業保証金の保管替え等

主たる事務所が移転（引っ越し）して、最寄りの供託所が変更になったときはどうなるの？

この場合に行うのが「営業保証金の**保管替え**等」です。

①保管替え等の方法

新しい供託所に、営業保証金を移すということです。それには、次の二つの場合があります（業29①）。

a. **金銭のみ**で供託しているときは、遅滞なく費用を予納して、従前の供託所に「保管替え」を請求します。

b. **有価証券のみ又は金銭と有価証券とを併せて**供託をしている場合は、新しい供託所に対して新たに供託し直す※ことになります（この場合は、「保管替え」はできません）。

※その後、従前の供託所に対して**営業保証金の取戻し**を行います。新たに供託しているので、ダブってしまうからです。

②保管替え等の届出

宅建業者は、保管替えを行ったときは、免許権者に対して供託書の**写しを添付**して保管替えをした旨を届け出ます（業29①・則15-4）。

9 営業保証金の取戻し
①取り戻すことができる事由

営業保証金は、宅建業を廃止する等の理由により供託しておく必要がなくなれば、**取り戻す**ことができます（業30①）。取戻しには次の2種類があり、手続きも異なります。

もう営業しない場合（請求権者＝業者だった者又はその承継人）

a. 免許の更新をしないで、免許が失効したとき（業3②）

b. 合併・破産以外の理由で解散又は廃業による失効（業11②）

c. 業者が死亡、又は法人が合併によって消滅したとき（業11①一・二）

d. 営業保証金の供託済みの届出をしなかったことにより、免許を取り消されたとき（業25⑦）

e. 監督処分により免許を取り消されたとき（業66・67①）

 保証金の余りを返してもらう場合（請求権者＝業者）

a. 一部の事務所を廃止したことにより、営業保証金が規定額を超えることになったとき（業30①）

b. 営業保証金の保管替えに該当する場合で、保管替えによらず新たに供託し直したことにより、従前の供託分を返してもらうとき（業29①）

②取戻しの手続

営業保証金を取り戻すには、次の二つのコースがあります（業30②）。

a. 取戻し公告をする——還付請求権者に対して、6か月を下らない一定期間内に"申し出るべき旨の公告"が必要です。そしてその期間内に申し出がなかった場合に取り戻すことができます。

 「営業保証金から還付して欲しい人はいませんか？」と広く告知するわけですね。

b. 10年待つ——営業保証金を取り戻すことができる事由が発生した時から**10年**（消滅時効にかかる時間）を経過したときも取り戻すことができます。

 前記の「8 営業保証金の保管替え等」の①の囲みの「b.」に該当する場合は、別に営業保証金の額が減るわけではないので、取戻し公告も10年待つこともなく、すぐに取戻しができます。

宅建業者さんが**悪事を働いて免許取消し**になっちゃったときは、営業保証金は没収ですか？

 いいえ、その場合でも、前記の手続きを踏めば、**取り戻せますよ。**

1-2-2 保証協会・弁済業務保証金

1 弁済業務保証金の趣旨

 「弁済業務保証金」とは、みんなで「**弁済業務保証金分担金**」を出し合って、お金を集めて万が一に備えるシステムです。

2 弁済業務と弁済業務保証金分担金

弁済業務保証金のシステムを利用するには、**宅地建物取引業保証協会**に加入しなくてはなりません。保証協会に加入しようとする宅建業者は、「弁済業務保証金**分担金**」を保証協会に納付しなければなりません（業64-9）。

 分担金の額は、主たる事務所（本店）については60万円、その他の事務所（支店）ごとに30万円です（令7）。**現金納付**がルールです。

分担金は少額でも、還付される額は営業保証金と同額です！　ただし、還付を受けた場合に納付しなければならない還付充当金も営業保証金と同額です（業64-10①②）。

3 分担金の納付日は？

宅建業者は、次の①②の日までに**保証協会に分担金を現金で納付**します。

①宅建業者で、これから**保証協会に加入しようとする者**は、その**加入する日まで**（業64-9①一）。→分担金を納付しないと保証協会に加入できません。

 また、複数の保証協会に加入することはできません。

②宅建業者が新しく事務所を設置した場合、その日から**2週間以内**（業64-9②）。この期間内に納付をしないときは社員としての地位を失います。

営業保証金と弁済業務保証金 比較

	供託額／納付額 （本店＋支店1の額）	還付額 （支店1の場合）	不足額の供託額／ 還付充当金の額
営　業 保　証　金	本　　店　　1,000万円 支店1か所　　500万円 （1,500万円）	1,500万円	1,500万円
弁済業務 保　証　金 分　担　金	本　　店　　　　60万円 支店1か所　　　30万円 （90万円）	1,500万円	1,500万円

4 弁済業務保証金の供託

　弁済業務保証金は保証協会が、法務大臣及び国土交通大臣の定める供託所に供託します。供託の期限は、分担金の納付を受けた日から **1週間以内**です（業64-7①）。

5 弁済業務保証金の還付の手続

　保証協会の社員（構成員のこと）の営業活動に関して生じた債権について、還付を受けようとする者（宅建業者を除く）は、保証協会の**認証**を受けなければなりません（業64-8②）。

※**認証**とは、保証協会が弁済業務保証金の還付を受ける①権利の存在、及び②その額を**確認し、証明すること**をいいます。

ここでも宅建業者は還付を受けられない……営業保証金と同じ！

6 還付充当金の納付

　保証協会は、弁済業務保証金の還付があると、還付に係る社員に対し、還付額と同額の還付充当金を協会に納付するように**通知**します（業64-10①）。

通知を受けた社員（宅建業者）は、通知を受けてから **2週間以内**に還付充当金を納付しなければなりません（業64-10②）。

もしも、納付しないと？ 社員がその期間内に納付しないと、社員ではなくなります（業64-10③）。

7 弁済業務保証金の取戻し等

取戻しの事由が生じれば、宅建業者は、納付した弁済業務保証金分担金を返してもらえます。

①取戻しができるとき

 保証協会が供託所から弁済業務保証金を取り戻すことができるのは、次の二つの場合です（業64-11①）。

a. 社員が社員の地位を失ったとき——その社員であった者が納付した分担金の額に相当する額の弁済業務保証金を取り戻すことができます。
b. 社員がその一部の事務所を廃止したことにより分担金の額が所定の額を超えることになったとき——超過額に相当する額の弁済業務保証金を取り戻すことができます（業64-11①）。

②弁済業務保証金分担金の返還

 保証協会は、弁済業務保証金を取り戻したときは、その社員であった者又は社員に、取り戻した額に相当する額の分担金を返還します（業64-11②）。

③保証協会による認証公告

 取り戻す際には？

 保証協会は、その社員が地位を失った場合は、債権を有し還付を受ける権利を有する者に対して、6か月を下らない一定期間内に認証を受けるように申し出るべき旨を**公告**します（業64-11④）。

8 営業保証金の供託の免除と取戻し

保証協会の社員は、**営業保証金を供託することを要しません**（業64-13）。

保証協会に加入した宅建業者は、供託することを要しなくなった営業保証金を取り戻すことができます（業64-14）。

9 社員の地位を失った場合の営業保証金の供託

　宅建業者は、**保証協会の社員の地位を失ったとき**は、地位を失った日から**1週間以内**に、営業保証金を供託しなければならなくなります。この場合も、**営業保証金の供託届は必要**です（業64-15・25④）。

前記の、「8 営業保証金の供託の免除と取戻し」の場合と逆になるわけです。

10 弁済業務保証金準備金と特別弁済業務保証金分担金

　保証協会は、弁済業務保証金から生じる利息・配当金を、還付充当金の納付がなかったときの弁済業務保証金の供託にあてるため、「**弁済業務保証金準備金**」として積み立てておかなければなりません（業64-12①②）。

弁済業務保証金準備金を積み立てても、それでも**足りない場合**はどうしよう？

「準備金」でも足りない場合には、さらに分担金の追加納付として「**特別弁済業務保証金分担金**」を納めるように社員に通知します。その通知を受けた日から**1か月以内**に、社員である宅建業者はこの分担金を納付しなければなりません。納付しないと、社員である地位を失います（業64-12③④）。

11 保証協会の業務とは

　保証協会は、その社員のために、色々な業務を行っています。必ず行う**必要的業務**と国土交通大臣の承認を受けて行う**任意的業務**の二つに分けられます。

〈 必要的業務 （業64-3①）〉

①取引における苦情の解決——取引の相手方等から解決の申し出があった場合
②宅建業について、宅建士などに対する研修
③弁済業務

 〈任意的業務（業64-3②）〉

①一般保証業務
②手付金等保管事業
③全国の宅建業者を直接又は間接の社員とする一般社団法人による、宅建士などに対する研修の実施に要する費用の助成
④その他必要とされる業務（業64-3③）

1-3　宅地建物取引士（宅建士）

不動産取引の重要な場面には、宅建士が色々と関与するんですって？　どうして？

不動産についての専門的な知識を持つ宅建士を関与させることで、取引の信用や安全の向上を図っているのですね♪　だから、宅建士を設置しないと、宅地建物取引業を行うことができません。

1-3-1 宅地建物取引士（宅建士）の設置ほか

1 宅建士の役割・宅建士の業務処理の原則

　宅建士は、宅建業の業務に従事するときは、宅地建物の取引の専門家として、購入者等の利益の保護及び円滑な宅地建物の流通に資するよう、**公正かつ誠実に**事務を行わなければなりません。また宅建業に関連する業務に従事する者との**連携**に努めなければなりません（業15）。

　その業務の重要性から、宅建士は、宅建士の**信用又は品位**を害するような行為をしてはならないし、宅地建物の取引に係る事務に必要な**知識や能力の維持向上**に努めなければなりません（業15-2・15-3）。

2 どうすれば宅建士になれるの？　なりたい！

宅建士になるには、試験に合格して、登録を受けて、「**宅建士証**」の交付を受けなければなりません。

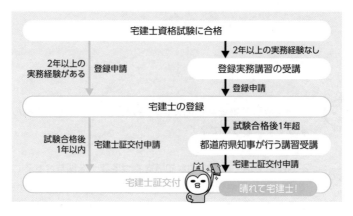

3 宅建士の事務とは

法定されている宅建士の事務は、次の三つのみ！

①取引物件についての**重要事項の説明**（業35①〜④）
②重要事項説明書への**記名押印**（業35⑤）
③**37条書面**（いわゆる契約書のこと）への**記名押印**（業37③）

4 宅建士の設置

①**事務所** での設置義務

　事務所では、**業務に従事する者の5人に1人以上の割合**で、成年者である専任（常勤）の宅建士を置く必要があります（業31-3①・則15-5-3）。

「5人に1人」って、どんな感じかな？

②事務所以外の場所での設置義務

　また事務所以外でも、次の場所で宅地建物の売買・交換の契約、売買・交換・貸借の代理・媒介の契約を締結し、又はこれらの契約の申込みを受けるものは**1人以上の専任の宅建士**を置かなければなりません（業31-3①・則15-5-2）。

> a. 継続的に業務を行うことができる施設を有する場所で、事務所以外のもの
> b. 宅建業者が**10区画以上**の一団の宅地又は**10戸以上**の一団の建物の分譲（以下「一団の宅地建物の分譲」）を案内所を設置して行う場合においてはその案内所
> c. 他の宅建業者が行う一団の宅地建物の分譲の代理・媒介を案内所を設置して行う場合にあってはその案内所
> d. 宅建業者が業務に関して展示会その他これに類する催しを実施する場合にあっては、これらの催しを実施する場所

（①②をまとめて「**事務所等**」といいます）

 つまり、契約締結場所には必ず宅建士が必要となります。

③みなし専任宅建士

　宅建業者（法人の場合はその**役員**※）が宅建士であるときは、その者が自ら主として業務に従事する事務所等については、その者は、その事務所等に置かれる**成年者である専任の宅建士とみなします**（業31-3②）。

 ※ここでいう**役員**とは、業務を執行する社員、取締役、執行役又はこれらに準ずる者をいいます。

④専任の宅建士が不足したら？

　専任の宅建士が不足した場合は、**2週間以内**に新たに設置しなければなりません（業31-3③）。

 この場合（事務所において専任の宅建士に変更があった場合）、**宅建業者は30日以内に免許権者に変更の届出**（業9）をしなければなりません。

・登録を受けることができる者（業18①）

　宅建士になるには、試験に合格したら、次は登録を受けます。登録には宅地建物の取引に関する **2 年以上の実務経験が必要**です。

実務経験がない者は、**国土交通大臣指定の実務経験に代わる登録実務講習**を修了すれば OK ！　登録は、試験を受けた都道府県知事の登録を受けます♪

・登録を受けられない者（業18①但）

　次のいずれかに該当する者は、登録 NG ！

①宅建業に係る営業に関して成年者と同一の行為能力を有しない未成年者

②破産手続開始の決定を受けて（破産者）、復権 を得ていない者

※復権〜債務の免責を受けていること！

③「不正の手段で免許を受けた」「業務停止で情状が特に重い」「業務停止処分違反」で免許取消しとなり（業 66 ①八・九）、その取消しの日から 5 年を経過しない者

④「不正の手段で免許を受けた」「業務停止で情状が特に重い」「業務停止処分違反」（業 66 ①八・九）で免許の取消処分の聴聞の期日及び場所が公示された日から当該処分をする日又は処分をしないことを決定する日までの間に宅建業について廃業の届出があった者（業 11 ①五）で、届出の日から 5 年を経過しないもの

⑤免許を取り消された者が法人である場合には、取消しに係る聴聞の期日及び場所の公示の日前 60 日以内にその法人の役員であった者で、取消しの日から 5 年を経過しないもの

⑥禁錮以上の刑に処せられ、その刑の執行を終わり、又は執行を受けることがなくなった日から 5 年を経過しない者

⑦傷害罪、暴行罪など一定の刑法犯罪等を犯し、又は宅建業法違反による罰金刑に処せられ、その刑の執行後 5 年を経過しない者や、暴力団員又は暴力団員でなくなった日から 5 年を経過しない者

⑧現役の暴力団員等である場合

⑨登録の消除の処分（業 68-2）を受けて、その処分の日から 5 年を経過し

ない者

⑩登録の消除の処分の聴聞の期日及び場所が公示された日から処分をする日
又は処分をしないことを決定する日までの間に登録の消除の申請をした者
（登録の消除の申請について相当の理由がある者を除く）でその登録が消
除された日から5年を経過しない者

⑪事務禁止処分（業68②④）を受け、その禁止の期間中に本人からの登録
の消除申請によりその登録が消除され、まだ禁止期間が満了しない者

⑫心身の故障により宅建士の事務を適正に行うことができない者として国土
交通省令で定めるもの

前述 31ページ の、「宅建業の免許の基準・欠格事由」と似ていますので、比べながら覚えていってくださいね。

6 変更の登録（業20）

宅建士は、登録している事項に変更があった場合は、**遅滞なく登録した知事に変更の登録**を申請しなければなりません。

後述の「宅建士の登録の移転」は任意だけど、「**宅建士の変更の登録」は義務**なんだね！

宅建士の資格登録簿登載事項（主なもの）と変更（業18②・則14-2）についてはこちら！

①氏名、生年月日、住所、本籍（日本の国籍を有しない者は、その者の国籍）
及び性別→**氏名・住所・本籍の変更**はその旨の登録が必要

②実務経験を有する者の場合には、申請時現在の実務経験の期間及びその内
容並びに従事していた宅建業者の商号又は名称及び免許証番号

③登録実務講習の修了者である場合には、その内容及び年月日

④宅建業者の業務に従事する者にあっては、その宅建業者の商号・名称・免
許証番号

7 死亡等の届出（業21）

宅建士が死亡した場合などには、登録をしている都道府県知事に対して「**死亡**

等の届出」が必要になります。

〈死亡等の届出の主なもの〉

①宅建士が死亡した場合——その**相続人**が死亡の事実を知ったときから**30日以内**に届け出ます（業21 一）。
②宅建士が登録拒否事由に該当することとなった場合——**本人が30日以内**に届け出ます（業21 二）。
③宅建士が心身の故障により宅建士の事務を適正に行うことができない者として国土交通省令で定めるものとなった場合——**本人又はその法定代理人もしくは同居の親族が30日以内**に届け出ます（業21 三）。

 宅建士が破産者となったときは、**本人に届出義務**があります。宅建業者の場合（ 37ページ 参照）と異なるので注意！

8 宅建士の登録の移転（業19-2）

①登録の移転は任意です

「登録の移転」とは、宅建士の資格を登録している知事から、**任意**で他の知事の登録に移すことです。

②できるのは転勤のとき

登録の移転は任意でできるのですが、いつでもどこへでも登録の移転ができるということではアリマセン。「現に登録をしている知事以外の都道府県に所在する宅建業者の事務所に勤務したとき」、あるいは、「勤務しようとしているとき」に、「登録の移転」をすることが<u>できる</u>のです。

 勤務先が変わらず、住所が他の都道府県に引っ越しで変わっただけというような場合は、「登録の移転」はできないよ。

③登録の移転ができない期間

監督処分である**事務禁止処分の期間中**は、「登録の移転」はできません。

登録の移転の申請は、現在登録をしている知事？　それとも、新しい移転先の知事に直接行うの？

今までの知事を**経由して**、移転先の知事に対して行います。

9 申請等による登録の消除（業22）

　宅建士が死亡したときや宅建士本人から登録の消除申請があった場合は、登録を行っている都道府県知事により**登録が消除**されます。そして宅建士が登録を消除されたときは、宅建士証を交付を受けていた都道府県知事に**返納**します。

申請等による登録消除の一覧はコチラ！

①宅建士本人から登録の**消除申請**があったとき（業22 一）
②前述の「**死亡等の届出**」があったとき（業22 二）
③宅建士が死亡し、その旨の届出がなくて死亡した**事実が判明**したとき（業22 三）
④不正受験により、試験の**合格の決定を取り消された**とき（業22 四）

1-3-2 宅地建物取引士証

1 宅地建物取引士証（宅建士証）の交付

①宅建士証の交付申請

　宅建士証の交付申請は、登録をしている都道府県知事に対して行います（業22-2 ①）。そして宅建士証の交付を受けるには、交付申請前**6か月以内**に行われる登録している**知事が指定する講習（法定講習）**を受講しなければなりません。

受講の免除──次の者については、法定講習を免除されます。

a.　試験合格日から**1年以内**に宅建士証の交付を受けようとする者（知識が新鮮だから免除！）

b. 下記③の**登録の移転**の申請とともに宅建士証の交付を受けようとする者（前回の受講から 5 年たっていないから免除！）（業 22-2 ②）

②宅建士証の有効期間

宅建士証の有効期間は、**5 年**です（業 22-2 ③）。

ただし、下記③の登録の移転申請とともに交付された宅建士証（業 22-2 ⑤）は、有効期間はその**残存期間**とされます。また宅建士証が交付された後に登録の移転（業 19-2）があったときは、**従前の宅建士証は失効**します（業 22-2 ④）。

③登録の移転と宅建士証の交付申請は一緒にできます！

登録の移転をすると、従前の宅建士証は効力を失います（業 22-2 ④）。これでは仕事上、不便ですので、登録の移転とともに宅建士証の交付申請をセットで行うこともできるのです。便利でしょ♪

2 宅地建物取引士証の返納と提出

①使わなくなった宅建士証は"返納"を（業 22-2 ⑥）

宅建士は、登録が消除されたとき又は宅建士証が効力を失ったときは、速やかに、宅建士証を交付を受けた知事に**返納**（返してしまうこと）しなければなりません（業 22-2 ⑥）。

②事務禁止処分期間中は"提出"（業 22-2 ⑦）

宅建士は、事務禁止処分（業 68 ②④）を受けたときは、速やかに宅建士証を交付を受けた知事に**提出**しなければなりません（業 22-2 ⑦）。この場合は処分期間が満了して返還請求すれば返してもらえます※（業 22-2 ⑧）。

※知事に「返して！」と請求しないと返してもらえないことにも注意！

3 宅建士証の更新

宅建士証の有効期間は、申請により**更新**することができます（業 22-3 ①）。

この場合も、更新申請前 6 か月以内に知事が指定する講習（法定講習）（業 22-2 ②）を受講しなければなりません。また更新後の宅建士証の有効期間も 5 年です（業 22-3 ②）。

4 宅建士証の提示

　宅建士は、**取引の関係者から請求があったとき**は、**宅建士証を提示**しなければなりません（業 22-4）。

ここでは、**請求がなければ提示しないで OK ！** 　後述の「重要事項の説明時」は、請求がなくても提示すること !!

えぇ〜、ストーカーにつきまとわれたらどうしよう！

宅建士証には、「氏名」「住所」「登録番号」「登録年月日」「有効期限」など、載っていますからね。でも、**住所はシールで隠しても OK ！**

1-4　業務に関する規制

いよいよ業務の流れの学習に入っていきましょう。
まずは、業務上守らなければいけない事項について、
順番に見ていきましょう。

1-4-1 宅建業者の義務と責任
1 宅建業者の業務処理の原則

宅建業者は、取引の関係者に対し、**信義を旨**とし、**誠実**にその業務を
行わなければなりません（業31①）。

2 従業者の教育（業31-2）

　宅建業者は、その従業者に対し、業務を適正に実施させるため、**必要な教育**を
行うよう**努めなければなりません**。

1-4-2 広告等に関する制限（その開始時期ほか）

　宅建業者が不動産の取引を行うには、まずは広告をするところから始まりますね。宅建業者に対する広告についての規制は、「**広告の開始時期の制限**」及び「**誇大広告等の禁止**」があります。

1 広告の開始時期の制限（業33）

広告の開始時期は、宅地の造成又は建物の建築に関する**工事完了前**においては、工事に必要とされる許可などの処分（都市計画法上の開発許可（都計29①②）、建築基準法上の建築確認（建基法6①）など）
があった後でなければ、**業務に関する広告**をすることはできません。

2 誇大広告等の禁止（業32）

　宅建業者が取り扱う物件に関しての**誇大広告は禁止**されています。
- いわゆる「**おとり広告**」（売る気のない物件で顧客を引き寄せ、別の物を紹介する等）も禁止されています。
- 実際に誤認の事実がなくても、その**おそれがあるだけで違反**となります。

具体的には、次の内容について、**著しく事実に相違する表示**をしたり、又は実際のものよりも**著しく優良・有利であると誤認させるような表示**をしてはならないものとされています。この規定に違反した者は、**業務停止処分**の対象となります（業65②二）。

①所在——駅から十分遠いのに「10分」と表示するなどはダメ！
②規模——面積など
③形質——階数や、その他建材の質など
④現在又は将来の利用の制限
⑤現在又は将来の環境
⑥現在又は将来の交通その他の利便
⑦代金・借賃等の対価の額、又はその支払方法
⑧代金又は交換差金に関する金銭の貸借の斡旋

そして、不動産広告の具体的な規制は、誇大広告については「**不当景品類及び不当表示防止法**」と「**不動産の表示に関する公正競争規約**」で具体的に規定しています（後述・ 398ページ ）。

1-4-3 取引態様の明示義務（業34）

「取引態様」とは、その取引に宅建業者がどのように関わるのか、自ら当事者となって売買や交換を行うのか、媒介や代理として関わるのか、ということです。

1 明示の義務

宅建業者は、宅地・建物の売買・交換・貸借に関して①広告をするときに明示し、また②これらに関する注文を受けたときに、遅滞なく注文主に対して、「**取引態様**」の別を明らかにしなければなりません。

2 明示は口頭でもOK！

注文の際の取引態様の明示義務については、口頭で伝えても、義務を果たしたことになります。

1-4-4 契約締結等の時期の制限（業36）

宅建業者は、宅地の造成又は建物の建築に関する**工事の完了前**においては、その工事に関して必要とされる開発行為の許可や建築確認等、必要な処分があった後でなければ、その**未完成の宅地建物**について、自ら当事者として、もしくは当

事者を代理してその売買・交換の契約を締結したり、又はその売買・交換の媒介をすることはできません。

 この契約締結時期の制限は、**売買・交換にのみ適用**されます。

Q 平27-37-4 宅地建物取引業者は、建築確認が必要とされる建物の建築に関する工事の完了前において、建築確認の申請中である場合は、建築確認を受けることを停止条件とする特約を付ければ、自ら売主として当該建物の売買契約を締結することができる。

A 停止条件付きということは、果たして無事に建築確認が受けられるかどうかがまだわかりません。よって、売買契約を締結することはできません（業36）。 答 ×

1-5 宅建業者に関係する三つの書面ほか

 み、三つの書面……何のこと？

 これから説明する書面関係3種類（**媒介契約書面、重要事項説明書、37条書面**）は、宅建業の業務上も、宅建試験においても非常に大切な項目です。

1-5-1 媒介契約、媒介契約書（業 34-2）

　媒介とは、物件の売主と買主、あるいは貸主と借主といった人を引き合わせる **"仲介"** のことをいいます。

1 媒介契約書の作成・交付

　宅建業者は、**宅地・建物の売買又は交換の媒介**をする旨の契約を締結したときは、遅滞なく一定の事項を記載した「媒介契約書」を作成して、記名押印の上、依頼者に交付する必要があります。

 ここで、重要なポイントを二つ！

・媒介契約書への記名押印は、**宅建業者が行う義務**であり、<u>宅建士の法定事務ではない</u>ので、注意！
・貸借の媒介の場合は、媒介契約書の交付義務はありません。だから、省略可能!!

2 媒介契約の種類〜一般媒介契約と専任媒介契約

　媒介契約には、大きく分けて一般の媒介契約と専任の媒介契約の2種類があります。**専任媒介契約**を宅建業者と結ぶと、他の業者に二重に依頼することはできません。

一般の媒介契約と専任の媒介契約があるということは分かりました。以下、詳しく見ていきましょう。

①一般媒介契約（業34-2①三）

一般媒介契約では、他の宅建業者に、重ねて依頼をすることが認められていますが、その中に「**明示型**」と「**非明示型**」の2種類があります。

「明示型」の媒介契約とは、たとえば宅建業者AにBが媒介を依頼している際に、「同じ物件について、宅建業者のCにも媒介をお願いしているんです。」と、明かしておくタイプの媒介契約です。「非明示型」の媒介契約とは、Bが、「名前は明かさないけど、他にも頼んでいます。」とだけAに伝えているようなタイプの媒介契約です。

媒介契約の種類

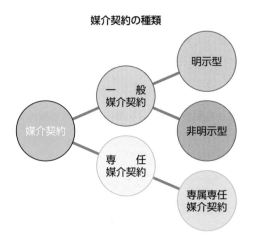

②専任媒介契約（業34-2①三）

専任媒介契約の場合は、他の宅建業者には重ねて依頼ができないという特約付きの媒介契約です。依頼者Bが自分で見つけてきた相手方であれば、Bは契約をすることができます（自己発見取引）。

③専属専任媒介契約

専属専任媒介契約は、専任媒介契約の一形態で、**自己発見取引ができない**タイプの専任媒介契約です。

④専任媒介契約と専属専任媒介契約特有の規制

　専任媒介契約と専属専任媒介契約においては、依頼者を保護するために、下記のような**共通の特徴**があります。

a. 有効期間——契約の有効期間は、両方とも**3か月**が限度（業34-2③）

b. 更新——契約の更新については、その**依頼者からの申し出**があった場合に限り更新が可能（宅建業者から、更新の申し出をしたのではダメ！）（業34-2④）

c. 更新後の有効期間——これも**3か月**が限度（業34-2④）

d. 指定流通機構への**登録義務**等（業34-2⑤）

e. 業務処理状況の**報告義務**——専任媒介契約と専属専任媒介契約では、依頼者に定期的に、業務の処理状況を報告しなければなりません。その頻度は、専任媒介契約では2週間に1回以上、専属専任媒介契約では1週間に1回以上です（業34-2⑨）

3 記載する事項は（業34-2①、則15-9）

　媒介契約書の記載事項は、次のとおりです。

①宅地の所在、地番、その他宅地の特定に必要な表示、又は建物の所在、種類、構造、その他建物の特定に必要な表示

②宅地建物を売買すべき価額又は評価額——これらについて意見を述べるときは、その根拠を明らかにしなければなりません（業34-2②）。

③依頼者が他の宅建業者に重ねて媒介契約を依頼することの許否及びこれを許す場合の他の宅建業者を明示する義務の有無（＝一般媒介契約か否か、明示型か否かということ）

④建物が中古住宅などの既存の建物であるときは、依頼者に対する**建物状況調査**を実施する者のあっせんに関する事項

　　※「建物の構造耐力上主要な部分等」の状況の調査であって、経年変化その他の建物に生じる事象に関する知識及び能力を有する者として国土交通省令で定める者が実施するもの。

⑤有効期間及び解除に関する事項——　一般媒介契約には○か月という規定はありませんが、期間は定めて記載しなければなりません。

⑥指定流通機構への**登録**に関する事項（次ページ参照）

⑦報酬に関する事項——売買価額が未定であれば、計算式を書いておきます。

⑧国土交通大臣が定める標準媒介契約約款に基づく媒介契約か否か。

⑨媒介契約の種類とそれぞれの契約について違反したときの措置

4 指定流通機構への登録等

前述の⑥のとおり、専任媒介契約と専属専任媒介契約には"指定流通機構への登録義務"があります。登録するタイムリミットは、専任媒介契約では契約の日の翌日から **7 日以内**（宅建業者の休業日を除く）、専属専任媒介契約では契約の日の翌日から **5 日以内**（宅建業者の休業日を除く）ということになっています（業34-2⑤）。

5 指定流通機構に物件を登録をしたら

この登録をした宅建業者は、「**登録を証する書面**」（業50-6）を遅滞なく依頼者に引き渡さなければなりません（業34-2⑥）。

6 契約が成立したら

宅建業者は、登録した宅地建物の売買又は交換の契約が成立したら、遅滞なく、その旨を登録した指定流通機構に**通知**しなければなりません（業34-2⑦）。

7 契約の申込みの報告義務

媒介契約を締結した宅地建物に売買・交換の申込みがあったときは、その媒介契約を締結した宅建業者は、遅滞なくその旨を依頼者に**報告**しなければなりません。これは、すべての媒介契約に適用されます（業34-2⑧）。

各媒介契約の比較

	有効期間	他の業者の明示の必要は	自己発見取引は	指定流通機構への登録の義務	業務処理状況の報告義務は
一般媒介契約（明示型）	規定なし	あり	できます	義務なし	報告義務なし（任意）
一般媒介契約（非明示型）	規定なし	なし	できます	義務なし	報告義務なし（任意）
専任媒介契約	最長3か月（更新可能）	―	できます	義務あり（7日以内に登録）	報告義務あり（2週間に1回以上の報告、口頭も可）
専属専任媒介契約	最長3か月（更新可能）	―	できません！	義務あり（5日以内に登録）	報告義務あり（1週間に1回以上の報告、口頭も可）

1-5-2 重要事項の説明義務、重要事項説明書の交付

　重要事項の説明とは、**商品の説明**にあたります。豊富な法律知識や商品知識を持った**宅建士**に、これから取引しようとする物件の物理的、法律的な重要事項をしっかりと説明してもらうのが趣旨です。

1 交付・説明義務と、説明する者・される者（業35①）
①説明義務

　宅建業者は、その取引において物件の買主や借主に対して、**重要事項説明書を交付**し、**宅建士を使って物件の詳しい説明**をさせなければなりません。

 ここで、重要なポイントを二つ！

・取引の相手が宅建業者の場合は、重要事項説明書を**交付**するだけでよく、**説明は省略**できます（業35⑥⑦）。

・重要事項説明は、宅建士の固有の事務であるので、説明できるのは宅建士のみですが、**説明義務自体を負っているのは宅建業者**であることに注意！

②説明されるのは誰？

　説明をする相手方は、"**権利を取得する者**"です。すなわち、**契約が売買であれば買主に、交換ならそれぞれ取得する者に、貸借なら借主に対して交付して説明します。**

　売る方や貸す方は、わざわざ説明されなくても、どんな物件なのか、十分に分かっているもんね。

2 説明の時期と方法（業35①）

①説明時期

　"**商品の説明**"なので、"**契約が成立するまで**"の間に行うこととされています（業35①）。

　契約前に説明を行なって、相手はそれで取引を行うかどうかを判断するんだね。

②説明の方法

　重要事項の説明は、宅建士と相手方との対面によることが基本ですが、テレビ電話など、<u>ITを用いての説明によることもできます</u>※（解釈・運用）。

　※IT重説を実施するためには、<u>事前に重要事項説明書を送付しておく</u>ことが必要です。「後から送ります」ではダメです。説明に間に合いません！

③宅地建物取引士証（宅建士証）の提示

　宅建士が重要事項説明を行う際には、**必ずその説明の相手方に対して、「宅地建物取引士証」を提示してから説明**を行わなければなりません（業35④）。

④書面に記名押印

　重要事項説明書の書面の交付に当たっては、**宅建士が書面に記名押印**しなければなりません（業35⑤）。これは、交付の相手が宅建業者でも必要なことです！

3 重要事項説明の説明事項

　少なくとも次に掲げる事項は**書面をもって**説明しなくてはなりません。さらにこれ以外にも**各取引について固有の重要事項**などがあれば、当然説明しなくてはなりません。

 説明事項一覧　まずは、これ！

①**登記簿上の権利関係**、登記名義人・**登記簿**の表題部所有者の氏名（法人の場合は、その名称）

②都市計画法、建築基準法、土壌汚染対策法その他の**法令上の制限**で、契約内容の別に応じて政令で定める事項

③私道負担（建物の賃貸借契約以外の場合）

④飲用水、電気、ガスの供給施設、排水施設の**整備状況**

⑤完成時の形状、構造、道路の状況等（工事完了前・未完成物件の場合）——必要に応じて、**図面も交付**する。

⑥その建物が既存の建物であるときは、**建物状況調査を実施しているかどうか**。実施しているときは、その結果の概要。加えて、設計図書、点検記録その他の建物の建築及び維持保全の状況に関する書類で国土交通省令で定めるものの保存の状況。

⑦代金、借賃以外に授受される金銭の額、授受の目的

⑧契約の**解除**に関する事項

⑨損害賠償額の予定、違約金（民420）に関する事項

⑩手付金等保全措置（業41・41-2）の概要

⑪ローンのあっせん内容、ローン不成立の場合の措置

⑫支払金、預り金の保全措置——「支払金、預り金」とは、代金、交換差金、借賃、権利金、敷金などです。ただし、受領する額が**50万円未満**のものや手付金等保全措置（業41・41-2）が講ぜられているもの、登記以後に受領するものなどは除かれます（業則16-3）。

⑬**割賦**販売の場合の説明（業35②）

⑭その宅地又は建物が種類又は品質に関して契約の内容に適合しない場合における その不適合を担保すべき責任の履行に関して保証保険契約の締結等を講じるかどうかと、その措置を講じる場合におけるその措置の概要

⑮相手方の保護の必要性及び契約内容の別により国土交通省令で定める事項

 ①～⑭は、定めの有無にかかわらず、**必ず説明！**

⑮の、「相手方の保護の必要性及び契約内容の別により国土交通省令で定める事項（則16-4-3）」の中身は、これ！

◆説明事項（枠内の 色部分 は必ず説明します！）
◆契約内容の別
<u>宅地の売買・交換では、a、b、c、d。</u>
<u>建物の売買・交換では、a、b、c、d、e、f、g。</u>
<u>宅地の貸借では、a、b、c、d、i、j、k、l、m、n。</u>
<u>建物の貸借では、a、b、c、d、e、f、h、i、j、k、l、m。</u>　を説明！

a. その宅地が宅地造成等規制法により指定された**造成宅地防災区域内**にあるときは、その旨

b. その宅地が土砂災害警戒区域等における土砂災害防止対策の推進に関する法律により指定された**土砂災害警戒区域内**にあるときは、その旨

c. その宅地が津波防災地域づくりに関する法律により指定された**津波災害警戒区域内**にあるときは、その旨

d. 取引対象物件の位置が**水害ハザードマップ**に表示されているときの、ハザードマップにおける取引対象物件の所在地

e. その建物について、**アスベスト**（石綿）の使用の有無の調査の結果が記録されているときは、その内容

f. 昭和56年5月31日以前に新築の工事に着手した建物で**耐震診断**を受けたものであるときは、その内容

g. その建物が住宅の品質確保の促進等に関する法律に規定する**住宅性能評価**を受けた新築住宅であるときは、その旨

h. 台所、浴室、便所その他の当該建物の設備の整備の状況

i. 契約期間及び契約の更新に関する事項

j. 借地借家法の定期借地権又は定期建物賃貸借もしくは高齢者の居住の安定

確保に関する法律の終身建物賃貸借契約をしようとするときは、その旨

k. 宅地・建物の用途その他の利用に係る制限に関する事項

l. 敷金その他いかなる名義をもって授受されるかを問わず、契約終了時において精算することとされている金銭の精算に関する事項

m. 宅地・建物の管理が委託されているときは、その**委託を受けている者**（賃貸住宅管理業者等）の氏名、商号・名称及び住所・所在地

n. 契約終了時におけるその宅地の上の**建物の取壊し**に関する事項を定めようとするときは、その内容

「a. b. c. d. は全契約に共通、e. f. は全建物に共通」の説明事項になっているよ！

〈区分所有建物（マンション等）特有の事項（業35①六・則16-2）〉もアリマス！

◆定めが「あるとき」とあるのは、<u>定めがなければ記載不要です。</u>

a. 区分所有建物を所有するための一棟の建物の敷地に関する権利の種類と内容——所有権、地上権、借地権等の別を記載

b. 共用部分に関する**規約の定め**（案を含む）があるときは、その内容

c. 専有部分の用途その他の利用の制限に関する規約の定めがあるときは、その内容

d. その一棟の建物又はその敷地の一部を特定の者にだけ使用させる場合の規約の定め（案を含む）があるときは、その内容

e. その一棟の建物の計画的な維持修繕のための費用、通常の管理費用その他建物の所有者が負担しなければならない費用を特定の者にだけ**減免する規約**の定めがあるときは、その内容

f. その一棟の建物の計画的な**維持修繕**のための費用の積み立てを行う規約の定めがあるときは、その内容と、既に積み立てられている金額

g. その建物の所有者が負担しなければならない通常の**管理費用**の金額

h. その一棟の建物と敷地の管理が委託されている場合は、受託者の氏名、商号・名称及び住所・所在地（管理の受託者がマンション管理適正化法による登録業者である場合は、その者の氏名（法人だったら、その商号又は名称）とその者の登録番号、住所（法人だったら、その主たる事務

所の所在地）を記載します）

i．その一棟の建物の**維持修繕の実施状況**が記録されているときは、その内容

マンションの**貸借**では、枠内の下線のｃとｈが重要事項にあたります！

重要事項説明は、商品説明なので、区分所有建物特有の記載事項以外は、すべて“必ず”記載・説明しなければなりません。なので、定めがなければ「なし」と記載しなければなりません。

1-5-3 供託所等に関する説明義務

……これは、「三つの書面」以外のお話です。

宅建業者は、営業保証金を供託している供託所と所在地について、また、保証協会の社員の場合は加入している保証協会の名称・所在地等・弁済業務保証金を供託している供託所と所在地を、取引の相手方に説明するようにしなければなりません（業 35-2）。

1 説明義務者と説明時期

説明義務者は宅建業者であって、**その相手方等**に対して、その取引（売買、交換、貸借）の契約が成立するまでの間に説明するようにします。違反した場合は、**指示処分**を受けることがあります（業 65 ①）。

※**宅建業者を除きます**。宅建業者は営業保証金等の還付対象外なので、説明不要！

1-5-4 "37 条書面"（契約書面）の交付

取引の契約が成立したときは、宅建業者は、一定の事項を書面に記載して、**契約の両当事者に対して交付**することになっています。その契約内容を書面化しておくことで、後でトラブルにならないようにしておくのです。

業法37条に挙げられている項目を集めると、「契約内容に関する項目一式」が完成するので、一般的には契約書の交付をもって37条の規定を満たしたものとしています（解釈・運用37）。

1 交付の時期

37条書面の交付時期は、契約書面、いわゆる契約書の交付なので、タイミングとしては、**"契約後、遅滞なく"** ということになります。

2 交付の相手は

37条書面は言わば契約書なので、「自ら当事者として契約を締結したときはその相手方」に、「代理であればその相手方及び代理の依頼者」に、「媒介により契約が成立したときは各当事者」に交付します（業37①）。

例えば海の家不動産が、Aの宅地をBが買う**契約の媒介**をしたら、どなたに書面を交付すればOKですか??

売主Aと買主Bの双方に、契約後遅滞なく37条書面を交付すればよいということになりますね。

3 "37条書面" の記載事項は？

37条書面は"契約書"なので、基本的な事項（必須事項）以外は**契約をしたことだけを記載**すれば足ります。なお下記の枠内の 緑色の項目 は、「重要事項説明書」の記載事項とダブっている項目です。ただし、37条書面では、定めがあるときのみの記載事項です。

〈売買・交換の場合（業37①）〉

①当事者の氏名（法人の場合は名称）・住所
②物件を特定するために必要な表示
③**代金、交換差金**の額と支払い時期・方法
④物件の**引渡し時期**

⑤移転登記の申請時期

 この①〜⑤は、必ず記載する事項だよ！

⑥その建物が既存の建物であるときは、建物の構造耐力上主要な部分等の状況について当事者双方が確認した事項

⑦代金、交換差金以外に授受される金銭に関する定めがあれば、その額、授受の時期と目的

⑧契約の解除に関する事項の定めがあれば、その内容

⑨損害賠償額の予定、違約金に関する事項の定めがあれば、その内容

⑩天災その他不可抗力による損害の負担に関する定めがあれば、その内容

⑪ローンのあっせんに関する事項の定めがあれば、ローン不成立の場合の措置

⑫租税公課の負担に関する事項の定めがあれば、その内容

⑬その物件（宅地もしくは建物）が種類若しくは品質に関して契約の内容に適合しない場合におけるその不適合を担保すべき責任又はその責任の履行に関して講ずべき保証保険契約の締結その他の措置についての定めがあるときは、その内容

 〈貸借の媒介・代理の場合（業37②）〉

①当事者の氏名（法人の場合は名称）・住所

②物件を特定するために必要な表示

③借賃の額と支払いの時期と方法

④物件の引渡しの時期

⑤借賃以外に授受される金銭に関する定めがあれば、その額、授受の時期と目的

⑥契約の解除に関する事項の定めがあれば、その内容

⑦損害賠償額の予定、違約金に関する事項の定めがあれば、その内容

⑧天災その他不可抗力による損害の負担に関する定めがあれば、その内容

Ⓠ **令2-37-エ** 宅地建物取引業者Aが、自ら売主として宅地の売買契約を締結した。Aは、買主が宅地建物取引業者であるときは、当該宅地の引渡しの時期及び移転登記の申請の時期を37条書面に記載しなくてもよい。

Ⓐ 「宅地の引渡しの時期及び移転登記の申請の時期」は37条書面への必要的記載事項であり、宅建業者間の取引においても、省略してはいけません（業37①、78②）。答×

宅建トピックス これからの法改正!! 宅建士の「押印の業務」が無くなる!? ——社会の仕組みは急速にデジタル化されていますが、その流れは宅建業にも押し寄せています。令和3年5月に公布されたデジタル改革関連法により宅建業法の一部が改正され、宅建士の記名押印を要する場面での押印制度の廃止が進められています。併せて電磁的方法による重要事項説明書の交付等も近々実現するもようです。

1-6　宅建業者が自ら売主となる場合の八つの制限

この項目のテーマ

 宅建業者が**自ら売主**となる場合の制限!?　何のこと??

 宅建業者は不動産取引のプロです！　なので、買主が一般の顧客であるときは、売主の宅建業者の側に、ハンディをつけて取引させないと不公平になるという考え方です。主に八つの制限が課されますよ。それでは、順番に見ていきましょう。

 宅建業者が**自ら売主**となり、一般の方（業者でない方）を相手方として宅地建物の売買契約を締結する場合には、宅建業者側にさまざまな制限（主に8種類）がなされます。逆にいうと、「**業者間取引では適用除外**」となります。

1-6-1 自己の所有に属しない物件の売買契約締結の制限（業33-2）
1「自己の所有に属していない物件」とは

 ここでいう「自己の所有に属していない物件」とは下記の通り！

①他人が所有する物件（他人所有の土地、建物）〜他人のものだから、自分のものではないですね。
②未完成の物件（造成中の土地、建築中の建物等）〜まだ完成していないから、自分のものではないですね。

 じゃあ**例外**としては、どんな場合に、売却できるのかな？

①他人物の売買の場合

他人が所有する物件でも、結果として**確実に宅地建物が買主の手に渡ればよい**わけです。それには、その物件を一度自分のものにして、それから買主に売り渡せば問題ありませんね。

たとえば今、「海の家不動産」が自ら売主になって、AさんにBさんの所有する建物を売ろうとしています。そこでその建物について、海の家不動産が持ち主のBさんから取得する契約を締結していれば、**例外的**に宅建業者が売主となって業者でない買主Aさんに対して売却するための売買契約を締結できます。

この"海の家不動産がBさんから物件を取得する契約"は、予約でも構わないのですが、条件付きの契約ではダメです（業33-2 一）。条件が付いていては、結果として建物が確実に買主Aさんのものになるかどうか、分からないからです。

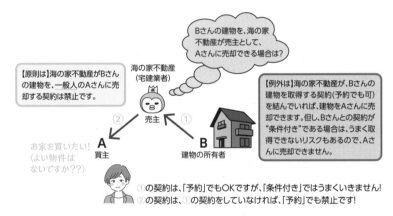

Bさんの建物を、海の家不動産が売主として、Aさんに売却できる場合は？

海の家不動産（宅建業者）

【原則は】海の家不動産がBさんの建物を、一般人のAさんに売却する契約は禁止です。

【例外は】海の家不動産が、Bさんの建物を取得する契約（予約でも可）を結んでいれば、建物をAさんに売却できます。但し、Bさんとの契約が"条件付き"である場合は、うまく取得できないリスクもあるので、Aさんに売却できません。

売主

② ①

A　買主

B　建物の所有者

お家を買いたい！（よい物件はないですか？？）

①の契約は、「予約」でもOKですが、「条件付き」ではうまくいきません！
②の契約は、①の契約をしていなければ、「予約」でも禁止です！

ポイントをまとめますと、

・原則 は、宅建業者が、他人所有の物件を一般の買主に売り渡す契約は禁止です！
・例外 は、宅建業者と物件所有者との間で**売買契約等** が結ばれていれば、宅建業者は他人所有の物件を一般の買主に売り渡すことができます。

※仕入れるほうの契約は、予約はOK、条件付きはダメ！

②未完成物件の売買の場合

たとえば……建築中の建物など**未完成**の**物件**では、未だ登記をすることができません。すなわち、所有権を証明できる段階にないということです。

この場合の措置 → 建物であれば、建築確認を受けていれば、契約の開始時期の制限からは外されるということでした。すなわち、売ってよいということですが、そのための条件として、「**手付金等の保全措置（後述 82 ページ）**」を講じておくことが必要になります（業41①）。物件の完成前に売主業者が倒産するなどの事態が起こっても、買主は手付金等を返還してもらえるので、売買してOK！ ということなのです（業33-2二）。

未完成の物件の売買 ＝ 「契約締結時期の制限」＋「手付金等の保全措置」の適用アリ！

1-6-2 クーリング・オフ制度（業 37-2）
1 クーリング・オフとは
クーリング・オフとは、冷静な判断ができないような場所でした契約の申込みを撤回したり、契約を解除したりすることができるという制度です。

クーリング・オフ……文字通り、頭を冷やして契約を考え直すってことなんだね。

宅建業者の**事務所等以外**の場所で、物件の買受けの申込みをした者又は**売買契約**を締結した買主は、原則としてクーリング・オフができることの書面による告知を受けた日から起算して**8日間以内**であれば、その申込みを**書面**により撤回して、契約をなかったこととすることができます。

クーリング・オフの効果として、まだ契約に至っていないけど既に申し込んだ「**申込みの撤回**」、又は既に締結している「**契約の解除**」をすることができることになります。

クーリング・オフのポイント（イメージで征服！）

場所的要因	時間的要因	進捗状況
事務所か否か	8日以内	引き渡しかつ 全額払い

2 クーリング・オフができる "場所" の要件は（業 37-2 ①本文）

　宅建業者の事務所等以外の場所で<u>買受けの申込み</u>をした者が、原則としてクーリング・オフをすることができます。

事務所等で買受けの申込みを行って、後日事務所等以外の場所で契約した買主は、<u>クーリング・オフはできません。</u>

宅建業者の事務所等や本人が指定した自宅や勤務先など、正常な判断ができる場所であれば、クーリング・オフは必要ないということです。

クーリング・オフができなくなる場所（＝事務所等）（業則 16-5）はこちら！

事務所（業 3 ①・令 1-2）

①主たる事務所（本店）・従たる事務所（支店）
②継続的に業務を行うことができる施設を有する場所で、政令で定める使用
　人を置くもの

事務所以外の場所（業 37-2 ①・則 16-5）

- ・下記のうちで宅建士を置くべきもの＝**契約の締結を行う場所**（則16-5 一）
① 宅建業者の事務所以外の場所で継続的に業務を行うことができる施設を有する場所
② 宅建業者が一団の宅地建物の分譲を行うために設置した**案内所**（土地に定着する建物内に設けられるもの）
③ 売主の宅建業者が依頼した媒介・代理業者の事務所等
④ 売主の宅建業者が一団の宅地建物の分譲の代理・媒介の依頼をした媒介・代理業者の設置した**案内所**（土地に定着する建物内に設けられるもの）
⑤ 売主の宅建業者・媒介・代理業者が催す**展示会場等**（土地に定着する建物内に設けられるもの）
- ・宅建業者の相手方が指定した**本人の自宅や勤務先**（則16-5 二）

第1編 宅建業法

> **Q** 平30-37-ウ 宅建業者である売主Aが、宅建業者Bの媒介により宅建業者ではない買主Cと新築マンションの売買契約を締結した場合において、Cは、Bからの提案によりCの自宅で買受けの申込みを行ったが、クーリング・オフについては告げられず、その10日後に、Aの事務所で売買契約を締結した場合、クーリング・オフによる契約の解除はできない。

A 契約の申込みをした場所はCの自宅ではありますが、自宅での買受け申込みを提案したのは業者Bですので、告知も受けていないCはクーリング・オフで契約解除ができます（業37-2 ①）。 答 ×

3 クーリング・オフはいつまでできるの？

 クーリング・オフができる場合、買主はいつまでにしなければならないの？

【**原則**】買受けの申込みをした人や買主（「申込者等」といいます）が、宅建業者から「申込みの撤回等を行うことができる旨及びその申込みの撤回等を行う場合の方法」について書面で告げられた場合に、その告げられた日から起算して**8日**を経過したとき（業37-2 ①一）。（**下記例1**）

 「クーリング・オフができますよ」と相手方に告げるかどうかは、宅建業者の自由です。だから業者から"告知"されていなければ、8日間の起算が開始しないため、いつまでもクーリング・オフが可能になっ

てしまいます。（下記例3）

【例外】ただし、買主が売買の目的物件の**引渡し**を受け、なおかつ、その**代金を完済**したら、契約の履行は完了してしまいますから、もはや**クーリング・オフはできなくなります**。これは、告げられた日から8日以内に引渡し・完済した場合でも同じです（**下記例2**）（業37-2 ①二）。

 クーリング・オフができる期限の例は！

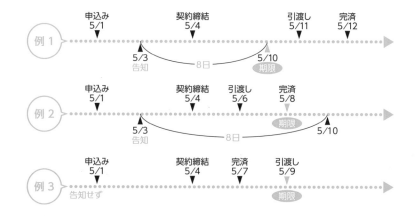

4 クーリング・オフの手続と効果（業37-2 ①一・則16-6、37-2 ②）

　宅建業者が"クーリング・オフができる旨及びその方法"について告げるときも、また申込者等が申込みの撤回等を行う場合も、どちらも**必ず書面**によらなければなりません。

 便利だねぇ〜、でも、クーリング・オフの効果は、どんなことになるのかな？

 クーリング・オフは、申込者等が撤回等を行う旨の**書面を発した時**に、その効力を生じます（業37-2 ②）。申込みの撤回等が行われたら、宅建業者は、申込者等に対し、速やかに、買受けの申込み又は売買契約の締結に際し受領した手付金その他の**金銭を返還**しなければなりません（業37-2 ③）。

宅建業者は、クーリング・オフに伴う**損害賠償や違約金**を請求することは**一切できません**（業37-2 ①後段）。

5 特約の効果（業 37-2 ④）

クーリング・オフの規定に反する特約で**申込者等に不利なもの**は、**無効**になります。

1-6-3 損害賠償額の予定等の制限

宅建業者が自ら売主となり、宅建業者でない相手方と行う宅地建物の売買契約において、当事者の債務不履行を理由とする契約の解除に伴う損害賠償額を予定し、又は違約金を定めるとき（民420）は、これらを**合算した額**が売買代金の**2割**を超えることはできません（業38 ①）。

 2割を超える定めをしても、**超えた部分は無効**になってしまいます（業38 ②）。全部が無効になるのではありません。

1-6-4 手付の額の制限等（業 39）

 宅建業者が自ら売主となり、宅建業者でない相手方と行う宅地建物の売買契約においては、売主業者は**売買代金額の2割**を超える額の手付を受領することはできません（業39 ①）。そしてこの場合、手付金は"**解約手付**（民 557 ①）"としての扱いを受けます（業39 ②）。手付として受け取れる額は、**2割**に抑えられます。2割を超過した部分は、手付金としての扱いを受けられません。

 これらの規定に反する特約で、買主に不利なものは、**無効**となります（業39 ③）。

 たとえば……宅建業者 A が、自ら売主になって、宅建業者でない B との間で宅地の売買契約を結びました。契約の中で、「契約当事者の相手方が契約に着手するまでは、買主 B は、手付の**半分の額を放棄**して契約解除を行える」との特約を行いました。**買主にメリットが生じる特約**であれば、諸手を挙げて、歓迎されますね。すなわち、この**特約は有効**ということです。

1-6-5 担保責任についての特約の制限

「権利関係」の科目で学習しますが、<u>民法</u>に、「売買契約における売主の担保責任（契約不適合責任）」というものがあります（民562〜）。そして宅建業法では、宅建業者が自ら売主となって、宅建業者でない買主と取引きする場合に、担保責任について特約を定める場合には**"民法の規定よりも買主に不利になる特約"**を**禁止**しています（業40①）。そしてそのような特約をしても、その特約は無効になります（業40②）。

でも、担保責任の**責任期間（通知期間）**のカウントについてだけは、後述のとおり、民法の規定よりも**緩く**なっています（業40①）。

1 まず、「契約不適合」というものについて、考えてみましょう

民法の**「契約不適合」**とは、「せっかく契約したのに、その契約内容と目的物の内容（品質等）が合っていないよ！」ということです。たとえば、建物の売買契約を結んだとしましょう。せっかく買った建物に雨漏りが！　この建物が新築の建物で、通常の売買契約をしたのであれば、雨漏りするなんて想定外の言語道断！　民法の**"債務不履行"**規定（第2編の権利関係科目で後述いたします）に従って、「雨漏りを直してちょうだい！」と、修補請求ができますね。

でも、中古住宅の販売で、「雨漏りがした場合は、買主の負担にて修理を行うべし！　そのかわり、相場よりも安い代金でお売りします。」として、契約をしていたとしたらどうでしょう？　買った建物でもしも雨漏りがしても、契約通りに買主が雨漏りの修繕を負担すればよいだけの話で、契約内容から逸脱していないってことですよね。

また、ノンクレームの、**現状による販売**ということであれば、基本的に、「契約不適合」は生じにくくなりますね。

じゃあ、「契約不適合があっても、売主は責任を負わない」という特約は、アリですね？

そのような特約も、民法の原則はアリです。でも、<u>売主が知っていてトボケテいた</u>ような契約不適合があったときは、売主は責任を負わないといけません！

2 宅建業法での担保責任の責任期間（通知期間）のカウントは

民法では ～契約上の**不適合**（契約した内容と異なる点のこと）を**発見してから1年以内**（民566）に通知すれば、担保責任を追及できます。

宅建業法では ～**引渡しの日から2年間以上**となる一定期間（業40①）内に通知すれば、担保責任を追及できます。

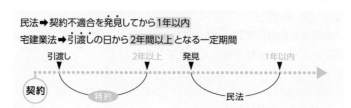

1-6-6 手付金等の保全措置（未完成物件・完成物件）（業41・41-2）

　売買契約では高額のお金が動きます。そこで、宅建業者が契約締結後から引渡しまでに**一定額を超える手付金その他の中間金等の金銭を受け取る場合**には、あらかじめ受け取る前に金銭に保険をかけるなどの"**保全措置**"を講じることが義務づけられています。

物件の引渡しまでに宅建業者が倒産するなど万が一の事態があると大変だからね！

1 保全措置が必要な手付金等（業41①）

　これは未完成物件、完成物件とも同じです。保全措置が必要な「手付金等」とは、次の二つの要件を満たしたものをいいます。

> ①代金の全部又は一部として授受される金銭及び手付金その他の名義をもって授受される金銭で、代金に充当されるものであって、②契約締結の日以後、宅地建物の引渡し前に支払われるもの。

2 保全措置が必要となる金額

　未完成物件と完成物件で異なります。保全措置が必要となる金額は次のとおりです。

①未完成物件の場合（業 41 ①本文後段・令 3-3）

> 代金の **5%** 又は **1,000 万円**を超える額の手付金等を受け取る場合（どちら
> か一方を満たせば保全措置が必要）

②完成物件の場合（業 41-2 ①本文後段・令 3-3）

> 代金の **10%** 又は **1,000 万円**を超える額の手付金等を受け取る場合（同上）

覚え方～ダジャレで覚えてね

「5つ（５％）のミカン（未完成）から、果汁（完成・１０％）がい
いせん（1,000 万円）でできました。」

保全措置を講じなければならない手付金等の額は、上記の額を超えた
分ではなく、その**手付金等の額全体について必要**です。

3 保全措置の方法

完成物件・未完成物件で**保全措置の方法にも違いがあります**。

これらの措置を講じた後でなければ、宅建業者は手付金等を受け取ることはで
きません（業 41 ①・41-2 ①）。

①**未完成物件**の場合

次の a か b のどちらか一つを講じます。

> a. 銀行等一定の金融機関との間において「**保証委託契約**」を締結し、かつ、
> その書面を買主に交付します。
> b. 保険事業者との間において、「**保証保険契約**」を締結し、かつ、保険証券
> 又はこれに代わるべき書面を買主に交付します。

②**完成物件**の場合

次の a・b・c のいずれか一つを講じます。

> a. 上記「**保証委託契約**」を締結し、かつ、その書面を買主に交付します。
> b. 上記「**保証保険契約**」を締結し、かつ、保険証券等の書面を買主に交付
> します。

c. 指定保管機関との間において、「**手付金等寄託契約**」を締結し、かつ、その書面を買主に交付すること。加えて、さらに買主との間において「質権設定契約」を締結し、かつ、その書面を買主に交付し、さらに質権設定契約による質権の設定を指定保管機関に通知します。

4 保全措置が不要な場合（未完成・完成共通）

受け取る手付金等の額が前記の"一定額"を超えていても、次のいずれかの場合は、**保全措置は不要**になります（業41 ①・41-2 ①）。

①宅地建物について買主への所有権移転**登記**がされたとき
②買主が所有権の**登記**をしたとき

5 宅建業者が保全措置を講じてくれない場合は

宅建業者が、保全措置を講じないときは、買主は、**手付金等を支払わないことができます**（業41 ④・41-2 ⑤）。

これは、手付金を払わなくても、"債務不履行（契約上の義務を履行しないこと）にならない"っていうことだね。

1-6-7 宅地建物の割賦販売契約の解除等の制限

これも、宅建業者自ら売主・買主非業者の場合の制限規定です。

民法上、割賦販売（分割支払い）で支払いが遅れるなどの履行遅滞（債務不履行）があると、相当の期間を定めて**催告**したうえ、それでもその期間内に履行がない場合にはじめて契約を解除することができます（民541）。そして宅建業法の規定では、**割賦販売**で賦払金の支払いが遅延した場合は、自ら売主である宅建業者は、**30日以上の期間を定めて書面をもって**履行を**催告**し、それでも履行のない場合に、はじめて賦払金の支払いの遅滞を理由として、契約を解除したり、又

は支払時期の到来していない賦払金の支払いを請求することができます（業42①）。この規定に反する特約は、**無効**となります（業42②）。

※宅建業法上の割賦販売——代金の全部又は一部について、目的物の引渡し後**1年以上の期間**にわたり、かつ、**2回以上に分割**して受領することを条件として販売すること（業35②）。

「**カップ麺**（割賦販売）　**正味**（書面をもって）**期限は　30日**（30日以上の期間を定めて履行を催告）」

1-6-8 所有権留保等の禁止

「所有権留保等」には以下の四つのパターンがあり、それぞれ**宅建業者が自ら売主で買主が業者以外の者となる場合には禁止**されています。

・割賦販売の場合の

①所有権留保の禁止（業43①）
②譲渡担保の禁止（業43②）

・提携ローンの場合の

③所有権留保の禁止（業43③）
④譲渡担保の禁止（業43④）

1 それぞれの特徴は

①割賦販売（業35②）

「割賦販売」とは、前記のとおり、1年以上にわたって代金を複数回に分けて支払うことですが、**直接売主に支払い**ます。

②提携ローン（業43③④）

「提携ローン」とは、買主が銀行などから、1年以上にわたるローンを組んでお金を借り、まず売主業者に**代金全額を支払い**ます。そしてその後、毎月銀行などにローンを返済していくのですが、買主が銀行等から借り入れる際の保証人に売主の宅建業者がなり、銀行に対し支払いを保証するというものです。

③所有権留保（業43①③）

引渡しなど売主の義務は果たすものの、登記だけは移さず、**所有権を売主の宅建業者に残しておく**ものです。

④譲渡担保（業43②④）

引渡しなどのほか、登記もすませて所有権も買主に移しますが、**再度担保の目的でその宅地建物を譲り受ける**というものです。

2 規制の内容は

①原則禁止！

割賦販売でも提携ローンでも、宅建業者が自ら売主として宅建業者ではない買主に宅地建物の販売をした場合、「所有権を留保」したり「譲渡担保」を行うことは、いずれも**原則として禁止**されています。

②例外——してよい場合

 宅地建物を引き渡していないこと。かつ、

・割賦販売であれば、買主が売主に支払った金銭が**代金全体の3割を超えていないこと**。
・提携ローンでも同様に、買主が返済した金銭が銀行などから借り入れた金銭のうち宅建業者が保証している金銭の**3割を超えていないこと**。

③所有権留保について、さらなる例外——留保してよい場合とは

割賦販売であれ提携ローンであれ、買主が、宅地建物につき所有権の登記をした後の残代金について、これを担保するための<u>抵当権もしくは不動産売買の先取特権の登記を申請し、又は残代金を保証する保証人を立てる見込みがない</u>ときは、所有権留保を行うことができます。

 「譲渡担保」には、③の例外はありません。

1-7　媒介・代理でもらえる報酬額

この項目のテーマ

 仲介でいただけるギャラは、いくらくらいになるのかな？

 依頼を受けて仲介（媒介）の場合、代理した場合、それに、売買なのか、貸借だったのかによって、もらえる**報酬の上限額**が決まっているのよ。具体的な金額を計算する問題も出ることがあるから、しっかりと計算の練習をしておきましょう♪

1-7-1　もらえる報酬額には上限がある

　宅建業者は、媒介や代理の依頼を受けて契約をまとめると、依頼者に対して報酬を請求できます。報酬は、無制限に請求できるものではなく、国土交通省の告示で上限が定められているので、これを超えて報酬を受け取ることはできません（業46①〜③）。

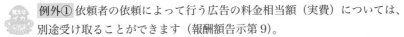

 例外① 依頼者の依頼によって行う広告の料金相当額（実費）については、別途受け取ることができます（報酬額告示第9）。

 例外② 依頼者の特別の依頼により行う遠隔地の現地調査等に要する費用相当額を依頼者から提供された場合など、**依頼者の特別の依頼により支出を要する特別の費用相当額**で、その負担について**事前に依頼者の承諾があるもの**を別途受け取ることまでを禁止するものではありません（解釈・運用46関係）。

 宅建業者は、その**事務所ごと**に、公衆（お客様）の見やすい場所に、この**報酬の額を掲示**しなければなりません（業46④）。

1-7-2　報酬額の計算のルール

 計算方法は、以下のとおりです。

媒介の場合の限度額（報酬額告示第2・4）

①売買の場合の一方から受け取れる額は

 この計算が他の計算のもとにもなる基本的なものです（速算法）。

- ・取引額が 200 万円以下の場合＝取引額 ×5％
- ・取引額が 200 万円超で 400 万円以下の場合＝取引額 ×4％＋ 2 万円
- ・取引額が 400 万円超の場合＝取引額 ×3％＋ 6 万円

上記の計算で算出された額が、**売買の媒介契約**の場合で片方の依頼者から受領できる最高額です。

 では、取引の一方のお客さんからは、いくら報酬を受け取れるのでしょうか？

 （具体例）売主 A、買主 B の間の、本体価格 1,000 万円の建物売買契約を宅建業者 C が媒介したとします。

　取引価格が 400 万円超なので、取引価格の 1,000 万円に 3％をかけて、6 万円をプラスするという速算式が使えます。＝ C が A と B それぞれから受け取れる報酬額の上限は、36 万円（合計 72 万円）です。

②交換の場合の一方から受け取れる報酬額は（報酬額告示第 2）

 計算方式は、**売買と同じ**です。ただ、交換する宅地建物の価額に差があるときは、**高い方の額で計算**できます。

③貸借の場合の報酬額（報酬額告示第 4）

 貸借の場合に、依頼者双方から受領することのできる報酬額の限度は**合計で借賃の 1 か月分の金額**です。そして居住用の建物の賃貸借の媒介の場合に一方から受け取れる報酬額の限度は、（依頼を受ける際に依頼者の承諾を得ている場合を除いて）0.5 か月分です。

④**権利金**の授受がある場合の特例（報酬額告示第6）

居住用建物以外の場合です。つまり、店舗・オフィスなどや土地の賃貸ですね。これらの宅地建物の賃貸借で権利金の授受がある場合の媒介の報酬額の計算は、その**権利金の額**を売買代金とみなして、①の売買の媒介の計算によることができます。

⑤消費税も忘れずに（報酬額告示第2・第4・第9）

宅建業者が消費税の**課税事業者**である場合は、消費税分を上乗せできるので、36万円×110％＝396,000円を受け取れます。

免税事業者である場合は、消費税分は「**みなし仕入れ率**」**4％**として上乗せできます。36万円×104％＝374,400円を受け取れます。

※みなし仕入れ率――宅建業者が受領することのできる報酬額については、免税事業者であっても、「みなし仕入れ率」として**4％**の消費税分を受領できます。

消費税込みの報酬額を計算するには、建物の価額は**必ず本体価格**で計算し、最後に消費税分を加算します。試験問題でも消費税込みの価額で出題されたら、まず本体価格に戻してから計算します。

代理の場合の報酬額（報酬額告示第3・第5）

宅建業者が取引を代理した場合は、原則として一方の依頼者からしか報酬は受け取れません。媒介のように依頼者双方から報酬を受け取るわけにはいかないので、代理の場合は、媒介の場合の一方から受け取れる報酬額の**2倍**までとされています。

そして代理の相手方からも報酬を受け取る場合には、依頼者からの報酬も合わせて媒介の場合の**2倍を超えてはいけません。**

これは、**売買・交換**いずれの場合にも適用されます。

報酬の計算には、前記のように、いくつかのパターンがあります。実際に計算問題が出題されることもありますので、計算練習に努めましょう。

Q 平21-41-3改 宅地建物取引業者A（消費税課税事業者）が売主B（消費税課税事業者）からB所有の土地付建物の媒介の依頼を受け、買主Cとの間で売買契約を成立させた場合、AがBから受領できる報酬の上限額は、2,112,000円である。なお、土地付建物の代金は6,400万円（うち、土地代金は4,200万円）で、消費税及び地方消費税額を含むものとする。

A
① （6,400-4,200）万円÷1.1 = 2,000万円（建物の本体価格）

② （2,000 + 4,200）万円×0.03 + 6万円= 192万円

③ 192万円×1.1 = 2,112,000円

AがBから受領できる報酬の上限額は、2,112,000円になります（業46・報酬額告示）。答○

【複数業者が介在する場合の計算】

宅建業者A（消費税課税事業者）は売主から代理の依頼を、宅建業者B（消費税課税事業者）は買主から媒介の依頼を、それぞれ受けて、代金3,000万円の宅地の売買契約を成立させました。この場合、Aは代理だから売主から211万2,000円、Bは媒介だから買主から105万6,000円の報酬をそれぞれ受けることができるって本当？

ダメです！　媒介のBが買主から受け取れる報酬額は、3,000万円×3%＋6万円＝96万円（税込96万円×1.1 = 105万6,000円）。A・B合計でその倍額の211万2,000円ですので、もらいすぎちゃってますね。

そうか、一つの取引に複数の宅建業者が介在する場合でも、顧客が支払う報酬額は変わらないんだね。

1-7-3 空き家等の売買の媒介・代理の特例

宅建業では、空き家の売買について媒介したり、代理したりすることもありますが、建物の状態を確認するのに現地調査を行わなければならない場合など、立地が遠方だったりすると費用がかさみますね。そのため、**空き家である**等の要件に該当するときは、特別な報酬計算を行えることになっています（報酬額告示第7・8）。

早い話が、物件価格が安い空き家等については現地調査等の費用相当額を一定額までもらっていいよ、ということ♪

 空き家の場合の報酬計算の要件は！

①取引価格が400万円以下の空き家等の物件（宅地・建物）の売買・交換であること。
②売主からの媒介・代理の依頼でもらう報酬についてのみ、必要な現地調査等費用に相当する金額を加算できますが、報酬との合計が18万円（税込19万8,000円）が上限。

 18万円って、取引価格400万円のときの報酬額（税抜き）と同じだね。

空き家の売買の媒介をすると（報酬額告示第7）

 取引価格（売買代金）を基に媒介の場合の報酬計算をします。

取引価格400万円の物件のときは、400万円×4％＋2万円で、18万円です。ここまでは、通常の報酬額計算と同じです。現地調査の出張費が3万円かかったとしますと、ここで3万円プラスしたいところですが、上限額が税抜き18万円ですので、調査費相当額はもらえません。もらえる報酬額の上限は、18万円（税込19万8,000円）ということになります。

取引価格200万円の物件の媒介のときは、200万円×5％＝10万円、必要な現地調査の出張費が3万円としますと、合計額が13万円ですので、調査費相当額は全額認められ、税込14万3,000円までもらえますね。

取引価格200万円の物件の媒介で、必要な現地調査の出張費が10万円としますと、200万円×5％＝10万円、合計額が税抜20万円です。上限額は税抜18万円でしたので、調査費相当額は8万円認められ、合計18万円（税込19万8,000円）が上限です。

買主の方からも報酬をもらえる場合でも、**買主からは調査出張費まではもらえません**。あくまで売主からの報酬だけです。

空き家の売買の代理をすると（報酬額告示第8）

考え方は売主・買主両方から報酬をもらう媒介の場合と同じです。代理の報酬は媒介の場合に一方からもらえる額の2倍まででしたね。つまり、売主分からは媒介と同様に一定額まで調査費相当額を受け取れますが、買主分からは調査費相当額は受け取れない、というわけです。

調査費相当額まで2倍ってわけじゃないんだね。

取引価格（売買代金）を基に、まず媒介の場合の報酬計算をします。

取引価格400万円の物件のときは

400万円 ×4％＋2万円＝18万円

上限いっぱいなので、すでに調査費相当額は受け取れません。

代理報酬は、18万円 ×2 ＝ 36万円（税込396,000円）

取引価格200万円の物件で調査費3万円のときは

200万円 ×5％＝10万円　ですので、調査費相当額は3万円全額認められます。

代理報酬は、13万円＋ 10万円＝ 23万円（税込253,000円）

取引価格200万円の物件で調査費10万円のときは

200万円 ×5％＝10万円　ですので、調査費相当額は8万円まで認められます。

代理報酬は、18万円＋ 10万円＝ 28万円（税込308,000円）

1-8 その他業務に関する制限

この項目のテーマ

ここでは、宅建業者が**やってはいけないこと**をまとめて紹介します。違反した場合には、業務停止処分を受けたりもするので、要注意です！

1-8-1 宅建業者の義務等について

1 不当な履行遅延の禁止（業44）

宅建業者は、その業務に関してなすべき宅地建物の**登記や引渡し**又は**取引に係る対価の支払い**を不当に遅延してはいけません。

ここでは、禁止事項が具体的に列挙されていることに注意！

2 秘密を守る義務

①宅建業者の守秘義務（業45）

　宅建業者は、**正当な理由**※がある場合でなければ、その**業務上取り扱ったことについて知り得た秘密**を他に漏らしてはなりません。宅建業を営まなくなった後であっても同じです。

※たとえば……裁判での証人としての証言や本人の承諾を得た場合等は、秘密を告げることの**正当な理由**になります。

②宅建業者の使用人等の秘密を守る義務（業75-3）

　宅建業者の使用人その他の従業者は、正当な理由がなければ、宅建業の**業務を補助したことについて知り得た秘密**を他に漏らしてはいけません。

退職して宅建業者の使用人その他の従業者でなくなった後でも、守秘義務は同じです。

3 業務に関する禁止事項（その1）

これは、宅建業者にのみ禁止する規定です。

 それなら従業者にこれらのことをさせればよいのかというと、その場合は宅建業者の**監督責任**を問われます。なお、後述で従業者なども含めた禁止事項が出てきます。

宅建業者は、その業務に関して、宅建業者の相手方等に対し、次に掲げる行為をしてはいけません（業47）。

①宅地建物の売買・交換、貸借の契約締結について**勧誘**をするに際し、又はその契約の申込みの**撤回・解除**、宅建業に関する取引により生じた**債権の行使**を妨げるため、次のいずれかについて、故意に事実を告げず、又は不実のことを告げる行為。

> a. 重要事項説明の説明事項（業35①②）
> b. 供託所の説明事項（業35-2）
> c. 契約書面の記載事項（業37①②）
> d. 次に掲げる、宅建業者の相手方等の判断に重要な影響を及ぼすこととなるもの
> 　イ．宅地建物の所在、規模、形質
> 　ロ．現在又は将来の利用の制限、環境、交通等の利便
> 　ハ．代金、借賃等の対価の額又は支払い方法その他の取引条件
> 　ニ．その宅建業者又は取引の関係者の資力・信用に関する事項

②不当に高額の報酬を要求する行為

実際に受け取らなくても、**要求するだけで違反**となります。

③**手付について貸付けその他信用の供与**をすることにより契約の締結を誘引する行為

※手付についての貸付けその他信用の供与——手付の支払いを後日に**延ばした**り、又は**分割して受領**することなどです。

4 業務に関する禁止事項（その2）

こちらは宅建業者だけではなく、その**代理人や使用人、従業者（宅建業者等）**についても**適用**される禁止事項です（業47-2）。

①宅建業者等は、宅建業に係る契約の締結の勧誘をするに際し、宅建業者の相手方等（顧客）に対し、必ず利益が出るなどと**誤解させるような断定的判断を提供**してはいけません（業47-2①）。

②宅建業者等は、宅建業に係る契約を締結させ、又は宅建業に係る契約の申込みの撤回・解除を妨げるため、宅建業者の**相手方等を威迫**してはいけません（業47-2②）。

③宅建業者等は、上記①②に定めるもののほか、宅建業に係る契約の締結に関する行為又は申込みの撤回・解除の妨げに関する行為であって、宅建業者の**相手方等の利益の保護に欠けるようなこと**をしてはいけません（業47-2③）。

たとえば……訳もなく契約をせかしたり、勧誘の目的なのにそれを隠していたり、夜中や朝早くといった迷惑な時間帯の電話や訪問、しつこい勧誘などが該当します（則16-12）。

1-8-2 従業者証明書の携帯、従業者名簿・帳簿の備付け

1 従業者証明書の携帯

宅建業者は、従業者に、その従業者であることを証する証明書（**従業者証明書**）を携帯させなければならず、携帯していない者を業務に従事させてはいけません（業48①）。また従業者は、取引の関係者の**請求**があったときには、従業者証明書を**提示**しなければなりません（業48②）。

2 従業者名簿

宅建業者は、その**事務所ごと**に、**従業者名簿**を備えなければなりません。

そしてこの従業者名簿は、**取引の関係者から請求があったとき**には、その者に**閲覧**させなければいけません（業48④）。

従業者名簿に保存期間とかはあるの？

最終の記載をした日から**10年間**ですよ（則17-2④）。

3 帳簿の備付け（業49）

宅建業者は、その**事務所ごと**にその業務に関する帳簿を必ず備えなくてはなりません。そして**取引のあったつど**、所定の事項を記載します。

保存期間は、二つ覚えてね！（則 18 ③）——帳簿閉鎖後、原則 5 年間
業者自ら売主となる新築住宅についてのもの—— **10 年間**

※後述する**特定住宅瑕疵担保履行法**（ 105 ページ 参照）による、業者自ら売主となる新築住宅の保証期間が 10 年間であることと連動しています。

覚え方～俳句風に覚えちゃおう！
「**事務所ごと　名**（名簿）**は 10 年　帳簿**（帳簿）**5 年**」

帳簿の記載事項を事務所のパソコンのハードディスクに記録して、必要に応じて事務所にあるパソコンやプリンタで紙面に印刷することが可能な環境を整えていれば、帳簿への記載に代えることができますよ（業 49・則 18 ②）。

名簿と異なり、**帳簿には閲覧させる義務の規定はないよ！**

1-8-3 標識と、業務場所についての届出

1 標識の掲示

　事務所や分譲現地の案内所などには、その業務を行う場所ごとに、公衆の見やすい場所に、不動産業者である旨の**標識（宅建業者票）を掲示**する義務があります（業 50 ①、則 19 ①）。

事務所及び専任の宅建士を設置しなければならない案内所等には、標識を掲示しなければなりません。また専任の宅建士を設置しない次の場所も標識を掲示する必要があります。

a. 継続的に業務を行うことができる施設を有する場所で事務所以外のもの
b. 宅建業者が、自ら 10 区画以上の一団の宅地又は 10 戸以上の一団の建物の分譲（以下「一団の宅地建物の分譲」）を行う場合におけるその宅地建物の所在する場所
c. 一団の宅地建物の分譲を案内所を設置して行う場合にあっては、その案内所
d. 他の宅建業者が行う一団の宅地建物の分譲の代理・媒介を案内所を設置

　して行う場合にあっては、その案内所
e. 宅建業者が業務に関し展示会その他これに類する催しを実施する場合にあっては、これらの催しを実施する場所

2 分譲現地における業務の届出（案内所等の届出）（業50②、則19③）

　一団の宅地の分譲などを業務として行う際には、免許権者と分譲場所を管轄している都道府県知事に、**前もって届出**をしておくことになっています。

 宅建業者が業務開始の **10日前**までに届け出ます。

・届出を要する場所──前記の標識を掲示すべき場所のうち、契約を締結したり、申込みを受ける場所（＝宅建士を設置すべき場所）
・届出の内容──所在地、業務内容、業務を行う期間及び**専任の宅建士の氏名**
・届出先──①**免許権者**（国土交通大臣・都道府県知事）及び②その**所在地を管轄する都道府県知事**に届け出ておかなければなりません。

 免許権者と管轄知事が異なるときは、両方に届出！　片方じゃあ、ダメ！

 たとえば……宅建業者A（甲県知事免許）が甲県に建築した一棟100戸のマンションを、宅建業者B（国土交通大臣免許）に販売代理を依頼して、Bがそのマンションの隣地（甲県内）に案内所を設置して契約を締結しようとしていたとします。この場合この「案内所」についての届出は、誰が、いつまでにどこに対して行わなければならないの？

 事例の場合、宅建業者Bが、その業務を開始する10日前までに、①その案内所の所在地を管轄する甲県知事、及び甲県知事を経由して②Bの免許権者である国土交通大臣の、**双方に届出**をしなければなりません（業50②・78-3②）。

 覚え方〜イメージ図で覚えてね
免許権者と現地の知事に届出、免許権者が大臣ならば現地の知事を経由します♪

経由して届出

甲県知事
免許業者

A

マンション

案内所

契約
締結可

甲県
知事

届出

甲県内

大臣免許業者

B

国交大臣

免許権者の大臣へは、
甲県知事を経由して
届け出ます。

代理

1-8-4 免許の取消し等に伴う取引の結了（みなし業者）

もしも免許を取り消されたら、やりかけの業務はどうなるのかな？
ほっといてもよいの？

次のいずれかにより免許を取り消されたとき等は、その宅建業者で
あった者又はその一般承継人（相続人のこと）は、その宅建業者が締
結した契約に基づく**取引を結了する目的の範囲内**においては、なお**宅
建業者とみなされます**（みなし業者の規定）（業76）。

①免許の有効期間（業3②）が満了したとき。
②廃業等の届出（業11②）により免許が効力を失ったとき。
③宅建業者が次のいずれかに該当したとき。
　a. 死亡したとき（業11①一）。
　b. 法人が合併により消滅した場合（業11①二）。
　c. 営業保証金の供託届けをしなかったことによる免許取消し（業25⑦）。
　d. 監督処分による免許取消し（業66）。
　e. 所在不明による免許取消し（業67①）。

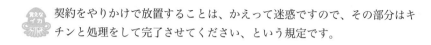
契約をやりかけで放置することは、かえって迷惑ですので、その部分はキ
チンと処理をして完了させてください、という規定です。

1-9 監督処分と罰則

 ここまで、宅建業者が守らなければいけないことを色々見てきたけれど、守らなかったら、どうなるのかな？

 宅建業法に違反すると、宅建業者・宅建士ともに、免許権者・登録知事による**監督処分**が下されます。また監督処分に加えて、懲役や罰金などの**罰則**があります。

1-9-1 監督処分
1 監督処分の種類は

　宅建業者には軽い順に、**指示処分、業務停止処分、免許取消し処分**が、宅建士には、同じく軽い順に、**指示処分、事務禁止処分、登録消除処分**があります。

 そして一番軽い指示処分を受けても、その処分に従わなかったり、情状が特に重かったときは、指示処分が→業務停止（事務禁止）→免許取消し（登録消除）となっていきます。

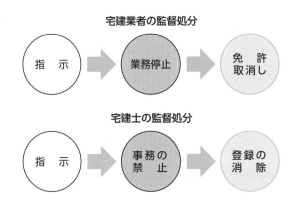

宅建業者の監督処分

指　示　→　業務停止　→　免　許　取消し

宅建士の監督処分

指　示　→　事務の禁　止　→　登録の消　除

免許取消しや登録の消除だけでなく、指示処分からすべて、公開による**聴聞**が行われます。法令に違反した宅建業者や宅建士についても、その言い分を聞いた上で、処分しようというわけです。

免許の公告による任意取消し、営業保証金の供託の届出がない場合の任意取消しでは、**聴聞は不要！**

3 宅建業者への指示及び業務停止

指示処分、業務停止処分は、いずれも**免許権者の任意**で行われます。

〈指示処分〉

　免許権者（国土交通大臣・都道府県知事）は、その免許を受けた宅建業者が次のいずれかに該当する場合には、**必要な指示**をすることができます（業65①）。

①業務に関し取引の関係者に損害を与えたとき又は損害を与えるおそれが大であるとき
②業務に関し取引の公正を害する行為をしたとき又は取引の公正を害するおそれが大であるとき
③業務に関し他の法令に違反し、宅建業者として不適当であると認められるとき
④宅建士が、事務禁止又は登録の消除処分を受けた場合において、宅建業者の責めに帰すべき理由があるとき

〈業務停止処分〉

　免許権者は、その免許を受けた宅建業者が次のいずれかに該当する場合には、その宅建業者に対し、**1年以内の業務の全部又は一部の停止**を命ずることができます（業65②）。

①前記の指示処分に該当するとき（指示処分に該当するときでも直接業務停止処分にすることもできます）
②名義貸しの禁止規定など、一定の規定に違反したとき
③指示処分に従わないとき
④宅建業法の規定に基づく国土交通大臣又は都道府県知事の処分に違反した

第1編
宅建
業法

とき

⑤宅建業に関し不正又は著しく不当な行為をしたとき

⑥営業に関し成年者と同一の行為能力を有しない未成年者である場合において、その法定代理人が業務の停止をしようとするとき以前5年以内に宅建業に関し不正又は著しく不当な行為をしたとき

⑦法人である場合において、その役員・政令使用人のうちに業務の停止をしようとするとき以前5年以内に宅建業に関し不正又は著しく不当な行為をした者があるに至ったとき

⑧個人である場合において、政令使用人のうちに業務の停止をしようとするとき以前5年以内に宅建業に関し不正又は著しく不当な行為をした者があるに至ったとき

〈他の免許業者への監督処分〉

　都道府県知事は、大臣免許業者又は他県の免許業者であっても、自分の都道府県の区域内で業務を行う業者に対しては、必要な**指示処分**や**業務停止処分**をすることができます（業65③④）。でも、他の免許権者の宅建業者の免許を取り消すことまではできません。

4 免許の取消し

免許取消しには、「必須取消し」と「任意取消し」があります。

〈必須取消し〉

 免許権者は、その免許を受けた宅建業者が次のいずれかに該当する場合には、**必ず免許を取り消さ**なくてはなりません（業66①）。

①宅建業者や政令使用人が免許の欠格要件に該当したとき（業66①一〜四）

②免許換えに該当する場合において、新たな免許を受けていないことが判明したとき（業66①五）

③免許を受けてから1年以内に事業を開始せず、又は引き続いて1年以上事業を休止したとき（業66①六）

④「廃業等の届出」の規定による届出がなくて、その事実が判明したとき（業66①七）

⑤不正の手段により宅建業の免許を受けたとき（業66①八）

⑥業務停止処分に該当し情状が特に重いとき又は業務停止の処分に違反したとき（業66①九）

⑤と⑥は免許の欠格事由にもなってるよ！

〈任意取消し〉

 免許権者は、その免許を受けた宅建業者が次のいずれかに該当したときは、その免許を取り消すことができます。

①免許を受ける際に付された免許の条件に違反したとき（業66②）
②宅建業者の事務所の所在地や宅建業者の所在（法人の場合は、その役員の所在）を確知できず、官報や公報でその事実を公告し、その公告の日から30日を経過してもその宅建業者から申出がないとき（このときは、聴聞不要＝したくても相手の行方が分からないから、聴聞できませんね。）（業67）

5 宅建士に対する指示処分・事務の禁止処分

 宅建士に対しても、監督処分が下されることがあります。

〈指示処分〉

都道府県知事は、その登録を受けている宅建士が次のいずれかに該当する場合には、その宅建士に対し、**必要な指示**をすることができます（業68①）。

①宅建業者に、自分が専任の宅建士として従事している事務所以外の事務所の専任の宅建士である旨の表示をすることを許し、その宅建業者がその旨の表示をしたとき
②他人に自分の名義の使用を許し、その者がその名義を使用して宅建士である旨の表示をしたとき
③宅建士として行う事務に関し不正・著しく不当な行為をしたとき

〈事務の禁止処分〉

都道府県知事は、その登録を受けている宅建士が前記の指示処分に該当する場合又は指示処分に従わない場合においては、その宅建士に対し、**1年以内の期間**を定めて、宅建士としてすべき**事務を行うことを禁止**することができます（業68②）。

〈宅建士の登録の消除〉

　都道府県知事は、その登録を受けている宅建士が次のいずれかに該当する場合においては、その**登録を消除**しなければなりません（業68-2 ①）。

①登録の欠格事由に該当したとき
②不正の手段により宅建士の登録を受けたとき
③不正の手段により宅建士証の交付を受けたとき
④前記の指示処分・事務禁止処分に該当し、情状が特に重いとき

〈宅建士資格者の登録の消除〉

　宅建士の登録を受けているけれど宅建士証の交付は受けていない者（宅建士資格者）が、次のいずれかに該当する場合においては、その登録をしている都道府県知事は、その者の**登録を消除**しなければなりません（業68-2 ②）。

①宅建士登録の欠格（拒否）事由に該当したとき
②不正手段により宅建士の登録を受けたとき
③宅建士証の交付を受けていないにもかかわらず、宅建士としてすべき事務を行い、情状が特に重いとき

〈他の都道府県知事の登録を受けている宅建士への監督処分〉

　免許の場合と同じです！　都道府県知事は、他の都道府県知事の登録を受けている宅建士であっても、自分の都道府県の区域内で事務を行う宅建士に対しては、必要な**指示処分**や**事務の禁止処分**をすることができます（業68 ③④）。ですが、他の都道府県知事の登録を受けている宅建士の登録を消除することまではできません。

1-9-2 罰則

　罰則とは、過料（行政罰）や罰金、禁錮、懲役（刑法による罰）といったものです。違反の内容によって、罰金額が変わってきます。

1 両罰規定／罰金1億円もアリ!?（業84）

　法人である宅建業者の代理人や使用人、従業者がその業務に関し、次の規定に違反したときは、その行為者を罰するほか、その法人に対しても罰則を科します（「**両罰規定**」といいます）。

①不正手段により免許を受けたり（業79一）、重要な事実の告知等義務（業47一）に違反した場合（業79-2）＝１億円以下の罰金刑

②その他の違反行為（一部を除く）＝100万円以下又は50万円以下の罰金刑

2 宅建士の罰則には"過料"と"罰金"がアリ！（業86）

宅建業法に定められた宅建士についての罰則には、過料と罰金があります。

下記の三つについては、10万円以下の過料です。

a. 宅建士証の返納義務違反（業22-2⑥）
b. 事務禁止処分期間中の宅建士証の提出義務違反（業22-2⑦）
c. 重要事項説明時の宅建士証の提示義務違反（業35④）

宅建士に対する罰金は50万円以下（報告義務違反）です（業72③・83）。

 **平30-26-2** 宅建業者が行う広告に関し、販売する宅地又は建物の広告に著しく事実に相違する表示をした場合、監督処分の対象となるほか、6月以下の懲役及び100万円以下の罰金を併科されることがある。

A 解説 広告に関して、著しく事実に相違する表示をした場合、監督処分の対象となるほか、6か月以下の懲役及び100万円以下の罰金を併科されることがあります（業32、65、66、81）。答○

1-10　特定住宅瑕疵担保責任履行確保法（履行確保法）

新築住宅の分譲広告に「10年保証」というものをよく見かけます。これは何？

新築住宅の売主業者について引渡し後10年間、その物件の瑕疵について担保責任が義務づけられているというものです。

1-10-1 履行確保法の目的

新築住宅の安全性や品質・性能を確保することは、大変重要です。併せて、その住宅に**瑕疵**があった場合については、そこに発生する「瑕疵担保責任」の具体的な履行についてスムーズに行われることも大切ですね。そこで、宅建業者による「住宅販売瑕疵担保保証金」の供託、「住宅瑕疵担保責任保険法人」の指定及び「住宅瑕疵担保責任保険契約」に係る新築住宅に関する紛争の処理体制等について定めることによって、「住宅の品質確保の促進等に関する法律」（品質確保法）と併せて新築住宅の**買主の保護**、そして**住宅の円滑な流通**を図ることが、この法律の目的とされています（瑕疵担保履行 1）。

※瑕疵——「品質確保法」の定義では、"種類又は品質に関して契約の内容に適合しない状態"のことです。

1 その仕組み

新築住宅につき、売主となる宅建業者は、その新築住宅の「**構造耐力上主要な部分**」や「**雨水の浸入を防止する部分**」について一定期間（**10年間**）保証をすることが、「品質確保法」で定められています。

でも、肝心の宅建業者に、保証をするだけの資力が欠けていては十分に制度が機能しません。そこで、「**特定住宅瑕疵担保責任履行確保法**」によって販売後10年間の保証がキチンとできるように準備を整えておくという仕組みになっています。

言わば2段構えの仕組みですので、「品質確保法」との関係性に注意して学習しましょう。またこの法律は、前述の「**重要事項説明の説明事項**」にもなっています。

1-10-2 資力確保措置の要否

　宅建業者は、**自ら売主として新築住宅を販売するときだけ**は、**資力確保措置を講ずる義務**を負うことになっています。新築住宅の売買であっても媒介・代理の場合は、資力確保措置を講ずる必要はありません。また、買主も宅建業者の場合には、資力確保措置は不要です（業者間取引適用除外）。

※資力確保措置には、「**住宅販売瑕疵担保保証金の供託**」（瑕疵担保履行11）と、「**住宅販売瑕疵担保責任保険契約の締結**」があります。

 つまり、新築住宅のケアの一環なんだね！

1-10-3 保証金の供託と説明

　宅建業者は、基準日（毎年3月31日）において、基準日前10年間に自ら売主となる売買契約に基づいて買主に引き渡した新築住宅について、買主に対する特定住宅販売瑕疵担保責任の履行を確保するため、住宅販売瑕疵担保保証金の供託をしていなければなりません（瑕疵担保履行11①）。

 供託する保証金の額は、基準日までの合計戸数に応じます。この保証金を供託する場合、その住宅の床面積が**55m^{2}以下**であるときは、新築住宅の合計戸数の算定に当たって、<u>2戸をもって1戸</u>とします（瑕疵担保履行11③・令5）。

 ▎覚え方～ダジャレで覚えちゃおう！▎
「**ゴーゴー！**（55m^{2}以下）　**ニコイチ!!**（2戸をもって1戸）」

 保証金の供託をする場合には、その住宅の**売買契約をするまで**に、買主に対し供託所の所在地等について記載した**書面を交付して説明**しなければなりません（瑕疵担保履行15）。

> **Q** ▎平29-45-1▎ 宅地建物取引業者Aが自ら売主として、宅地建物取引業者でない買主Bに新築住宅を販売する場合、Aは、住宅販売瑕疵担保保証金の供託をする場合、Bに対し、当該住宅を引き渡すまでに、供託所の所在地等について記載した書面を交付して説明しなければならない。

A 解説　供託所の所在地等について記載した書面を交付して、<u>契約の締結時</u><u>まで</u>に説明しなければなりません（瑕疵担保履行 15）。　答 ×

1-10-4 資力確保措置の状況についての届出

　自ら売主として新築住宅を宅建業者でない買主に引き渡した宅建業者は、基準日に、**基準日から 3 週間以内**に、その住宅に関する資力確保措置の状況について、免許権者に届け出なければなりません（瑕疵担保履行 12 ①・則 16 ①）。

 この届出をしないと、その基準日の翌日から起算して **50 日を経過した日以後**においては、新たに自ら売主となる新築住宅の売買契約を締結できません（瑕疵担保履行 13）。

1-10-5 保険契約の締結

　住宅販売瑕疵担保責任保険契約は、資力確保措置として住宅販売瑕疵担保保証金の供託に代えることができます。

 新築住宅を自ら売主として販売する宅建業者が**住宅瑕疵担保責任保険法人**と締結する保険契約であり、住宅の売買契約を締結した日から**10 年間**、その住宅の瑕疵によって生じた損害について保険金が支払われます（瑕疵担保履行 2 ⑦）。

 保険金を払うのは売主である宅建業者であって、買主じゃないよ！

権利関係（民法・関係法令）

権利関係科目からは、
毎年14問の出題があります。
得点目標！ 8問～9問正解を
目指しましょう!!

ねらい目は、
関係法令の全問正解!!

権利関係（民法とその関係法令） 学習上のプロローグ

この項目のテーマ

「**権利関係**」科目って、一つの法律の名前じゃなくって、「土地建物の権利及び権利の変動に関する法律」がいくつか集まったもののことなんだって！

「権利関係科目」は、民法と関連する法律の集合体！

土地建物の取引は、権利の設定と変更が行われる、**契約行為**の連続です。その仕組みをつかさどるのが「民法」で、民法を補充しているのがその他の関係法令（借地借家法、建物区分所有法、不動産登記法）なのです！　そこで、これらの法律が「**権利関係科目**」としてまとめて宅建試験の科目にされているということなの。

「権利関係科目」って……**民法とその仲間たち**、ってことだったんだ！

「借地借家法」は、「民法」とは深い関係はあるけれど別の法律です！

初心者の方が混乱しやすいのですが、民法と、借地借家法は、別々の法律です。その立ち位置ですが、民法が"一般法（基本ルール）"であり、借地借家法は"特別法（特別ルール）"ということになります。

どういうこと？

一般的なものの貸し借り（賃貸借契約）は、民法にその定めがあります。但し、不動産の貸し借りは、高額になったり居住の権利が絡んだりと複雑化しますので、特別ルールの「借地借家法」が適用されるという、二重の構造になっているということなのです。

そのため、基本法であるところの民法とその特別法や手続法である他の法令との関係性について、あらかじめ整理しておきませんと、後々で知識がこんがらがっ

てしまうということにもなりかねません。

どうぞ次の図式を使って、**一般法と特別法の関係**をまずは整理して見てみてください。民法とその関係法令とのポジション付けを、最初に頭にインプットしておくことで、学習上の整理がつけやすくなること請け合いです!!

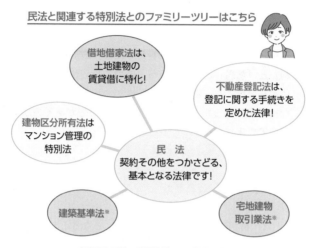

民法と関連する特別法とのファミリーツリーはこちら

借地借家法は、
土地建物の
賃貸借に特化!

不動産登記法は、
登記に関する手続きを
定めた法律!

建物区分所有法は
マンション管理の
特別法

民 法
契約その他をつかさどる、
基本となる法律です!

建築基準法※

宅地建物
取引業法※

※部分的に民法の"特別法"となる規定を含んでいます!

基本となる民法が太陽で、その他の民法から見た特別法が、太陽の周りを回っている惑星ってイメージだね〜

2-1 行為能力・制限行為能力者

この項目のテーマ

海の家不動産でお客様に呼ばれて伺ったら、土地の売主となるはずのおじいちゃんが認知症を患っていました。この取引は大丈夫なのかな!?

不動産の売買契約等の取引を行うには、取引を行うための**「権利」**と**「意思」**とそれを行う**「能力」**が必要です。お客様から依頼を受けても、寝たきりで判断能力がなかったら、仮に正当な持ち主であったとしても本当に売る意思があるのかどうか、安心できませんね。

2-1-1 権利能力と意思能力、行為能力

1 権利能力（民3）

「権利能力」とは、**権利や義務の主体**（＝主役）となることのできる能力のことです。人であれば生まれながらに、みな均しく権利能力を持っています。生まれたばかりの子どもでも、親が亡くなればその財産を"相続する権利"を取得します。

2 意思能力（民3-2）

「意思能力」とは、契約を行おうという意思とその結果を判断できる知的能力です。この不動産を売ったらどうなるか、"土地は自分のものでなくなるが、お金が手に入る"ということが判断できる能力です。泥酔して正確な判断ができないような場合は、**意思無能力者**となり、契約をしても無効です（民3-2）。

3 行為能力と制限行為能力

「行為能力」とは、単独で、有効に、**法律行為**（契約など）を行うことのできる能力のことです。

行為能力のない者と取引すると、その契約はあとで**取り消される**ことがあります。

でも、行為能力のない者をどうやって見分けるのでしょう？

 そのために設けられているのが、次の「**制限行為能力者制度**」なのよ！

2-1-2 制限行為能力者制度

　制限行為能力者と安全に取引をするには、行為能力のない者を「**制限行為能力者**」として次のように類型し、役所や法務局で確認できるようにしています。

 「**制限行為能力者**」とは、**未成年者（18歳未満の者）、成年被後見人、被保佐人、被補助人**をいいます。

宅建試験で特に重要なのは、①**未成年者**、②**成年被後見人**、③**被保佐人**の三つです。

・「**成年被後見人**」とは、精神上の障害によって事理を弁識する能力（物事を判断する能力）を欠いた者で、家庭裁判所から**後見開始の審判**を受けた者をいいます。

・「**被保佐人**」とは、精神上の障害によって事理を弁識する能力が著しく不十分な者で、家庭裁判所から**保佐開始の審判**を受けた者をいいます。

 「**被保佐人**」は、成年被後見人より**症状が軽度**の人です。日常生活上の買い物などはできますが、不動産の売買や貸借など一定の財産の処分は任せられない人で、保佐開始の審判を受けた者です。

	どういう人？	単独で法律行為をしたら？	有効に法律行為をするには？
未成年者	18歳未満の人	取り消すことができる。	法定代理人の同意を得る。
成年被後見人	重度の認知症などで、後見開始の審判を受けた人	取り消すことができる。	成年後見人が代理する。
被保佐人	成年被後見人より軽度。保佐開始の審判を受けた人	取り消すことができる。	保佐人の同意を得る。

うちのおじいちゃん、**認知症を患っている**んだけど、成年被後見人なの？

認知症でも**後見開始の審判**を受けなければ、成年被後見人ではありませんよ。

第2編
権利
関係

1 未成年者の保護（民5）

未成年者は原則として、単独で法律行為を行うことはできません。では未成年者と取引をするにはどうすればよいのでしょうか？

①未成年者が1人で**法律行為（契約等のこと）**をするには、その**法定代理人**※の同意を得なければなりません（民5①）。又は、法定代理人が代理して契約します。

※法定代理人＝親、又は未成年後見人

ただし、**単に権利を得る、又は義務を免れる法律行為**については、同意がなくても未成年者だけで有効に法律行為を行うことができます。単にお小遣いをもらうだけや、食事をおごってもらうことなどは、**未成年者に損にならないので親の同意は不要**ということです。

②同意を得ないでした法律行為は、**取り消す**ことができます（民5②）。

取り消せる行為でも、**取り消すまでは有効**です！　取り消すと、最初から"無効"だったことになるのです!!

③お小遣いなど法定代理人が処分を許した財産は、その範囲内において、未成年者が自由に処分することができます（民5③）。また取り消すことはできません。

お小遣いだもの、未成年でも、自分で使っちゃってよいってことなんだね！

逆に言うと、お小遣いは使ったら後で取り消せないってこと！

④法定代理人から**営業を許された未成年者**は、その範囲内で有効に営業を行うことができます（民6①）。

商売を任された場合等、**その商売の範囲内での取引**であれば、いちいち親の同意を得なくても、自分で判断して取引しちゃっても構わないということなのです。

Ⓠ　平28-2-1 古着の仕入販売に関する営業を許された未成年者は、成年者と同一の行為能力を有するので、法定代理人の同意を得ないで、自己が居住するために建物を第三者から購入したとしても、その法定代理人は当該売買契約を取り消すことができない。

Ⓐ　**解説**　居住用の建物を第三者から購入する契約を法定代理人の同意なしで行ったことは、**営業許可の範囲外**の案件であるので、取り消しうる行為です。法定代理人も取消権を有しています（民5・6）。　答 ×

2 成年被後見人の保護（民9）

　成年被後見人は、判断力がないので、財産的な法律行為については、日用品の購入その他日常生活に関する売買等の契約以外は、**取り消す**ことができます。完全に有効な契約にするには、**成年後見人が代理して**行わなければなりません。

「取消し」は、制限行為能力者本人も、**単独**で行うことができます。取り消しても、法律行為を行う前の状態に戻るだけなので、特にリスクはないからです（民120）。

成年被後見人が1人でした法律行為は?

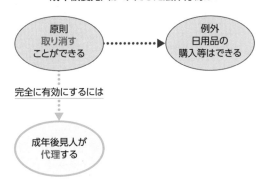

3 被保佐人の保護

「被保佐人」には保佐人がつけられ（民12）、不動産の売買や貸借など、次に掲げる**一定の財産の処分**（民13）を行うときなどは、保佐人の同意を得なければなりません。

①**不動産**その他重要な財産についての**売買**
②相続の**承認**、放棄又は遺産の分割
③**贈与**をし、又は贈与の申込みを拒絶し、遺贈を放棄し、負担付贈与の申込みを承諾し、又は負担付遺贈を承認すること
④新築、改築、増築又は大修繕
⑤短期賃貸借期間（土地5年、建物3年 など）を**超える**賃貸借（民602）

その他、「保証人になる」「裁判を行う」「他の制限行為能力者の一定の**法定代理行為**をする」など、保佐人の同意を得なければできない行為があります。

4 未成年者・成年被後見人の相手方の催告権

では次に、未成年者などの制限行為能力者と、**契約をした相手方の立場**を考えてみましょう。相手方は、いつ取り消されるか分からないという、はなはだ頼りない立場におかれます。

相手方にとって、何かよい手立てはないものでしょうか？

それがあるのです。見ていきましょうね。

①催告する（民20①②）

その契約事項について判断が可能な**保護者**に対して、「この間の契約、どうするの？」と尋ねて（**催告して**）、言質（追認）をとってしまうのです。

制限行為能力者側も急に言われてもすぐには返事できません。**"1か月以上"**の猶予期間を設けて**追認するか否かを催告**します。

②誰に催告するの？

未成年者であれば親（法定代理人）に催告（確認）する、成年被後見人であればその成年後見人に対して催告をすれば、応えてもらえます。

制限行為能力者に対して催告しても、最初の契約と同じ状況ということで、意味はありません。制限行為能力者に対して催告したければ、**行為能力者となった後に催告**しなければ効き目はアリマセン（民20①）。きちんと判断ができる人（法定代理人・成年後見人）に催告しなければ、確約はできないということです。

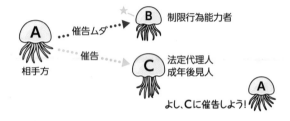

③催告の効果は？

 きちんと判断ができる人に催告したとして、その効果はどうなるのでしょうか？

 追認するにしろ取り消すにしろ、返答があればそれで決定します。

 じゃあ、1か月以上の期間を定めて催告した後、きちんと判断ができる人からなんにも返答が来ない（スルーされた）場合は、どうなるのでしょうか？

 契約が**確定的に成立**します。

5 被保佐人の相手方の催告権（民20④）

 「未成年者」と「成年被後見人」の場合は、その法定代理人に対して「追認しますか？」と催告すればよいのですが、では、**被保佐人**はどうしましょうか？

 保佐人には、法定代理人がいないので、相手方は、**被保佐人本人に対して催告**をする場合もあります。ですが、被保佐人がそのまま自分で自分を追認しても、取り消し得る法律行為ということに変わりがありませんね。そこで、相手方は被保佐人に対して、「保佐人の同意をきちんともらって、返事をくださいね！」と催告を行えばよいのですね。そして、催告しても返事がなかった（スルーされた）ときは、被保佐人に催告した場合は、「追認せず取り消した」ものとみなされます。

6 ウソつきは保護しない（民21）

　詐術（ウソをつくなど）を用いて「自分は能力者である」と相手方を**誤信させ**た制限行為能力者は、その契約においては、もはや保護は受けられず、取り消すことができません。**ウソをつく人までを保護する必要はない**からです。

この項目のテーマ

契約の相手が**ウソをついて**「家を売りたい」と言っていたり、**強迫されて仕方なく**「買います」と言ったような場合でも、その取引は有効なのかな？

それに、**カン違い**したり、グルになって**架空の取引**でお茶を濁すということもあり得ますね。そのようなときは、契約が無効になったり、あとで取り消したりすることができるんです！

2-2-1 心裡留保（民93）

　心裡留保とは、平たくいえば、"冗談"のことです。冗談で契約したとしても自分の言葉には責任を持たなくてはなりません（原則**有効**）。だけど、相手が冗談を見抜いていた場合（**悪意**）や、常識で考えて冗談だとわかるような場合（**善意有過失**）は、無効となります（民93①）。

法令用語【善意】ある事実を知らないこと。

　　　　　【悪意】ある事実を知っていること。

　　　　　【有過失】"うっかりミス"があったということ。

ここで重要なポイントを二つ!!

①心裡留保は、**原則有効**、相手が悪意又は善意**有過失**なら無効です。
②心裡留保による無効は、**善意の第三者**に対抗できません。

上記②の、**第三者との対抗関係**について、例を挙げて見ていきましょう。

「僕の自慢の高スペックパソコンを、格安の1万円で売ってあげるよ！」（冗談なんだけど……）

「ええ〜、本当に!?　買う買う!!」

〜なるやま君自慢の高スペックパソコンが、こんなに安いなんて冗談だと気づいてもよさそうなものですが、Aはなるやま君がそう言うんだからと、**すっかり信用してしまい**、そのパソコンを買うと答えました。この契約は有効でしょうか？

この売買契約は、なるやま君が冗談のつもりでも、Aがなるやま君の言うことを信じて契約をしている以上、**有効**です。無効となるのは、なるやま君が冗談で言っているのだな〜ということをAが知っていたり（悪意）、「**たった10円で売るよ！**」と言われたときなど、"普通なら冗談だと気づくでしょう"という（Aに過失がある）場合などです。

　次は、なるやま君とAの前記の**契約が無効だった場合**について、**第三者Bとの関係**を考えてみましょう。Aが冗談を見抜いていて、なるやま君とAの間の契約は無効となっていましたが、Aは何も事情を知らないBにその高スペックパソコンを転売してしまいました。なるやま君は「あ〜、あれは冗談だから！」と言ってBから高スペックパソコンを取り戻すことができるでしょうか？

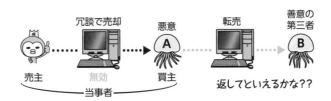

冗談で売却　　　悪意　　　転売　　　善意の第三者

売主　　　無効　　　買主　　　返していえるかな??

当事者

なるやま君とAの契約が無効になるのは、Aが「**悪意**」か「**善意・有過失**（うっかりミス）」の場合です。そして、なるやま君とAの契約が無効ということを第三者のBが知らなかった（善意）場合は、なるやま君は「あれは冗談でAさんに売ったのサ。だから返してね」とBに主張することはできません（＝<u>高スペックパソコンはBのものに！</u>　民93②）。事情を知らないBと、そもそも冗談を言ったという落ち度のあるなるやま君と比べて、**どっちを保護してあげるべきか**、ということになってくるのです。

ち、ちょっとふざけただけなのに……グスン

ここでいう**虚偽表示**とは、相手と示し合わせたいわゆる通謀虚偽表示のことで、仮装の契約行為（**デッチ上げ**）のことです。

 重要なポイントを二つ!!

①虚偽表示（デッチ上げ）は、当事者間では**原則無効**です。
②虚偽表示による無効は、**善意の第三者**に対抗できません。

たとえば……ある土地を所有している A が、B から多額の借金をしているときに、どうにもその土地以外に、もはやめぼしい財産がないとします。B にこの土地に目を付けられてはマズイ、と感じた A が、財産隠しの目的で一芝居打って、仲間の C に**架空の売買契約**を持ちかけて、その土地を C 名義に移転させたとします。ほとぼりが冷めた頃、A は C から土地を返してもらおう、というわけです。

 A・C 間の契約はデッチ上げなので、**そもそも無効です**（上記のポイント①）。さて、悪巧みをした A の仲間である C にも抜け目はありません。C は、自分にその土地の名義があることをよいことに、何にも知らない**善意の D** に、その土地を売却して逃げてしまいました。

売って逃げちゃえ　善意の第三者

A　　　　　　　　C　　　　　　　　D
Cとグル　　無効　　　有効? 無効?

青くなったのは A です。さて、A は、A・C 間の契約の無効を D に主張して、土地を返してもらえるでしょうか？

 答えは**No！**です。C・D 間の契約は有効で、A は返せとは言えません。どう比べても、悪いことを考えた A よりも、**善意の D を保護する**のは当たり前のことです。だから D が悪意なら D は保護されません。

第三者が善意であれば、「最初の契約は無効だから！」っていう主張はできないんだね！

2-2-3 錯誤（民95）

　錯誤（さくご）とは、**カン違いのこと**です。人間誰でも、カン違いをすることは考えられますし、わざとカン違いをして自分に不利益な契約を結ぶことはありませんので、錯誤による意思表示は**取り消すことができる**ものとされています。

 カン違いによる意思表示で、そのカン違いが**取引上重要な要素である場合**に取り消せます（民95①）。

①「意思表示に対応する意思を欠く錯誤」（表示内容がおかしいカン違い）であること。
②「表意者（意思表示を行なった本人）が法律行為の基礎とした事情についての認識が真実に反する錯誤（動機がおかしいカン違い）であること。

 ①の例としては、甲土地を売ろうと思ったのに、乙土地を売ってしまった場合などだよ。②の例としては、絶対値上がりすると思って投資マンションを買っちゃった場合などだね。

 また、取り消すことができるためには、そのカン違いした表示を**契約の際に相手に示していること**が必要です（民95②）。ですが、意思表示の表意者に**重大な過失があって**錯誤の意思表示を行ったという場合は、例外的にその意思表示を取り消すことはできません（民95③）。

 ここで、重要なポイントを二つ!!

・錯誤のある意思表示の表意者に**重過失**があっても、①相手が表意者の錯誤を知っていた、又は重過失によって知らなかった、②相手も同様の錯誤に陥っていた、という場合は、表意者は取り消しできます（民95③一・二）。
・錯誤による取消は、善意・無過失の第三者に対しては、対抗（主張すること）できません！（民95④）

2-2-4 詐欺と強迫

1 取り消すことができる（民96①）

詐欺により意思表示をした者、あるいは**強迫**により意思表示をさせられた者は、正常な状況下で意思表示を行い、契約を結んだとはいえませんので、その意思表示を**後で取り消す**ことができます。

2 第三者に転売されてしまったら？

たとえば……Bの詐欺や強迫によって無理やり買いたたかれた土地が、すでに何も知らない第三者Cに**転売**されている場合などですね。

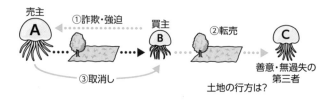

①詐欺の第三者

善意・無過失の第三者に迷惑をかけることは許されないので、詐欺により意思表示をした場合は、表意者（詐欺にあったA）は何も知らずにその土地を買った**善意・無過失の第三者C**に対して意思表示の取消しを主張することはできません（民96③）。何しろだまされて意思表示をしたという負い目があるので、**善意・無過失の第三者C**に対しては顔向けできないということです。

反対に第三者が、表意者が詐欺にあったことを知っていて（又は知ることができて）その土地を買い取ったという場合には、表意者は取消しを主張できます（第三者を保護する必要なし！）。

②強迫の第三者

ですが、**強迫**されて意思表示を行ったとなれば、話は別で、第三者に対しても、その"善意・悪意・過失の有無を問わず"**取消しを主張することができます**。強迫されることについては、落度が表意者のほうにあるとはいえず、保護する必要があるためです。

「言うとおりにしないと殴るぞ！」と言われたら、誰でも怖いもんね……。

3 第三者にだまされたり、強迫されて契約したら？（民96②）

詐欺や**強迫**によって行われた契約は、**取り消せる**ということでした。また詐欺の場合は、その取消しを善意・無過失の第三者に対抗できない、ということも学習しました。今度は同じ「第三者」が出てきますが、その第三者のスタンスが異なります。

たとえばこんな例では……。

　CはAのことが嫌いで、ひどい目にあわせてやろうと考えました。

　Cは、A所有の土地について、「この土地には昔の産業廃棄物が埋められていて、相場より安くしか売れないよ〜」とだましてやりました。

　慌てたAは、**相場よりもかなり安い価格で**、Bにその土地を売ってしまったのです。

C「わはは、いい気味」。損をしたAの運命は……？　そしてBはどうなるのでしょう？

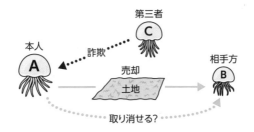

つまりこの契約は、Aが本人、Bが相手方の契約だけど、Aは**第三者**Cの詐欺によって、土地を売る契約をしてしまったということだね。AはBに対して契約の取消しを主張できるのかな？

それは相手方B次第です。Bが、実はAはCにだまされて、土地を安く売ることにしたのだということを知っていたり（詐欺について**悪意**だったら）、又は知る機会があったのだとしたら（知らないことに**過失アリ**）、BもCと**同罪**ですよね。ですので、Aはこの契約を取り消して、Bから土地を取り戻せます（もちろん代金は返します）。ですが、Bが、Cの悪巧みなんて過失なく知らなかった！　ということであれば、取消しはできません（B

が保護されます）。

 相手方Bが善意無過失かどうかで変わるんだね♪

 お次はこんな例……強迫が絡むと？

　AはDに**強迫**されてEの土地を買わされました。Aは、こんな土地はいらないので**取り消し**たいと思っています。Eが、Aが強迫されたことを**過失なく知らなかった**場合、Aは契約を取り消すことができるでしょうか？

 強迫は、相手方の善意・悪意を問わず、**取り消せます**（民96②・反対解釈）。

 一覧表でまとめて覚えましょ〜♪

 の代わりに

	原則	例外	善意・無過失の第三者には
心裡留保	相手が善意無過失＝有効	相手が悪意＝無効 相手が善意有過失＝無効	第三者が善意であれば有効
虚偽表示	無効	―	第三者が善意であれば有効
錯　誤	取り消すことができる	重過失＝取り消せない	取消しを主張できない
詐　欺	取り消すことができる	―	取消しを主張できない
強　迫	取り消すことができる	―	取消しを主張できる

2-3 代理制度

 海の家不動産のお仕事が忙しくて、自分の用事を済ます時間が取れないよ〜!! だれか**僕の代わり**に、用事を済ましておいてくれないかなー。

 代わりの人に、なるやま君の代わりになるやま君の用事を済ませてもらって、その効果がなるやま君にキチンと生じるような制度、それが**代理制度**ですよ!!

2-3-1 民法の代理制度と宅建業法

 宅建業法で学習したように、宅建業者は、**依頼人を代理**して、宅地建物の売買、交換、貸借の契約を行うことがあります（業2二）。代理の効果、有効な代理行為とは何か、そして無効な代理行為などについては、民法にその仕組みが定められているのです。

2-3-2 代理の効果と顕名主義

 代理人は、本人のために本人の代わりに行うことを相手方に示して（顕名）、意思表示・法律行為を行います。そしてその効果は**直接本人に対して発生**します。つまり、本人が行ったことと同じことになるのです（民99①）。代理人が本人のためにすることを示さないでした意思表示は、**自己のためにしたものとみなされます**。

 そうか、言わなきゃ相手からは、わからないもんね。

顕名をしなくても、相手方が、代理人が本人のためにすることを**知っていたり、又は知ることができた**というときは、その代理行為は**有効**なものとなります（民100）。

代理の仕組みを「代理の三面関係」として、図にしてみましょう♪

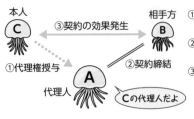

代理の三面関係

①本人CがAに代理権を与えて、Aを代理人にします。
②AはCの代理人であると告げて、Bと契約します。
③契約の効果は、BC間で発生します。

2-3-3 代理人の行為能力（民102）

制限行為能力者が代理人としてした行為は、その行為能力の制限を理由としては、取り消すことができません。

 代理人は、行為能力者であることを必要としていません。つまり、制限行為能力者を代理人としてもかまわないということです。

1 任意代理人とその権限

本人の依頼を受けて代理人となった人を、「任意代理人」といいます。

 本人より特に**代理権の範囲**を示されることなく、本人が所有する一軒家を任された場合は、任意代理人はその家を**売却**してしまってもよいものかな？

 そこまではできません！ このような場合、任意代理人にできる仕事の範囲は、下記の三つです（民103）。

・**保存行為**（その家が雨漏りがするので、修理するなど）
・**利用行為**（賃貸して家賃を得るなど）
・**改良行為**（都市ガス、下水道を整備するなど）

2-3-4 復代理人

1 復代理人は誰のために働くの？

代理人は、本人のために働きます。そして、どうしても自分1人ではその仕事が処理できないような場合などは、復代理人を選任することができます。

ではそのような復代理人とは、誰を代理して働くの？　代理人の代理人なのでしょうか？

代理人と同じで**本人の代理人**となります。復代理人は**本人を直接に代理**します。代理人の代理人ではありません（民106①）。

復代理の関係

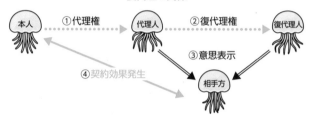

2 復代理の関係

ですが注意しなければならないのは、いくら復代理人が本人を直接代理しているといっても、**代理人あっての復代理人**であるということです。

重要ポイント二つ〜復代理人の仕事の範囲は？

①復代理人の仕事の範囲は**代理人の権限内**での話になります。
②もしも代理人が本人から代理権を剥奪されたということになれば、**復代理人の代理権も消滅**します。

②は、ハシゴをはずされちゃったようなものなんだね〜。

2-3-5 代理権の濫用（民107）

　代理人が、自分又は第三者の利益を図る目的で代理行為を行ったときは、代理行為の相手が、その目的を知っていたり、知ることができた場合は、その行為は**代理権を有しない者が行った行為**（無権代理行為　（後述））とみなされます。
※代理権のないものがした行為のことで、本人に対して行為の効果は生じません。

2-3-6 任意代理人と法定代理人

　代理人には**任意代理人**と**法定代理人**があります。「任意代理人」は、本人が<u>任意に自分の責任において選ぶ代理人</u>で、「法定代理人」は、親又は未成年後見人等をいい、<u>法律で定められている</u>ものです。

　ここでは、<u>以下の1と2</u>が出題のポイントになります！

1 復代理人を選任できる場合と選任した代理人の責任

　任意代理人は本人が決めた代理人なので、任意代理人が復代理人を選任するには、a. 本人の許諾を得た場合、又はb. やむを得ない事情がある場合に限られます（民104）。

　重要ポイント二つ〜どんなときに任意代理人を選任できるの？

a. 本人の許諾を得たとき
b. やむを得ない事情のあるとき（代理人が入院してしまったなど）

　自由自在に選任できるということではないということか〜！

　法定代理人の場合は、自由に自己の責任の下で、復代理人を選任できます。
ですが、**やむを得ない事由**で復代理人を選任した場合には、法定代理人はその**選任及び監督**についてのみ、本人に対して責任を負います（民105）。

2 代理権の消滅事由

代理権は、次の表に掲げる事由によって消滅します（民111）。

法定代理・任意代理の選任、代理権の消滅事由等

	代理人がつく場合	代理人の行為能力	復代理人の選任	代理権の消滅事由	
				共通の事由	特有の事由
法定代理	未成年者成年被後見人、等	制限行為能力者でもよい（民102）	いつでも可（民105）	a. 本人の死亡 b. 代理人の死亡 c. 代理人が破産手続開始の決定を受けたこと d. 代理人が後見開始の審判を受けたこと（民111①）	親権の喪失後見人の辞任・解任、等
任意代理	契約による	制限行為能力者でもよい（民102）	本人の許諾が必要（民104）		委任の終了（民111②・653）

2-3-7 自己契約と双方代理（民108）

「**自己契約**」＆「**双方代理**」って、なんだか面白い言葉ですね。それぞれ見ていきましょう♪

1 自己契約は無権代理

お客様から宅地の売却の**代理権を付与**された！　よ〜し、代理人として、がんばって買ってくれそうな相手を探しまくるよ〜!!　……でも、「この宅地、**自分で安く買っちゃお！**　どーせ契約の効果は、本人について生じるんだもの」と思って、そのように**自分の中だけ**で意思表示から契約締結と進んでしまったら、どうなるの？

代理人も人の子、購入代金を安く抑えて、自分が得するように仕向けるかもしれませんね。でもこれって、本人のためにはならないですよね。代理人の本分は、"本人のために働く"ことでした。だから、自己契約をすると、"**無権代理行為**（後述）"とみなされて、契約は有効にはなりません。また、代理人と本人との利益が相反する行為は、これまた"**無権代理行為**"とみなされて、契約は有効にはなりません（民108①②）。

2 双方代理も無権代理

同じ事例で考えてみましょう。

 売主の代理人として、買主になる相手をうまく見つけることに成功したよ〜！

……じゃあその相手方さんに、「ついでに買主であるあなたの代理人も、やってあげますよ〜」って言ったら、とても親切だよねー。

 それは無理！　売主って、高く売りたいですよね。では買主は？　少しでも安く買いたいはずですね。なので、このような "互いの利益に反する立場" には、おいそれとなれないんですよ、これは無権代理になりますよ、というのが双方代理のお話です。

双方代理

高く
売ってきて
くれ！

安く
買ってきて
くれ！

うわ〜板挟みだ・・・

3 自己契約・双方代理の例外

でも、**単なる債務の履行の場合や本人があらかじめ許諾していた場合**なら、別に問題はありませんね（民108但書）。

 「単なる債務の履行」の例として、**不動産登記の申請**があります。登記の申請は、その当事者（売主・買主）が行うものですが、取引の安全と迅速さを確保するために、実務上では司法書士など、その道のプロに売主・買主双方が代理権を与えて任せることがほとんどです。

2-3-8 無権代理

1 無権代理は原則無効（民113①）

「**無権代理人**」とは、代理権を持っていないのに、相手方に本人の代理人だと称して契約を結んだりするものです。もともと代理人ではないから、本人にはなんら契約の効力は及びません（**契約は無効**）。

2 無権代理の追認・取消し

　ですが、契約の相手方としては、代理人だと信じて契約を結んだということであれば、一律に無効にされては困ってしまいますね。そこで、

①相手方は相当の期間を定めて本人に対して「**追認** するかどうか、はっきりして！」と催告することができます（民114）。
②本人が追認する前であれば、善意の相手方はその契約を**取り消す**こともできます（民115）。

※追認——後からその契約の締結を認めること（後述）。

 そしてこちらも！

①追認があれば、無権代理行為は、**最初から有効**となります（民116）。本人がこの期間内に追認するか否かを確答しないときは、追認を**拒絶**したものとみなされます（民114後段）。
②相手方の**催告権**は、相手方が善意・悪意を問わず有していますが、契約の**取消権**は相手方が**善意**（無権代理人に代理権があると思っていた）のときだけ認められます。
③相手方が**善意無過失**であれば、無権代理人に**履行**又は**損害賠償**を請求できます。これを「無権代理人の責任」といいますが、これは無過失責任で責任も重いので、無権代理人が制限行為能力者であったときなどはこの責任は負いません（民117②）。

2-3-9 表見代理

　一見有効そうに見える無権代理を「表見（ひょうけん）代理」と呼びます。表見代理は、無権代理の一つですが、通常の無権代理と異なり、**無権代理人が代理人と誤認される条件があったときに成立**します。

 　無権代理行為は無効ですが、表見代理は、"本人にも相手方に対して何らかの責任がある"として、契約の相手方が**善意無過失**であれば、無権代理行為の**原因を作った本人**にも責任を負わせよう（＝有効にする）というものです。表見代理には、誤認されそうな条件別に**次の3パターン**

があります。

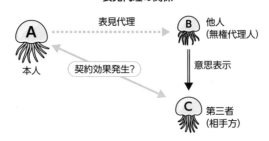

表見代理の関係

上の図を参考に、順番に見ていこうよ！

1 代理権未授与の表見代理（民 109）

　代理権を与えてもいないのに、第三者Ｃに対して他人Ｂに代理権を与えた旨を表示したり、与えたように誤認させた本人Ａは、その代理権の範囲内においてその他人Ｂが第三者Ｃとの間でした行為について、相手方に対しその責任を負います（＝契約は**有効**となります！）（民 109 ①）。

　ただし、第三者Ｃが、その他人Ｂが代理権を与えられていないことを知り、又は過失によって知らなかったときは、本人Ａは、責任を免れます（＝契約は**無効**！）。

　また、その代理行為がその表示した権限外の行為であったときは、相手方Ｃに、**無権代理人に代理権があると信じる正当な理由があれば**、本人Ａはその無権代理行為について、責任を負わないといけません（民 109 ②）。

2 権限外の表見代理（民110）

　家屋の賃貸借契約の代理を頼んだのに、その家屋を売却してしまったなど、代理人Bがその**権限外の行為**をした場合において、第三者CがBに代理人の権限があると信ずべき正当な理由があるときには、B（代理人）が第三者C（相手方）との間でした行為について、本人Aは、相手方であるCに対しその責任を負います（＝契約は**有効**！）。

3 代理権消滅後の表見代理

　代理権が消滅した後に代理人Bが代理行為をすると、本人Aは**善意・無過失**の第三者（相手方C）に無効を対抗することができません（＝契約は**有効**！）。ただし、第三者Cが悪意だったり、過失によってその事実を知らなかったときは、本人Aは無効を主張することができます（民112①）。

　また、その代理行為が権限外の行為であったときは、相手方Cに、**無権代理人Bに代理権があると信じる正当な理由があれば**、本人Aはその無権代理行為について、責任を負わないといけません（民112②）。

三つの表見代理

表見代理の種類	代理権未授与の表見代理	代理権限外の表見代理	代理権消滅後の表見代理
一言でいえば……	頼んでないでしょ！	やりすぎはダメ！	期限切れなんですけど！
表見代理の内容	正式には代理権を与えてはいません。でも、与えたように第三者に見えてしまっても、無理もありません。	家を賃貸してもらうつもりで、代理権を与えたのに、その家を売却されてしまったんです。	あれ？　代理権の有効期限は、先週末までだったはずなんだけど……
その効果いずれも 有 効	代理の効果が、本人に及びます。	代理の効果が、本人に及びます。本人は、いやでも、その売却した家を引き渡さなければなりません。	代理の効果が、本人に及びます。
成立要件 いずれも第三者が 善意・無過失	第三者が、善意・無過失でなければ、表見代理は成立しません。狭義の無権代理との区別もしてね！	第三者が、善意・無過失でなければ、表見代理は成立しません。	第三者が、善意・無過失でなければ、表見代理は成立しません。

2-4　無効と取消し、条件、時効

この項目のテーマ

「**無効**」と「**取消し**」って、ここまででも何回も出てきたねえ。
あれ、これって、どう違うのかな？

「**無効**」とは、最初から効力がまったく発生しない状態をいい
ます。そして、「取り消せる行為」は取り消すまでは有効で、
取り消したら最初から無効だったことになるという作用があり
ます。**似てるけど、違うのよ♪**

2-4-1 無効と取消しの効果

「**無効**」とは、初めから法律的効果が全く発生しないことをいいます。
「**取消し**」とは、いったん有効に成立した法律的行為を、初めに**さか
のぼって失効**させる（なかったことにする）ことをいいます（民
121）。無効と取消しは、必ず区別して覚えてください。

2-4-2 追認

1 取り消すことができる行為を有効にする（民122）

「**追認**」とは、"取り消すことができる行為"を取り消さず、そのままでよい
と認めることです。この追認があると、**追認された行為は初めから完全に有効**だっ
たことになります。

無効な行為はいくら追認しても有効にはならず、**無効のまま**です。そ
して無効な行為であることを知っていて追認した場合は、"新たな行
為がされた"ことになります。

2 いつから追認できるの？（民124）

もっとも追認は、取消しの原因となっていた状況がなくなり、そして取消権が
あることを知った後にしなければ、効力を生じません。

制限行為能力者であればその制限が、詐欺や強迫であればそれらがなくなった後でなければできません。成年被後見人が自ら追認するには、行為能力者となった後でなければ、できません。「ファイナルアンサー」ですからね。

法定代理人や保佐人が追認をする場合は、いつでも追認できます（民124②）。

3 法定追認（民125）

「法定追認」とは、取り消すことができる行為について、一定の**行為**をすると、追認したものとみなされ、もう取り消せなくなるというものです。

これには主に次の**四つのパターン**があります。

①全部又は一部の履行
②履行の請求
③担保の供与・受領
④取り消すことができる行為によって取得した権利の全部又は一部の譲渡

う～ん、たとえばどんな場合でしょう？

たとえば……自分の子ども（未成年者）が単独で高価なパソコンを購入してしまい、その代金30万円をパソコン店から請求されたとします。親が取り消す気があれば、あわててパソコンの購入契約を取り消すことでしょう。ですが、何も言わずに**代金を子どもの代わりに支払った**としたら、口でははっきりと言わなくても、パソコンの購入を認めたと判断されても仕方のないことです（①のパターン）。またこの場合に、親がパソコンの**引渡しを請求する**というのが②のパターン。子供のパソコンの納入がかなり先になるので、親がその予約をしたりするのが③のパターン。子供が買ったパソコンを親が**第三者に売り払ってしまう**のが④のパターンです。

2-4-3 条件付き法律行為

1 停止条件と解除条件（民127）

条件付きの契約とはなんでしょう？

通常の契約は、たとえば売買契約なら「売ります！」「買います!!」という売主と買主の意思表示だけで、法律効果は発生します（後述「契約の成立」 143ページ 参照‐民176）。条件付きの契約は、契約の効果の発生時にもう一つスイッチが必要な「**停止条件付き契約**」と、契約の効果は発生したけれど、場合によってはその契約の効果にストップがかかるという「**解除条件付き契約**」の、2種類があります。

① 停止条件 付き契約

　契約の効力が**発生**するためには、定められた**一定の条件を満たす**必要がある契約です。**条件を満たすまで契約の効力を停止**しておく契約なので、「停止条件付き契約」といいます。

たとえば、AがBに「今度大学の試験を受けるんですって？　じゃあ、合格したら（条件）お祝いに腕時計をあげるよ（契約の効力）」という約束をしたとします。腕時計をあげるという契約効果は、「大学入試に合格する」という条件を満たすまで、発効を**停止**させておくというわけです。

② 解除条件 付き契約

先ほどの事例で、CがBに「今度大学の試験を受けるんですって？勉強がんばってるから、今この腕時計をあげるよ（契約の効力）。だけど、合格しなかったら（条件）、返してもらうからね（契約解除）！」というような約束をしたとします。あら大変、Bが大学入試にオチテシマッタ……このような場合は、すでに発効していた贈与契約（腕時計をあげた契約）が、大学入試に落ちたときから、**将来に向かって解除される**ということです。

2 条件の成就を妨害したら

条件が成就することによって不利益を受ける当事者が故意にその**条件の成就を妨げた**ときは、相手方は、その条件が成就したものとみなすことができます（民130①）。また、条件が成就することで利益を受ける者が、**不正にその条件を成就させた**ときは、相手方はその条件が**成就しなかっ**

たものとみなすことができます（民130②）。

2-4-4 時効

 時効って、何のことでしょう!? たまに聞く言葉だけどね～

 時効のシステムは下記の①②です。

①お金を貸して、ほっておくと、**10年**で「返して！」といっても返してもらえなくなってしまうことがあります。→消滅時効
②他人の土地でも、自分のものとして使っていれば、**20年**で本当に自分のものになります。→取得時効

 時効は次の三つの点（**考え方**）を念頭に置いて、学習しましょう。

①権利の上にアグラをかいている者は、保護に値しません（消滅時効）
②現状の状態を尊重しましょう（取得時効）
③昔のことの証明はいちいち困難ですよね（消滅時効、取得時効）

 そして、時効のルールはこちら！

①時効の効力は、起算日にさかのぼります（民144）。
②時効は、**当事者**が時効の主張（援用）をした場合に限って、裁判所は裁判をすることができます（民145）。
③時効期間の計算において、売買などで占有を引き継いだ者は、前の持ち主の占有の**期間**を通算できます（民187①）。
※消滅時効では**保証人**、**物上保証人**、**第三取得者**その他権利の消滅について正当な利益を有する者を当事者に含みます。

1 消滅時効
①消滅時効の進行

前述の「考え方」①のとおり、権利は使わないと**消滅時効**により**消滅**してしまいます。

消滅時効では、「債権は、債権を行使できることを**知った時から5年間**、**行使できる時から10年間**（人の生命・身体の侵害による損害賠償請求権では**20年間**）行使しないと、時効にかかって権利が消滅し、債権又は**所有権以外**の財産権である場合は、**20年間行使しないと権利が時効によって消滅する**」と、定められています（民166・167）。

 ※つまり、所有権は消滅時効にはかからない！　ということです。

Ⓠ **令2-10-4** Aが甲土地を使用しないで20年以上放置していたとしても、Aの有する甲土地の所有権が消滅時効にかかることはない。

Ⓐ **解説**　**所有権**は、消滅時効の対象とはなりません（民166②）。答〇

②消滅時効の起算点は？（民166）

 消滅時効の**起算点**は、**権利を行使することができる時**（又は、**権利を行使することができることを知った時**）からです。「確定期限付き債権」と「不確定期限付き債権」では期限の到来の時から、「期限の定めのない債権」ではその債権の成立の時から、それぞれ進行を開始します。

 法令用語【確定期限付き債権】期限がいつ到来するか決まっている。
→例：2022年4月1日に建物を譲渡する。
【不確定期限付き債権】期限がいつ到来するか決まっていないけれど、必ず到来する。→例：この次に雨が降ったら建物を譲渡する。
【期限の定めのない債権】期限を全く定めなかったときは、いつでも請求できる。

2 所有権の取得時効（民162）と対抗要件

所有権の取得時効は、一定期間他人の物を**所有の意思**を持って占有することなどによって、所有権を取得するという制度です。

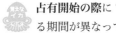 **占有開始**の際に"**善意無過失**"だったかどうかで、取得時効に必要とされる期間が異なってきます。

①**善意無過失で、占有を開始すれば、10年で取得時効が成立します。**
②**悪意もしくは善意有過失の状態で占有を開始すると、20年の期間を要します。**

また、取得時効の効果は、時効が完成すれば、**占有開始（起算点）の時点から**生じます。

"所有権は、消滅時効にはかからない"と先に記しました。所有権はどんなにほおっておいても時効消滅することはありません。でも、**他人の取得時効の成立によって、結果的に自己の所有権が消滅してしまう場合があります。これは明確に区別してください。

それと、**対抗要件**とは、どんなことでしょう？？

たとえば……Aは別荘を所有していましたが、田舎にあり、行くのが面倒で長年使わないでほったらかしていました。そして、Aが知らない間に、別荘の近くに住んでいるBが、「誰もいないから、住んじゃおう」と、**自分の家のように使用**していました。別荘の周りの住民も、この別荘はBのものなんだろうと思って信じて疑わないくらいでした（"平穏かつ公然に"という状態）。Bが住みついてから、ある日Aは、このままではもったいないから別荘を知り合いのCに売ることにしました。さて、どうなるでしょうか？これは、**Cに売るタイミング＝売却と時効の完成の前後で、結果が変わってきます！**

①建物の売却前に時効が完成していたら？

まずAがCに別荘を売却する前にBの取得時効が完成した場合（Bは未登記）。この場合は、BとCの所有権が競合するので、**先に登記を得た方が勝利**します（不動産の「二重売買」のケースになります）。

取得時効による所有権の流れ①

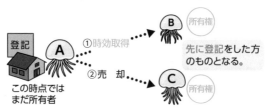

②建物の売却後に時効が完成していたら？

  AがCに別荘を売却したのが、Bが占有を開始してから18年目であった場合で、その後で、Bの取得時効が成立した場合は、どうなるの？たとえば……Cは投資目的でこの別荘をAから購入しましたが、やはり自分では別荘に行かないで、さらに2年間過ぎてしまい、時効が完成した、と考えてください。

取得時効による所有権の流れ②

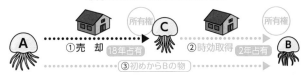

 時効取得に必要な占有期間の20年たてば、Bが別荘の所有権を時効取得します。すると前述のように、別荘は**Bの占有開始時からBのもの**だったことになります。結果、Cは無権利者扱いのAから買ったことになるので、Bに対して自分に所有権があるとは主張できません（たとえ登記を備えていたとしても）。

 ［覚え方のイメージ〜標語で覚えちゃおう］
時効は全てをひっくり返す！

3 時効のストップ（完成猶予と更新）（民147）

 時効があるなら安心してお金を貸せないんじゃないの？

大丈夫です。時効はストップさせればよいのです。時効がストップする事由の主なものは、下記のとおりです。

①裁判上の請求、支払督促等
②催告（単純に催促すること）でもストップ（**完成猶予**）しますが、その後6か月以内に裁判上の請求を行わなければ効果ナシ
③債務者の債務の**承認**（これだけで時効は**更新**します）

④強制執行、仮処分・仮差押え（完全な**更新**※2には、いずれも別途手続が必要）……他

時効のストップは、2段構えです。とりあえず時効がストップする（※1の時効の**完成猶予**：完成せずに進行がとどまる）事由と、時効の進行が完全にストップする（※2の時効の**更新**：新たに時効期間の起算を始める〜リスタートですね♪）事由があるのです。

時効の**完成猶予**となる事由……裁判上の請求の提起、催告、仮差押え、仮処分など

時効の**更新**となる事由…………裁判上の請求の**確定判決**、承認など

※確定判決により確定した債権は、以後その消滅時効の期間は確定的に10年とされます（民169①）。

4 時効の利益の放棄（民146）

それから、時効の利益はあらかじめ放棄することはできないんでしょ！

そう、お金を貸すときに「時効を主張しないなら貸してあげる」なんて約束させても、**効力がない**ってことね。これを認めると、**時効制度を作った意味がない**ですからね。

2-5 物権とその種類

 不動産屋さんでは、物件を取り扱いますけど、**「物権」** とは何のこと??

 物権とは、所有権に代表されるような、「物」を**直接支配**する権利のことです。
重要なのはその取引の効力発生の仕組みと物権の対抗関係についてです。

2-5-1 物権の変動と契約の成立

「**物権**」とは、物を直接かつ独占的・排他的に支配する性質の権利です。たとえば「**所有権**」がありますね。ここでは、不動産の売買を例に**契約の成立**と**物権の変動=所有権の移転**について、お話していきます。

1 契約の成立（民176）

ある品物について、売主が「売ります！」という意思表示をして、買主が「買います!!」という意思表示をすると、それぞれの**意思が合致**します。それだけで、売買契約の成立という法律効果が発生し、所有権が売主から買主に移転します（民522①）。

 効力発生のためには、**原則として契約書もお金の支払いも、登記もいりません。** 意思表示だけで、契約は成立します（民522②）。

2 物権の変動と登記（民177）

この、土地や建物などを売り・買いした場合、所有権の移る時期は、原則として売買契約の**意思表示を行った時点**となります。そしてポテチやテレビ^{※1}なら所有権が移転すれば**持って帰れる**からいいのですが、不動産の場合は傍目（はため）からは誰のものになったか分かりません。そこで不動産に所有権移転などの権利の変動があった場合は、登記簿に登記事項を**登記**（記録）し、一般に公示す

ることで、権利変動を当事者以外の第三者に"この不動産はワタシのものよ"と**対抗（主張）することができるようになります**※2。

※1 土地建物など不動産に対して、こちらは「動産」と呼びます。

※2 これを「第三者対抗力」といいます。

 逆にいうと、取引の当事者の間では、**登記をしなくても権利の変動は有効**ということです。

では次に、対抗関係について、事例をもとに、見てみましょう。たとえば……図のように、①BがCから家を買って所有権移転登記をしたけれど、②その後売主のCが「あの契約は欺されてしたものだから」と適法に取り消しました。ですが買主Bは、まだ登記を持っていることをいいことに、③その家をAに転売してしまいました（登記はまだB名義になっています）。さてこの場合、AとCは、どっちが所有権を取得するでしょうか？

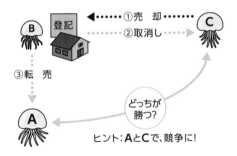

図を見ると二重譲渡の形になっていますね。A・Cとも先に登記をしたほうが所有権を取得します（判例）。

 では次ですよ！　A所有の土地が、AからB、BからCへと転売され、それぞれ**登記も移転**されました。Cが登記を受けた後にAとBの間の売買契約がBの債務不履行（後述）を理由に取り消されました。さて、この場合のCはAに、土地の所有権の取得を対抗できるかな？

 う〜んと、どうなるのかな？

対抗できます！　Ｃは**登記を得ている**ので、契約解除したＡに対して土地の所有権の取得を対抗できます（判例）。契約解除によって契約はなかったことになっても、第三者にメイワクはかけられないことになってます。

3" 登記なくして対抗できる第三者 "

　登記は「第三者対抗力」となるものですが、実は" **登記がなくても対抗できる第三者** "という者がいます。

　例えばこのようなもの達です。

①不法占拠者
②不法行為者
③無権利者
④背信的悪意者（知・不知の悪意でなく、害意を持った者）……など

4 売買契約における売主の義務

　売買契約により、買主は通常、その目的物に係る登記を自分の名義にする登記（移転登記）を行います。売主は、買主に登記を移すべく**協力する義務**があります（民560）。

2-5-2 物権の性質と種類

1 物権の性質

①物権の排他性……土地の所有権など、物権は、一方が取得すれば、他方は取得することができません。
②物権法定主義……物権は、民法その他法律に定められたもの以外、当事者が勝手に作り出すことはできません（民175）。

　ここでは僕が法律だよ！

　そんなのダメですよ……

2 物権の種類

イメージ図で整理しましょう。

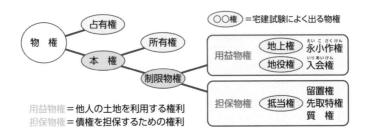

Q **令1-1-1** Aは、Aが所有している甲土地をBに売却した。甲土地を何らの権原なく不法占有しているCがいる場合、BがCに対して甲土地の所有権を主張して明渡請求をするには、甲土地の所有権移転登記を備えなければならない。

A **解説** 不法占拠者に対抗するためには、登記を備えておく必要はありません。対抗するについて、登記が必要な第三者ではないのです。"何の権利があって、ここにいるの！"として扱えるというわけです（民177、判例）。
答 ×

2-6　各種の物権［宅建試験に出てくる物権］

この項目のテーマ

土地を買って、**所有権**を得たのですけど、もれなく「**抵当権**」という権利まで、付いていた！

ここでは、**宅建試験に関係のある六つの権利**を順番に見ていきましょう。

2-6-1 占有権
1 占有権の取得

　占有権は他になんの権利がなくても、自己のためにする意思（物の所持による事実上の利益を得る意思）を持って、**物を現実的に支配することによって取得**されます（民 180）。

　「所持」とは、必ずしも身に付けている必要はなく、例えば、倉庫にものを入れて鍵をかけて、その鍵を持っていることでも成立します。さらに、下記過去問のようなケースもアリ！

Q **平 27-5-1** 甲建物の所有者 A が、甲建物の隣家に居住し、甲建物の裏口を常に監視して第三者の侵入を制止していたとしても、甲建物に錠をかけてその鍵を所持しない限り、A が甲建物を占有しているとはいえない。

A 解説　建物の所有者が、その隣家に居住し家屋の出入口を監視するなどして他人の侵入を制止しうる状況であるときは、鍵をかけていなくても占有があるといえます（民 180・判例）。 答 ×

2 占有をジャマされたら（占有訴権）（民 197）

　さらに、占有者には占有する本来の権利に関係なく、妨害を受けた場合に占有状態を守ることが認められています。これを「**占有訴権**」といいます（民 197）。

占有訴権には妨害のされ方により、次の三つがあります。

①妨害を止めさせる訴え——妨害の停止と損害賠償の請求ができます（占有保持の訴え／民198）
②妨害されるおそれがある場合の訴え——妨害の予防、又は損害賠償の担保の請求ができます（占有保全の訴え／民199）
③占有を奪われたときの訴え——奪われた物の返還と損害賠償の請求ができます（占有回収の訴え／民200）

2-6-2 所有権

1 所有権の内容（民206）

所有権は、物に対する**全面的な支配権**です。

 重要なポイントを二つ！

・所有者は、**法令の範囲内において自己の所有物を自由に使用**し、収益し、**処分**することができます。
・所有権は、時効によって消滅することもありません。

2 相隣関係

「相隣関係」は隣近所の土地・建物の法律関係です。主なものを見てみましょう♪

①隣の土地を使わせてもらうには——土地の所有者は、境界又はその付近において塀や壁、建物を築造したり修繕するためなどの必要な範囲内であれば、**隣地の使用を請求**することができます。ただし、隣人の承諾がなければその住家の中に立ち入ることはできません（民209①）。

 この場合に、隣人が損害を受けたときは、隣人はその**賠償を請求**することができます。

②袋地の所有者が公道に出るには——他の土地に囲まれて公道に出られない土地

（袋地）の所有者は、公道に出るため、その周囲の土地を通行することができます（民210）。

ただ、どこを通ってもいいというわけではなく、通行に**必要最低限の**ものであって、周囲の土地の**一番損害の少ない方法**を選ばなければなりません（民211）。また、通行権を有する人は、その通行する他の土地の損害に対して**償金**を支払わなければなりません（民212）。

③隣地の竹木が越境してきたら——隣地の竹木の**枝**が境界線を越えてきたときは、その竹木の所有者に、その枝を切除させることができます。また隣地から越えてきたのが竹木の**根**の場合は、自らその根を切り取ることができます（民233）。

木の枝をイキナリ勝手に切ったら、そりゃあ怒られるよね。

3 共有（所有権の特別な形）

一つの物を**数人で所有**するために、それぞれ「**持分**」を有することをいいます。各共有者が共有物を使用するには、共有物の**全部**につき、その**持分に応じて使用**することができます（民249）。たとえば……別荘を3人で共有していて、持分は3対3対1とします。すると各共有者は、仮に1週間のうち3日、3日、1日ずつ、別荘**全体について使用**できることになります。全部について使用できることにしないと、トイレを使えない人などが出てきてしまいます。

持分がハッキリしないときは、**均等と推定**されます（民250）。

「共有」の重要ポイントはこちら！

①共有物の変更（共有建物の増改築など）や処分（売却など）については、共有者**全員の同意**が必要です（民251）。

②共有物の管理（変更を伴わない利用・改良など）の場合は、**持分の過半数**

によって決定します（民252）。

①と②の違い＝「変更」にあたる場合と「管理」にあたる場合で要件が異なってきます。

③保存行為（建物を共有している場合の、雨漏りの修理など）は、各共有者が**単独**で行うことができます。

④「持分」の処分——各共有者は、自分の持分については単独で、自由に処分することができ、その物の分割請求を行うことも認められます。

①や②のような共有物そのものの処分ではなく、各共有者が独自に持っている「持分」の処分です。

⑤共有物の分割——また、各共有者は、いつでも共有物の分割を請求することができます。特約によって一定の期間分割しないことを定めることもできますが、その期間は**5年を超えることはできません**（更新はOK！）（民256）。

2-6-3 地上権（用益物権）

地上権は、他人の土地において、建物や電柱、橋などの工作物又は竹木を所有するため、その土地を使用する権利です（民265）。

1 地上権と賃借権

「他人の土地を使う」という意味では、後述する土地の賃貸借と変わりはありません。（→**賃貸借　後述** 217 ページ ）

ですが土地の賃借権は債権なのに対して、**地上権は物権**です。最大の違いは、第三者に対する対抗要件です。

・地　上　権（物権）——登記をするのに、地上権設定者に登記協力義務があります。

・不動産賃借権（債権）——登記をするのに、賃貸人の協力義務はアリマセン。

二つは似て非なるものだね！

建物所有目的の不動産賃借権や地上権は、ともに**借地借家法**（後述 225 ページ ）の適用がありますが、特に不動産賃借権は、貸主に登記す

る義務がないので、対抗要件を備えられないことも多く、そこで借地借家法による借主保護の特例が重要になります（詳しくは借地借家法で！）。

2-6-4 地役権（用益物権）

1 地役権とは？

地役権（ちえきけん）は、他人の土地を自己の便益に供する（自分のために役立てる）ための権利で、土地と土地との間の利用関係を調整するための物権です（民280）。

よくある地役権としては、「**眺望地役権**」や「**通行地役権**」などがあります。

眺望地役権の例

承役地(乙)　　　　　要役地(甲)

　利益を受ける土地（甲地）を「**要役地**」、要役地のために使用される土地（乙地）を「**承役地**」といいます。

「眺望地役権」の用い方としては、前記のイラストのように、「要役地（甲）の眺望を確保するために承役地（乙）に高い建物を建てさせない」、といった地役権を設定したりします。また、必ずしも袋地ではなくても、駅への近道となるということで隣の土地を通らせてもらうといったようなものが「通行地役権」です。

2 地役権は要役地と一緒に動く（付従性）

地役権は要役地が売買されればそれに**付従して移転**するし、要役地に抵当権（後述）が設けられれば地役権にも及び、地上権を設ければ地上権者は地役権も利用することができます（民281①）。また地役権は要役地と**切り離して**売買することはできません（民281②）。

3 地役権の時効取得（民283）

地役権は、「**継続**」的に行使され、かつ「**表現**」（外形上認識すること）ができるものに限って、時効取得の対象になります。

ふむふむ、通行地役権を**時効取得**するためには、人に隠れて**コソコソ通行していたのではダメ**ということなんだね〜

2-6-5 抵当権（担保物権）

1 抵当権の役割

　たとえば銀行からお金を借りる際に、自分が所有する土地や建物に銀行（債権者）のために**抵当権を設定**して、**借金の担保**とすることがあります。抵当権者は、債務の履行がない場合（貸したお金を返してもらえないなど）は、抵当権を実行して、抵当物件を**競売**にかけて、その競売代金から**優先的に弁済**を受けることができます（民369①）。抵当権設定者は、抵当権が実行されて競落されるまで、抵当物件を使用することができます。

 法令用語

【抵当権者】抵当権を持っている者（債権者など、お金を貸している者）
【抵当権設定者】抵当権を設定した者（債務者、お金を借りている者など）
【弁　済】債務を履行し、債権を消滅させること（借りたお金を返す、など）

抵当権は、"**不動産の占有を移さず担保に供することができる**"点が最大の特徴です（民369①）。債権者と不動産所有者（債務者以外の第三者でもよい）や地上権者、永小作権者の間の合意で成立する**約定担保物権**※1 です。同じ担保物権である**留置権や質権**※2 と異なり、目的物の引渡しを要しません。第三者への対抗要件は**登記**です（民177・不登3）。

※1 約定担保物権──当事者の意思・契約によって発生する（抵当権と質権）。
　　法定担保物権──当事者の意思にかかわらず、法律の規定により発生する（留置権と先取特権）。
※2 留置権や質権──時計店が時計の修理を頼まれたときに、修理が終わっても修理費をもらうまでその時計を手元に置いておく（留置する）権利が「留置権」。お金を貸す代わりに担保として質草を取るのが「質権」。いずれも目的物の**引渡し**が要件です。

2 抵当権の使い方

　抵当権の目的となるのは、民法上は、**土地・建物**並びに**地上権、永小作権**です（民369②）。

　覚え方～ダジャレで覚えよう

「**抵当権**は、富（不動産：土地建物）士（地上権）えい子（永小作権）！」
えいこちゃ～ん‼

ここで、重要ポイント！

・抵当権者は、債権の元本のほか、原則として最後の**2年分**の利息・損害
金まで担保されます（民375）。
・抵当権を設定するケースは、自分がお金を借りるという場合に限られませ
ん。他人の債務に対して、自分の土地建物にその債権者のために抵当権を
設定するということもあります。これを「**物上保証**」といいます。

抵当権で担保される債権（被担保債権）は、金銭債権に限られな
いよ。金銭による損害賠償に代わりうる債権であればOKだっ
て！

---

3 抵当権の四つの性質

① **不可分性**──抵当権は「借金半分だけ返すから半分消して」、というわけには
いきません（民372・296）。これを「**不可分性**」といいます。

抵当権は、借金を全部返して初めて全部消滅するものなんだって！

② **物上代位性**──抵当権の目的物が売却されたり、貸してしまったり、火事で
燃えたりすると、それに代わるもの（売買代金、賃料、保険金など）に抵当権
の効力が及びます。これを「**物上代位**」といいます（民372・304）。

たとえば、抵当物件である家が燃えても、その**火災保険金**に抵当権の
効力が及びます。

③**付従性**——抵当権は、その保証する債務が消滅すれば、**消滅**します。

④**随伴性**——抵当地が譲渡されても、保証する債務があれば抵当権は抵当地に付いて回ります。

4 抵当権の及ぶ範囲

抵当権の効力は、抵当不動産のほか、その不動産に付加して一体となった物（**付加一体物**）に及びます（民370）。

> 例① 地上の樹木や石垣、建物に備えてある畳や雨戸などは付加一体物であり、これらには抵当権の効力が及びます。これに対して抵当権設定後の建物の従物であるエアコンや照明器具などには一般的には及びません。
>
> 例② ガソリンスタンド用店舗に抵当権を設定したときは、抵当権設定時にすでにある従物であるその地下タンクや洗車機にも抵当権は及ぶとされています（判例）。

なお、<u>土地と建物は別個の不動産</u>ですので、一方に設定された抵当権は、他方には及びません。

5 法定地上権とは？

土地と建物は**別々の不動産**です。ですが、建物は、宙に浮いているわけではありません。つまり、土地の上に建物を建てるためには、建てるための権利が必要です。

土地の所有権者であれば、**所有権**に基づいてその土地上に建物を建てることができます。"他人の土地"に建物を建てるためには、**地上権又は土地賃借権**という権利が必要です。

たとえば……Aは、土地と建物を所有していましたが、訳あってお金が必要になり、建物の敷地を担保にして（土地に抵当権を設定して）銀行からお金を借りました。

ところがAの返済が滞り、抵当権者である銀行は、その**抵当権を実行**しました。土地は競売にかけられ、**Cが落札**しました。

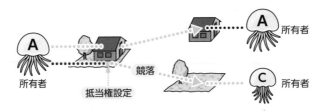

CはAが嫌いだったので、「私の土地だから、あなたの建物をどかしてチョーダイ！」と言いました。でも、Aは平気！　なぜならば、Aの建物には、「**法定地上権**」が発生していたからなのです。

〈法定地上権の三つの成立要件（民388）〉

法定地上権は次の場合に成立します。

①抵当権設定当時、建物が土地上に存在した。
②土地と建物の所有者が本来同じ者だった。
③抵当権の実行によって、競売の結果、土地と建物の所有者が別々の者になった。

つまり、抵当権設定時に土地と建物とが同一人の所有に属していた場合に、そのいずれかの抵当権が実行され土地と建物の所有者が別々となったときに、建物の所有者は、その敷地に対して**法律上当然に地上権を取得**します。これが「法定地上権」です。

土地と建物が別々の人の物になれば法定地上権は発生するので、建物だけに抵当権が設定され競落されても、また土地と建物それぞれに抵当権が設定され別々の人が競落しても、法定地上権は発生します。

6 抵当地に、後から建物を建てたら？（一括競売）（民389）

たとえば……Bは、所有している更地に抵当権を設定して、銀行からお金を借りました。その後、Bは抵当地上に自分の建物を建築して住んでいましたが、借りていたお金の返済が滞ったため、抵当権者である銀行がその抵当権を実行し、土地を競売にかけることにしました。このような場合は、先ほどの「法定地上権」は成立しません。なぜなら、前述の法定地上権が成立するための"三つの要件"を満たしていないからです。

しかも更地だった土地の上に、いつの間にかBの家が建っています。抵当権者である銀行も建物の建っている土地の底地だけでは担保価値が下がってしまい、売りにくいということです。そこで、このようなケースでは、銀行は抵当地

と建物をいっぺんに競売にかけることができます。これが、「**一括競売**」です。しかもBは、住んでいた家を追われてしまいます。

 では、住んでいた家を追われたBは、どうなってしまうのかな？

 あくまでも抵当権の目的だったのは、土地の部分だけです。Bは、**競売代金から建物の分だけはもらえる**のです。これで、どこか別のところへ引っ越せそうですね。

7 抵当権の順位

あちこちからお金を借りたいとき、一つの抵当物件に複数の抵当権をつけることができます。そして抵当権相互の優先順位は、**登記された順番**によって決まります（民373）。

 抵当権相互の順位の変更は、**登記**をすることによって**効力を生じます**。

8 代価弁済と抵当権消滅請求

いずれも抵当権の実行によって権利を失う地位にある第三取得者（抵当権が付いたまま抵当物件を買った者）の利益を保護するため、抵当物件を競売にかけずに**抵当権を消滅させる制度**です。

 「**代価弁済**」は、抵当権者から第三取得者に対し請求し（民378）、「**抵当権消滅請求**」は、第三取得者から抵当権者に要求する（民379）制度です。

9 抵当建物の賃借人の引渡しの猶予（民395①）

 では、問題！　Cは抵当権が設定され登記されている建物を賃借し、賃借権の登記をして暮らしていました。ところがある日、突然Cのところにナゾの男が来て、「今この建物を**競落**した。すぐに出て行ってくれたまえ」と言いました。

　Cの賃借権の登記は、抵当権設定登記の後にされています。これではCの賃借権は抵当権に対抗できません（権利の順位は登記の前後による（不登4①））。さて、Cは競落人に対して直ちに借りている建物を明け渡さなくてはならないのでしょうか？

 う〜んと、どうなるかナ？　ねえ、ナゾの男って、怖いね。

 〈答え〉それではCさんは引っ越す暇もありませんね。そこで抵当権設定登記後に抵当不動産上に設定された建物の賃借権者には、抵当権が実行されて建物が競落されても、競落人の買受けの時から**6か月を経過するまで**建物の**明渡しが猶予**されています。

2-6-6 根抵当権（担保物権）

　前述の抵当権の性質のうち、「付従性」の性質を薄めた「**根抵当権**」というものがあります。"一定の範囲内の継続する取引で発生する債務を担保するための特殊な抵当権"です。

 これは商売などでよく使われています。取引先の銀行に対してお金を借りるたびに抵当権を設定し、返すたびに抹消していては大変です。そこで根抵当権を設定し、一定の範囲に属する、一定期間繰り返し発生・消滅する不特定の債務を**極度額**（担保する限界額）まで担保するというものです（民398の2①）。

 へぇ〜、電車の定期券みたいだね。

1 被担保債権の範囲は（民398-2②③）

根抵当権で**担保される債権の範囲**です。定期券でいえば、乗車区間とでもいうところでしょうか。たとえば……

①債務者との特定の継続的な取引契約によって生じる債権
②債務者との一定の種類の取引によって生じる債権
③その他

　この被担保債権の範囲は、**元本確定前**であれば根抵当権設定の後であっても変更することができます（民398-4）。

2 元本の確定期日

　根抵当権は絶えず増減し、変動する債権を継続的に担保するものですが、とはいってもいつかは**元本を確定**しないと、いつまでたっても根抵当権の設定者は根抵当権の制約を受けることになります。そこで元本を確定する日を契約で決めることができるとしたものです（民398-6①）。定期券でいえば、有効期間とでもいうところでしょうか。

　元本の確定期日は、設定契約で**5年以内**で定めることができます。また、定めないこともできるし、いったん定めた期日を**変更**することもできます（民398-6①③）。

〈確定期日を定めなかったときは〉

元本確定期日は、上記のとおり契約時に定めないこともできます。では定めなかったときは、どうするのでしょうか？

①根抵当権設定者からの元本確定請求──根抵当権設定者は、確定期日を定めなかったときは、根抵当権の設定から**3年経過後**に、元本の確定請求ができ、請求から**2週間後**に**元本が確定**します（民398-19①）。
②根抵当権者からの元本確定請求──根抵当権者は、**いつでも**、担保すべき元本の確定請求をすることができ、その**請求の時**に**元本が確定**します（民398-19②）。

3 元本が確定すると？（民398-3①・398-4①・398-6）

 元本確定期日が決まり、元本が確定すると**不特定だった債権も債権額も確定**する、つまり根抵当権の特徴がなくなります。従って元本確定期日以降の根抵当権は、ほぼ一般の抵当権に近いものになります。

Q **平23-4-1** 根抵当権設定者は、総額が極度額の範囲内であっても、被担保債権の範囲に属する利息の請求権については、その満期となった最後の2年分についてのみ、その根抵当権を行使することができる。

A **解説**　その極度額の範囲内であれば、全額につき、根抵当権の行使ができます（民398-3①）。満期となった最後の2年分に限定されません。答 ×

2-7 建物区分所有法（マンション法）

2-7-1 共有の特別法

この法律の正式名称は「**建物の区分所有等に関する法律**」、いわゆる**マンション法**ともいわれるものです。

この建物区分所有法は、民法の共有の**特別法**です。

2-7-2 区分所有建物（マンション）

1 建物の区分所有（区分1）

区分所有建物（マンション）とは、どういうものでしょうか?

一棟の建物の中に、**複数の分譲される部屋が入っている**わけです。建物全体を見ると一つの建物なのに、その中に、**構造上区分されたたく**さんの**独立した住居**、店舗、事務所、はたまた倉庫といった建物としての用途に使えるものが入っています。この**一つひとつが所有権の目的**となります。また、区分所有建物には「**敷地**」も必要だということを忘れないでください。

2 定義（区分 2）

この法律では、色々な**用語**が出てきます。主なものを説明します。

①区分所有権——前記1の「構造上区分され、独立した建物」（後述の規約共用部分を除く）を目的とする所有権をいいます。

②区分所有者——区分所有権を有する者をいいます。

③専有部分——区分所有権の目的となる建物の部分（マンションの各戸）をいいます。

④共用部分——専有部分以外の建物の部分、専有部分に属さない建物の附属物及び規約共用部分（後述）とされた附属の建物をいいます。廊下、階段、エレベーター室及び集会室（規約共用部分）などです。

⑤建物の敷地——建物が所在する土地及び規約により建物の敷地とされた土地をいいます。

⑥敷地利用権——専有部分を所有するための建物の敷地に関する権利をいいます。

⑦専有部分の床面積——区分所有の対象となる専有部分の床面積は、内法（壁の内側）計算で算出します（区分14③）。

戸建て住宅と違い、隣の部屋と区画されている壁の中心線ではありませんので、注意してください！

そう考えると、マンションを買うということは、「マンションの専有部分の**空間**を買う感じなんだね！」とイメージすることもできるね。

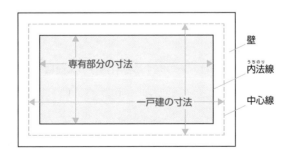

2-7-3 共用部分等

1 マンションという建物の構成

マンションの構成部分を見てみると、先ほどの「専有部分」のほかに、建物の外壁であるとか、玄関エントランス、廊下や階段、エレベーターや上下水管といった、**構造上みんなで使うことが明らかな部分**は区分所有権の目的とはなりません（区分4①）。これら区分所有者全員が原則として共用する部分を、専有部分に対して「共用部分」と呼んでいます（区分11）。

これに対して、一部の区分所有者のみの共用に供されることが明らかな「一部共用部分」もあります（区分3）。また、マンションは、空中に浮かせておくわけにはいかないので、**敷地となる土地**が必要です。建物の敷地に加え、駐車場や庭がある場合もありますね。これらの扱いも区分所有法で規定されています（区分22～）。

2 法定共用部分と規約共用部分

先ほど出てきた"廊下や階段、エレベーター室など"は、法律上の共用部分なので、特に「**法定共用部分**」と言っています。これに対し、**専有部分や附属の建物を規約により共用部分とする**ことができます。管理人室や集会室、娯楽室などです。これらを一般に「**規約共用部分**」といって区別しています。

規約共用部分は、その旨の**登記**をしなければ、第三者に対抗することができません（区分4②）。

3 共用部分の持分の割合（共有持分権）（区分14①）

また、当然ですがマンションの住人、区分所有者には、廊下や階段といった共用部分を使用できる権利があります。これが、「**共有持分権**」といわれる権利です。

各共有者の持分は、その有する専有部分の**床面積の割合**によります。

4 共用部分の持分の処分

共有者の持分は、その有する専有部分の処分に従います（区分15①）。たとえばAがBに専有部分を売れば、当然に共用部分の持分も付いてきます。

共有者は、この法律に別段の定めがある場合を除いて、その有する**専有部分と分離して持分を処分**することはできません（区分15②）。

専有部分を買ったのに、廊下やエレベーターが使えなきゃ困るよね。

5 共用部分の変更

たとえば、非常階段の増設などが**共用部分の変更**にあたります。

変更の手続は、その変更の程度によって次の二つがあります。

①形状又は効用の著しい変更を伴う共用部分の変更──このような大幅な変更は、区分所有者及び議決権 の各**4分の3以上**の多数による集会の決議で決めます。ただし、このうち区分所有者の定数は、規約でその**過半数**まで減ずることができます（区分17①）。

　減らせるのは、人数（頭数）だけ！
　※議決権は、原則として"専有部分の床面積の割合"により決められます（区分38・14）。

②形状又は効用の著しい変更を伴わないもの──**軽微な変更**です。これは区分所有者及び議決権の各**過半数**で決められます（区分39①）。

共用部分の変更が専有部分の使用に**特別の影響**を及ぼすときには、その専有部分の所有者の**承諾**を得なければなりません（区分17②）。

6 共用部分の管理

重要なポイントを二つ！

①共用部分の管理（エレベーターの保守など）に関する事項は、前記の共用部分の変更に当たる場合を除いて、**集会の決議**で決めます。

〜みんなで一緒に

②ただし、**保存行為**（エレベーターの修理など）は各共有者が独自にすることができます（区分18①）。

 ～単独でできる

そしてこの規定は、**規約で別段の定め**をすることもできます（区分18②）。

2-7-4 敷地利用権と敷地権
1 敷地利用権

マンションの権利的な要素は、建物の専有部分に対する**所有権等**、それとその敷地に対する**敷地利用権**があります。マンションを購入し、専有部分の所有権を得ると、その敷地に対する権利も付いてきます。

 建物と敷地に関する権利は、**原則としてセット**になっています。もっとも別々にして処分しても、メリットはありませんね（区分22①）。ただし専有部分であっても、**規約で定める**ことで、敷地利用権と**分離して処分**することも可能です（区分22①但）。

2 敷地権

登記された敷地利用権を、特に「**敷地権**」とよんでいます（不登44①九）。敷地権は、土地を利用する権利で、**所有権や地上権**のほか、**土地賃借権**である場合もあります（不登46）。原則として区分所有者は、専有部分との組合せで敷地権を有することになります。

2-7-5 管理組合

1 区分所有者の団体（区分 3）

マンションの所有者になると、自動的に区分所有者の団体である「**管理組合**」の一員となります。管理組合は、マンションの区分所有者で構成される団体で、集会を開き、規約を定め、そのマンションの管理や修繕計画の策定などを行います。

分譲マンションの各戸の区分所有者は、区分所有法上当然に、そのマンションの管理組合に属します。従って管理組合からの脱退は、所有者である以上できません。

自分は入りたくない！　と思っても、ダメ!!

2 管理組合法人（区分 47）

管理組合は登記をして法人となることができます。管理組合が法人になるには区分所有者及び議決権の各**４分の３以上**の多数による集会の決議を必要とします。また管理組合や管理組合法人は、**管理を管理業者などに委託**することも可能です。このときの管理組合と管理会社とは、**管理の委託（準委任契約）**を締結するという関係になります。

2-7-6 規約及び集会

区分所有建物の「**規約**」は、区分所有者の**集会**で、決議されます（区分 31 ①）。規約は管理組合の"最高自治規範"ともいえる大切なものです。決議事項には、たとえばペット禁止の規約などがあります。

1 規約の設定、変更、廃止（区分 31 ①）

区分所有者は、その集会において、マンションの管理や使用方法などについて、**規約を設定**し、**変更し又は廃止**することができます。規約の設定、変更又は廃止は、集会において区分所有者及び議決権の各**４分の３以上**の多数による決議をもって行います。

またこの規約の設定、変更、廃止が一部の区分所有者の権利に**特別の影響**を及ぼすときは、その**承諾**を得なければなりません。

2 規約の保管及び閲覧（区分33）

 さあ、重要なポイントを三つ！

①規約の**保管**——規約は、**管理者が保管**しなければなりません。また管理者がないときは、建物を使っている区分所有者やその代理人で、規約や集会の決議で定めるものが保管しなければなりません。
②規約の**閲覧**——規約を保管する者は、利害関係人から請求があったときは、正当な理由がなければ、規約の閲覧を拒むことはできません。
③規約の**保管場所**——建物内の見やすい場所に掲示しなければなりません。

3 集会の招集

管理者は、少なくとも**毎年1回集会を招集**しなければなりません（区分34①②）。また区分所有者の**5分の1以上**で議決権の**5分の1以上**を有するものは、管理者に対し、会議の目的たる事項を示して、**集会の招集を請求**することができます。

 管理者がないときは、区分所有者の**5分の1以上**で議決権の**5分の1以上**を有するものが、集会を招集することができます。

ただし、いずれもこの定数（5分の1）は、**規約で減ずる**ことができます（区分34③⑤）。

4 招集の通知（区分35①）

集会の招集の通知は、開催日より少なくとも**1週間前**に、会議で決議する事項を示して、各区分所有者に発しなければなりません。ただし、この期間は、**規約で伸縮**することができます。

5 招集手続の省略（区分36）

集会は、区分所有者**全員の同意**があるときは、前記**3・4**の招集の手続を経ないで開くこともできます。

6 議決権と議事の決議

各区分所有者の議決権は、各共有者の持分（＝専有部分の床面積の割合）によりますが、**規約で別段の定め**をすることもできます（区分38・14）。そして集会の議事は、この法律又は規約に別段の定めがない限り、区分所有者及び議決権の**各過半数**で決します（区分39①）。

このテキストでも特に「○分の○」って書いてなければ、それは"**過半数**"ってことだね。

議決権は、**書面や代理人**によっても行使できます（区分39②）。

2-7-7 復旧及び建替え

1 マンションの一部が滅失した場合の復旧等

大きな地震などが来たりして、マンションが壊れることがあります。この場合も**壊れ方の程度**により、**2とおり**の復旧の手続があります。

①建物の価格の **2分の1以下** に相当する部分が滅失したとき

このように被害があまり大きくない場合は、各区分所有者はそれぞれ**各自**で、滅失した共用部分と自己の専有部分を**復旧**することができます（区分61①）。そしてこれにより共用部分を復旧した者は、他の区分所有者に対し、復旧に要した金額を共用部分の持分の割合に応じて請求することができます（区分61②）。また各区分所有者によらず、集会において、滅失した共用部分を**復旧する旨の決議**をすることもできます（区分61③）。

なお、これらの規定は、規約で別段の定めをすることができます（区分61④）。

②建物の価格の **2分の1を超える** 部分が滅失したときは集会の決議

このくらい大きく建物の一部が滅失したときは、集会において区分所有者及び議決権の**各4分の3以上**の多数で、滅失した共用部分を復旧する旨の決議をすることができます（区分61⑤）。

2 マンションの建替え決議

マンションが古くなったり、又は復旧できないくらい壊れたり、復旧に多額の費用がかかるといった場合、いっそのこと建て替えてしまおう、ということもあります。

①建替え決議

マンションの建替えを行うためには、集会において区分所有者及び議決権の各**5分の4以上**の多数による決議をもって行います（区分62①）。建替え決議は、マンションの住民に経済的にも多大な影響を与えることになるので、要件がとても厳しくなっています。

②集会の招集の特例

建替え決議を目的とする集会を招集するときは、通常の集会の通知（1週間前（区分35①））と異なり、集会の開催日より少なくとも**2か月前**に通知を発しなければなりません。ただしこの期間も通常の集会の通知と同様、**規約で伸長**することができます（区分62④）。

2-7-8 義務違反者に対する措置

区分所有者は、マンションの保存に有害な行為その他マンションの管理又は使用に関して区分所有者の共同の利益に反する行為をしてはいけません！（区分6①）。これが大前提に、なりますね。

でも、区分所有者であるにもかかわらず、マンション内の生活を乱すような不埒者（ふらちもの）・不届き者（義務違反者）が出てこないとも限らないよねえ……

そのようなときのための対抗手段です。程度の順に**3段階**で定めています。

1 共同の利益に反する行為の停止等の請求（ 第1段階 ）

不届き者の区分所有者が前記「大前提」に抵触するようなことをしたり、する

おそれがある場合には、他の区分所有者の全員又は管理組合法人は、区分所有者の共同の利益のため、その行為を**停止**し、その行為の**結果を除去**し、又はその行為を**予防**するため必要な措置をとることを請求することができます（区分57①）。

　これについては、集会の決議により**裁判所に訴訟を提起**することもできます（区分57②）。

2 使用禁止の請求　第2段階

　不届き者の区分所有者が、a.「大前提」にあるような有害行為や共同の利益に反する行為をすることにより、b. 他の区分所有者の**共同生活上の障害が著しく**、c. 区分所有者の**共同生活の維持が困難**となるときは、〈 第2段階 〉として他の区分所有者の全員又は管理組合法人は、**集会の決議**に基づいて、**裁判所への訴え**をもって、相当の期間、この不届き者による**専有部分の使用の禁止**を請求することができます（区分58①）。

使用禁止請求は必ず裁判で！
自分でやっちゃダメ（自力救済の禁止）

手続上の重要ポイントを二つ！

> ①議決割合（区分58②）
> 　この決議は、区分所有者及び議決権の各**4分の3以上**の多数でします。
> ②弁明する機会（区分58③）
> 　いくら不埒者・不届き者といっても、その人の**権利を大きく制限すること**になるので、この決議をするには、**あらかじめその区分所有者に対し、弁明する機会を与え**なければなりません。

3 区分所有権の競売の請求、占有者に対する引渡し請求　第3段階
①区分所有権及び敷地利用権の競売（区分59①）

　前記の使用禁止の請求をしてもまだ素行が改まらず、いよいよ他の方法によってはその障害を除去して共用部分の利用の確保その他の区分所有者の共同生活の維持を図ることが困難となったときは、他の区分所有者の全員又は管理組合法人は、**集会の決議**に基づいて、**裁判所への訴え**をもって、不届き者である区分所有者の**区分所有権及び敷地利用権の競売を請求**することができます。

②占有者に対する引渡し請求（区分 60 ①）

　前記の場合で、不届き者が区分所有者でなく**占有者（賃借人等）**であるときは、その専有部分を競売に付すわけにはいかないので、同様に集会の決議に基づいて、裁判所への訴えをもって、不埒者の占有者が占有する専有部分の**契約の解除**及びその専有部分の**引渡し**を請求することができます。

 いよいよ追い出しにかかるってことだね！　仕方がないものね……

決議等の決定のための必要割合

	区分所有者	議決権	備考
通常の決議	過半数	過半数	共用部分の管理等
特別決議	3/4 以上▼	3/4 以上	共用部分の変更
	3/4 以上	3/4 以上	規約の設定、変更、廃止、管理組合法人の設立・解散、大規模復旧等
建替え決議	4/5 以上	4/5 以上	―
不届き者に対する行為の停止の請求	―	―	議決権要件はない。管理組合法人もできる。
不届き者に対する裁判所への提訴（行為の差し止め請求）	過半数	過半数	管理組合法人もできる。
集会の招集請求	1/5 以上▼	1/5 以上▼	―

　　　　　　▼印は規約により減数することができます。

2-8　不動産登記法

海の家不動産で依頼を受けた土地の売買のお話ですけど、売主さんが、雰囲気が胡散臭い人なんですよ〜、何だか心配？　僕の気のせい？？

不動産そのものや権利に関する調査・説明は宅建士の重要な仕事です。まず不動産登記記録（登記簿）により、持ち主の特定や、予期しない権利が付いていないかなどを確認することから始めましょう。これらは登記所（法務局）で一般に**公示**されています。

2-8-1 不動産登記の役割（民177）

1 公示と第三者対抗力

「物権」の項目で述べましたが、土地や建物などを売り買いした場合、所有権の移る時期は、原則として売買契約の意思表示を行った時点でした。ですが、そうして所有権が移転したとしても、それは当事者間だけの話であって傍目（はため）からは分かりません。そこで、不動産について、所有権移転などの権利の変動があった場合は、登記簿（登記記録のこと）にその旨を**記録**し、一般に**公示**することで、権利変動を当事者以外の第三者に対抗（主張）することができるようになります（**第三者対抗力**）。

不動産登記の目的は、**公示**と**第三者対抗力**だね〜。

2 不動産登記は信用できない!?

　不動産登記には後述するように「**表示に関する登記**」と「**権利に関する登記**」があって、権利に関する登記には登記義務がありません。土地が売買されても、必ずしも新しい所有者が登記簿に登記されるわけではないのです。でも、売買があったのに所有権の移転登記をしておかないと、前の所有者に登記が残ったままになり、**二重売買などの危険性**も残ります。

たとえば……B所有の土地がありました。Cは、この土地の登記記録を偽造しBから所有権移転登記を受けたように見せかけて、本物だと信じて疑わない（善意無過失）AにBの土地を売りつけました。
一方Bは、自己所有の土地をDに売却し、Dは所有権の移転登記を得ました。

登記を信じて買ったAとD、どちらが土地の所有権を主張できるでしょうか？

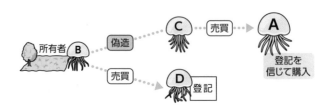

 う〜んと、AとDの競争になるって、ことだよね!?　はてな？

 〈答え〉Dの方です。登記には公信力がないので、登記を信じて買ったAは保護されません。**無権利者であるCから購入しても、何の意味もありませんよ**、ということです。

 A、かわいそう……

2-8-2 登記簿

1 不動産登記簿、昔と今

 昔は土地を売買し、所有権移転登記を行うと、不動産登記簿に所有権移転の登記がなされて登記簿に綴られ、登記を行った買主（登記権利者）には**登記済証**（一般に「権利書」ともいう）が交付されていました。そして新しい所有者がまたその土地を売る場合には、その登記済証を登記所に提出します。

 法令用語

【登記権利者】権利に関する登記をすることにより、登記上、直接に利益を受ける者（例：買主）（不登2十二）

【登記義務者】権利に関する登記をすることにより、登記上、直接に不利益を受

ける登記名義人（例：売主）（不登２十三）

今は登記簿のシステムも**オンライン化**され、登記を行った者には、登記済証の代わりに「**登記識別情報**」(不登２十四)という数字とアルファベットによる 12 桁の暗号のようなものが通知されます。その「登記識別情報」を基にして、その後の不動産の売買や抵当権の設定等が行われていきます。

2 不動産登記簿の見方＆読み方

ここで登記記録（登記簿）の構成を見てみましょう。

①登記記録（不登２五）
　登記記録には、「**一不動産一登記記録の原則**」があります。登記記録は、それぞれ一筆の土地、一つの建物ごとに記録・作成され、コンピュータで処理されます。
②登記簿（不登２九）
　登記記録が記録される帳簿であって、**磁気ディスク**をもって調製するものをいいます。
③表示に関する登記（不登２三）
　不動産の物理的な**規模**や**形状**その他の情報が記録されます。
・土地であれば、土地の所在、地番、地目、地積など。
・建物の場合は、所在、家屋番号、種類、構造、床面積など。
④権利に関する登記（不登２四）
　不動産に関する**所有権**や**抵当権**などの権利関係が記録されます。先ほども触れましたが、権利に関する登記には申請義務がありません。
⑤権利の順位（不登４①）
　同一の不動産について登記した権利があるときは、その順位は、原則として、**登記の前後**によります。

2-8-3 表示に関する登記

1 表示に関する登記と表題登記

　表示に関する登記のうち、その不動産について表題部に最初にされる登記を「**表題登記**」といいます（不登２二十）。表示に関する登記には登記義務があり、新

たに土地が生じたり、建物を新築したときは、その所有権の取得の日から**1か月以内**に、表題登記を申請しなければなりません（不登36・47）。

 表示に関する登記は**義務**なんだね〜

 表示に関する登記をしないでいると、登記官が**職権で登記を行**います（不登28）。

2 表題部の変更の登記

　登記事項に変更があった場合に、その登記事項を変更する登記です（不登2十五）。土地の地目又は地積（面積）について変更があったときは、表題部所有者又は所有権の登記名義人は、その変更があった日から**1か月以内**に、その地目又は地積に関する変更の登記を申請しなければなりません（不登37）。

3 分筆又は合筆の登記

　土地は分けたり（分筆）、隣りあった土地を一つにすること（合筆）ができます。

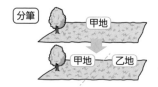

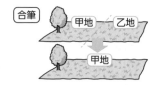

 分筆又は合筆の登記は、表題部所有者又は所有権の登記名義人以外の人は、申請できません（不登39）。また所有権の登記のない土地と、所有権の登記のある土地との合筆の登記は、申請できません（不登41 五）。

4 土地・建物の滅失の登記の申請

　土地や建物が滅失したときは、表題部所有者又は所有権の登記名義人は、その滅失の日から**1か月以内**に、その土地・建物の滅失の登記を申請しなければなりません（不登42・57）。

 また出た、表示に関する登記の申請は原則**1か月以内**！

2-8-4 権利に関する登記

1 登記できる権利等（不登3）

 登記できる権利等は次のとおり**法定**されています。

①所有権　②地上権　③永小作権　④地役権　⑤先取特権
⑥質権　　⑦抵当権　⑧**賃借権**　⑨採石権　⑩配偶者居住権

賃借権のような、債権も入っています。債権でも登記できるものがあるのです。

2 地上権と土地賃借権の登記と対抗力

　地上権は他人の土地を使う権利、土地賃借権は土地を借りる権利、どちらも似たような権利です。ですが、地上権は登記するのはフリー、土地賃借権の登記は所有者の許可が必要です。

 前にも出てきたね（150ページ）。なぜそんなことになるの？

 地上権は物権の一種で、とても強力な権利です。登記をするのに地主の許可等は要りません。それに対して、土地賃借権は債権です。地主は賃借権の登記に協力する義務はありません。賃借権の登記をしたければ、どうしても地主の協力・許可を得る必要があるのです。

 だけど地主も用心して、なかなか登記に協力してくれないのでは……ほかに土地賃借権に、**第三者対抗力**になるものはないの？

 あります！　賃借権の場合は、その借地の上に建物を建てて、その**建物に登記**をしておけば、土地賃借権を対抗することができます。その<u>登記</u>は、表示に関する登記でも権利に関する登記でもよいのですが、**名義は必ず土地賃借権者本人のものでなくてはいけません**（借10）。

3 所有権の保存の登記

　建物を建てるとまず行うのが表示に関する登記です。権利に関する登記は申請義務がないので、特に必要がなければ表示に関する登記だけでもOKです。ですが、いざ売買したり、相続が発生したりすると、自分が所有者だと証明しなく

てはならなくなるので、所有権の登記が必要になります。そこで初めてする権利に関する登記が「**所有権の保存の登記**」です。

　所有権の保存の登記を申請できるのは、①表題部所有者又は②その相続人その他の**一般承継人**※、③所有権を有することが確定判決によって確認された者等に限られます。その他の者は、申請することができません（不登74①）。

※一般承継人──相続人など。承継するのは一身専属権を除くすべての権利義務。

4 権利に関する登記の抹消

　権利に関する登記の抹消は、登記上の利害関係を有する第三者がいるときは、その第三者の**承諾**があるときに限り、申請することができます（不登68）。

5 仮登記には気をつけて！

　仮の登記？　なぜ、どんな場合にすることができるの？

　仮登記は権利登記だけの制度で、表示に関する登記にはありません。仮登記は、登記の順位を確保（保全）するためだけのもので、"第三者対抗力"はありません。仮登記には次の二つがあります！

①**書類が不備のときにする仮登記（1号仮登記）**※1──実際に売買などがなされ、所有権は移転しているものの、登記申請に必要な手続上の書面（登記識別情報や承諾書）などがまだそろっておらず、本登記ができないときに、とりあえず行う登記です（不登105一）。

※1 不動産登記法105条1号に規定されているので、「1号仮登記」ともいわれます。後で書類が整った時点で、仮登記を本登記に直します。

②**所有権がまだないときなどにする仮登記（2号仮登記）**※2──例えば**売買予約**をして、代金の半分は支払ったもののまだ所有権を移転してもらっていない＝登記できない。買主は不安ですね。そこで買主の所有権を移転してくれという**請求権**を確保するために行う仮登記です。

※2「2号仮登記」ともいわれます（不登105二）。予約が成立して所有権が移転すれば、本登記に直します。

仮登記は順位保全のためのものなんだね。とりあえず確保って感じ!?

〈仮登記から本登記に〉

仮登記に基づいて本登記をすると、本登記の順位は仮登記の順位になります（不登106）。この本登記は、<u>仮登記の登記義務者</u>の承諾があるときなどには、仮登記の登記権利者は**単独で申請**することができます（不登107）。

※登記義務者──仮登記を本登記にすることで、不利益を受ける者のこと。

　また所有権に関する仮登記に基づく本登記は、第三者に対する影響が大きいので、登記上の**利害関係を有する第三者**がある場合には、その第三者の**承諾**があるときに限り、申請することができます（不登109）。

〈使い終わったら抹消登記＝仮登記の抹消〉

仮登記を本登記にすると仮登記の役目は終わり、その**仮登記を抹消**することになります。仮登記の抹消は、仮登記名義人が**単独で申請**することができます（不登110）。

抹消登記（おかたづけ）は、1人で大丈夫だね♪

6 仮登記しておけば安心？　仮登記はこわい？　どっち派??

たとえば……AはBが所有する土地を欲しいと思っていましたが、すぐには購入するための資金を十分に準備できなかったので、Bと次のような約束をしました。

「必ず買うから、売買契約の予約をさせて！」

　そして、Aは仮登記を行うことにしました（2号仮登記）。その後、BはCにその土地を売却し、Cは所有権の登記を得ました。さらにその後で、AはBに払う土地の代金を用意して、無事本契約を完了し、仮登記に基づいて本登記を申請しました。

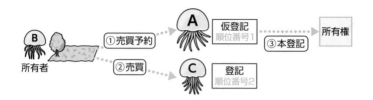

さて、このような場合、Aの所有権移転仮登記の順位番号の方が、Cの所有権移転登記の順位番号よりも前なので、本登記に切り替えたAの登記が優先され、**Cは所有権を失う**ことになります。仮登記をしておいたAは安心ですが、Cは登記簿をよく確認して注意しなければならなかったのですね。

また、このような場合、Cには多大な影響がありますので、Aは、そもそもCの**承諾**を得ておかないと、仮登記に基づく本登記の申請はできないことになっています（不109①）。

仮登記が付いていたら、ご注意を！

2-8-5 登記記録の構成

では、登記記録がどんなものか、見てみましょう。

①表題部（不登２七）

登記記録の「 表題部 」には、表示に関する登記が記録されます。権利部に所有権の登記がない場合には、誰が所有者なのかがわかるように、表題部に、最初の所有者の住所・氏名が記録されることもあります。

登記記録（土地）の表題部

○○県××市○○4丁目31−90　　　　　　　　　　全部事項証明書　　　（土地）

【表題部】	（土地の表示）		調製 平成12年2月10日	地図番号	余白
【不動産番号】	0000000000000				
【所　在】	××市○○四丁目		余白		
【①地番】	【②地目】	【③地積】㎡	【原因及びその日付】		【登記の日付】
31番90	畑	⑪ 317	本番8から分筆		昭和40年11月6日
余白	宅地	353 71	②③昭和45年8月30日地目変更		昭和45年11月26日
余白	余白	120 17	③31番90、6番643乃至61番645に分筆		平成19年4月17日

＊下線部は抹消事項であることを示す。

②権利部（不登２八）

　「 権利部 」には権利に関する登記が記録されます。「権利部」は、さらに「甲区」と「乙区」に分かれており、「甲区」には所有権に関する登記、「乙区」には所有権以外の権利（地上権、抵当権等）に関する登記が記録されます。

　　　記録は"順位番号"によってなされます。順位番号の古いものから順番に記録が重ねられていきます。

登記記録（土地）の権利部

【権利部（甲区）】	（所有権に関する事項）			
【順位番号】	【登記の目的】	【受付年月日・受付番号】	【原　因】	【権利者その他の事項】
1	所有権移転	昭和40年4月13日第0000号	昭和40年4月11日相続	所有者　××市○町31番地90　成山A男
2	所有権移転	平成19年10月29日第0000号	平成19年10月29日売買	所有者　△△市○○四丁目32番2号 成川B子

【権利部（乙区）】	（所有権以外の権利に関する事項）			
【順位番号】	【登記の目的】	【受付年月日・受付番号】	【原　因】	【権利者その他の事項】
1	抵当権設定	平成19年10月29日第0000号	平成19年10月16日保証委託契約による求償債権平成19年10月29日設定	債権額　金6,000万円 損害金　年14%（年365日日割計算） 債務者　△△市○○四丁目32番2号　成川B子 抵当権者　△△市○○五丁目13番10号 ○○保証株式会社 共同担保　目録（×）第000号

＊下線のあるものは抹消事項であることを示す。　　整理番号D00000

③順位番号と受付番号

　これによって登記の優先順位がわかります。同じ区の中では、その優先順位は、**順位番号**で区別します。異なる区の間では、**受付番号**で順位をつけます（不登19③）。

④登記原因（原因）（不登5②）

登記をすることになった原因＝売買、相続、贈与（所有権の移転）、地上権、土地賃借権、抵当権の設定等が記録されます。

2-8-6 登記申請ほか

1 権利に関する登記の申請／共同申請と単独申請

登記の申請は、**登記義務者と登記権利者が協力して行う**ことが原則です（共同申請主義）（不登60）。

 次の場合などは例外として**単独で申請**することができます。

①仮登記の申請・抹消を行う場合（不登107・110）
②判決に基づいて登記を行う場合（不登63）
③相続 によって登記をする場合（不登62）
※相続では、人が亡くなって、それが原因で登記を行う必要が出てくるわけです。お父さんが亡くなって、相続で父親名義の土地の所有権の移転登記をするのに、どうやって亡くなったお父さんと一緒に登記申請するの⁉だから単独で登記する、という理屈です。

 そういえばこの三つ、どれも登記義務者がいなくても安全、確実に登記できる場合だよね!!

Ｑ 平26-14-4 仮登記は、仮登記の登記義務者の承諾があるときは、当該仮登記の登記権利者が単独で申請することができる。

Ａ **解説** 登記義務者の承諾があるときや、仮登記を命ずる処分のあったときは、仮登記の**登記権利者が単独で申請**できます（不登107①）。 答○

2 登記事項証明書の交付請求

 では、どのように物件について登記記録（登記簿）を確認すればよいの？

 登記記録を見るには、登記所で「登記事項証明書」を交付してもらいます。

登記事項証明書は、実は手数料さえ納めれば、特に**利害関係がなくても**誰にでも、交付してもらえます（不登119①）。

・「全部事項証明書」──登記記録に記録されている事項を全部掲載。
・「現在事項証明書」──登記記録に記録されている事項のうちで現在効力がある部分だけを掲載。

登記事項証明書の交付請求は、原則として、請求に係る不動産の所在地を管轄する登記所に限らず、全国どこの登記所でもできます（不登119⑤）。

また、交付請求は、郵送やオンラインですることもできます。

3 登記簿の附属書類の写しの交付・閲覧

①交付──誰でも、**手数料を納付**して、登記簿の附属書類（電磁的記録を含みます）の全部又は一部の写しの交付を請求できます（不登121①）。

②閲覧──誰でも、**手数料を納付**して、登記簿の附属書類（電磁的記録にあっては、記録された情報の内容を法務省令で定める方法により表示したもの）の閲覧を請求できます。ただし、図面以外については、請求人が利害関係を有する部分に限られます（不登121②）。

 閲覧するだけでも、手数料はかかるのか……

2-8-7 区分建物の登記の特則

不動産登記法では、一棟のマンションを「**一棟の建物**」、その中の個々の専有部分を「**区分建物**」といいます。一棟の建物のなかにいくつもの専有部分があって、それぞれに人々が住み、生活し、そして所有権があります。普通の戸建て住宅と同じわけにはいきません。そこで区分建物についてさまざまな登記の特則を定めています。

ここでは、そのうちよく出題されるものをご紹介します。

①規約共用部分である旨の登記──これは建物の登記事項中、**表示に関する登記**としてなされます（不登44①六）。

②区分建物に敷地権がある場合──敷地権は**建物の表示に関する登記**の登記事項になります（不登44①九）。

 <u>権利に関する登記じゃないんだ！</u>

③敷地権である旨の登記──登記官が、敷地権について**表題部に最初に登記をするとき**に、その敷地権の目的である土地の登記記録に、**職権**で、その登記記録中の所有権、地上権などの権利が敷地権である旨の登記をしています（不登46）。

④区分建物の建物の表題登記の申請方法──区分建物が属する一棟の建物（一棟のマンション）が新築された場合の、**区分建物についての表題登記の申請**は、新築された一棟の建物に属する他の区分建物についての表題登記の申請と<u>併せて</u>行わなければなりません（不登48①）。

 バラバラに申請されたら、収集がつかないものね。

権利に関する登記関係

⑤区分建物の所有権保存の登記──区分建物の場合は、表題部所有者やその相続人などのほか、**表題部所有者から所有権を取得した人**※も、所有権の保存登記ができます。そしてこの建物が"敷地権付き区分建物"の場合は、敷地権の登記名義人の**承諾**も得なければなりません（不登74②）。

※つまりマンションの分譲業者から新築マンションを買った人など。

2-9 債権総則［債権ってどういうもの？］

この項目のテーマ

 この間勉強したのは「物権」というものだったけど、「債権」って、何のこと？

 「債権」とは、人に何かをしてもらう権利で、債権を持っている人を「債権者」といいます。「債務」とは、何かをしなければならない義務で、債務を負っている人を「債務者」といいます。債権と債務は**表裏一体の関係**にあります。

2-9-1 債権・債務と契約

 A がピザ屋の B に「ピザを売ってちょうだい」と言い、B が「毎度ありがとうございます！」と言えば、ピザの**売買契約は成立**しますね。

 そうか、口約束だけでも売買契約は成立するんでした！ （民522：諾成契約）

 この場合、A はピザを請求する債権（請求債権）を持つ**債権者**となり、B はピザを引き渡す債務（引渡し債務）を負う**債務者**となります。反対に A はお金を支払う債務（代金支払い債務）を負う**債務者**に、B はお金をもらう権利（代金請求債権）を持つ**債権者**になります。これが債権債務の“**表裏一体の関係**”です。

債権と債務の関係

請求債権（債権者）　代金支払い債務（債務者）　引渡し債務（債務者）　代金請求債権（債権者）

さて、契約をすると、その**契約内容に沿って債務を履行する義務**が生じる、すなわち、B（売主）がA（買主）にピザを引き渡すことですが、その引渡しがうまくいかない状態＝契約内容に沿った履行ができていない状態、これが「**債務不履行**」です。

1 債務不履行とは？

債務不履行には、「**履行遅滞**」「**履行不能**」「**不完全履行**」の三つがあります。前記のピザ屋の事例で考えてみましょう。

①履行遅滞（民412）——履行期に履行が遅れること。

注文から30分以内にお届けできなかったよ〜（汗）

〈いつから履行遅滞に？〉（民412）

a. 債務の履行に 確定期限 があるとき——その**期限の到来した時**から遅滞の責任を負います。

b. 債務の履行に 不確定期限 があるとき——**債務者がその期限の到来した後に履行の請求を受けた時、又は、その期限が到来したことを知った時のいずれか早い時**から遅滞の責任を負います。

c. 債務の履行に 期限を定めなかった とき——**履行の請求を受けた時**から遅滞の責任を負います。

②履行不能（民412-2）——債務を引き受けたときは履行可能だったのに、履行期に不可能になってしまったこと。

配達途中でピザをこぼしてしまったよ〜（汗）

契約成立の前に、既に契約の履行ができなくなっていた場合（原始的不能：民412-2②）であっても、その契約自体は無効とはなりません（→損害賠償請求権等が発生）。

③不完全履行（民415）——履行はしたけれど、注文品と違う商品を納品したり、注文数より数が少なかった場合など、**契約の内容に基づいた債務の履行が、き**

ちんとできていない状態。

 ミートピザの注文だったのに、シーフードピザを配達してしまったよ～（汗）

2 債務不履行のときはどうする？

 「履行遅滞」「履行不能」「不完全履行」になってしまったとき、債権者（ピザの注文主）としては、どのような対処法があるの？

 では、それぞれのケースごとに、見ていきましょう♪

①履行遅滞の場合

　履行遅滞の場合は、早く履行するように請求（催告）できるし、遅れたことで損害が発生した場合には、<u>債務者に履行遅滞の責任があれば</u>**損害賠償請求**（民415）できます。また、一定の猶予期間を設けて履行を請求（催促）して、それでも履行がなされなければ、**契約を解除**（民541）することができます。

 遅れて履行しても、もう意味のないものもあります（例：誕生日のケーキの配達など）。このような場合は下記②の「履行不能」に当たり、**即時に契約解除**できます（民542）。

②履行不能の場合

　履行不能の場合は、履行の請求はできません（民412-2①）。**損害賠償請求**と、**契約の解除**でけりをつけることになります。

③不完全履行の場合（民415等）

　不完全履行の場合には、完全な履行をするよう請求（追完請求：民562）できます。損害が発生すれば、<u>債務者に不完全履行の責任があれば</u>損害賠償請求できます。また、一定の猶予期間を設けて完全な履行を請求（催告）して、それでもきちんとした履行がなされなければ、契約を解除することができます。

債務不履行のまとめ

履行遅滞	履行不能	不完全履行
催告の後	催告不可	催告の後
損害賠償・契約解除	損害賠償・契約解除	損害賠償・契約解除

金銭消費貸借（お金の貸し借り）等、<u>金銭債務</u>では、借りたお金を返済期日までに返せないと「履行遅滞」になります。では、返せなくなったら？　金銭債務には「履行不能」はありません。「**お金はまた稼げ**ば**返せるから**」という考え方です。

何だかやる気の出るお話だね〜

買主（債権者）の代金減額請求権

　売買契約における売主の債務不履行については、買主は代金減額請求を行うことができる場合があります（後述・契約不適合責任 213 ページ）。

2-9-3 損害賠償の範囲（民416）

債務不履行での損害賠償の範囲についてはこちら！

　・**通常**発生する損害の賠償。
　・予見すべきであった**特別**の損害の賠償。

2-9-4 損害賠償額の予定（民420）

　損害賠償額は、あらかじめ契約内容で定めておくことができます。これが「**損害賠償額の予定**」です。実際に発生した損害額に関係なく、あらかじめ定めておいた予定額により損害賠償がなされることになります。

便利な話ですが、ここで重要なポイントを三つ！

・実際の損害額が損害賠償予定額よりも多かったとしても、**予定額しかもら
えません**。逆に、実際の損害額が損害賠償予定額よりも少なくても、**予定
額までもらうことができます**。

"両刃の剣"だね。

・損害賠償額を予定しておいた場合でも、裁判所はその予定額を増減させる
ことができます。
・宅建業者が自ら売主となり、一般の相手と取引を行う場合には、損害賠償
額の予定は２割までという制限が課されています（業38）。

2-9-5 債権者代位権
1 債権者代位権とは（民423①）

たとえば……ＡはＢにお金を貸していましたが、Ｂは返済日が来て
もお金を返済していません。実は、ＢはＣにお金を貸していて手持
ちがなかったのです。ＢがＣに対して、「Ｃさん、お金を返して！
そのお金で、Ａに自分の借金を返すから」と請求してくれれば万事うまくいくと
Ａは思っていたのですが、お金にルーズなＢは、請求をＣにしないでいました。
そのうちに、どうもＢのＣに対する貸金返済請求権が、消滅時効にかかりそう
な時期にさしかかってきたのです。あわてたのはＡです。

　Ｂの返還請求権が時効消滅してしまっては、Ａは無一文のＢから取り立てる
ことは不可能です。さて、どうすればよいでしょうか？

Bの**代わり**に、Aが何かできたらよいのかな？

 そのとおり！　Aは、本来ならばBがCに対して「Cさん、お金を返して、そのお金で、Aに自分の借金を返すから」という請求を、ぐずぐずしているBになり代わって**直接**Cに行うことができます（"被代位権利"の行使）。

　"Aが自分で直接Cからもらってくる！"ということ、これが「**債権者代位権**」です。

 債権者代位できる要件は下記の通り！

　　Bが自分の権利を行使しない（Cに借金返済をせまらない）ことによってAが損害を被りそうな（BのCに対する債権が消滅時効にかかりそう）状態で、Aにその**債権を保全**する必要があること。

2-9-6 連帯債務
1 みんなで一緒の債務

 たとえば……「海の家不動産」の営業チームの なるやま君・

 社員A・ 社員Bの3人で、物件の現場までタクシーに相乗りした際（個別会計はご遠慮くださいと、タクシー内に掲示してあったとしましょう）に、タクシー料金を支払う際になるやま君が「3人で割り勘だから、運転手さん、僕の分の料金しか払いませんから！」と言って、運転手さんが「ハイ分かりました！」とは、ならないですね。割り勘で支払うというのは、あくまでも、相乗りした3人の内での決めごとです。運転手さんは、タクシー料金を

なるやま君・社員Ａ・社員Ｂの３人に対して「支払ってください！」と、請求できます。これが**連帯して債務を負担する＝連帯債務**というものです。

　たとえばタクシー料金が1,200円だったとしたら、特別の約束（特約）のない限り、３人の中での**負担割合**は頭数で割り勘となりますので、1,200円÷3人＝400円ずつ負担するということになります。でもこれは、前述したように<u>３人の内部での都合</u>によるものです。逆に言いますと、運転手さんは、「この場で、一人400円ずつください、合計で1,200円になりますからね」と請求もできますし、「誰でもいいから、1,200円払ってください。あとで、割り勘すればよいでしょ！」というように請求することもできるということです。

　民法の条文では、こんな難しめの感じで定められていますよ……カッコ内は、前記の事例の注釈です。

【民法436条】<u>債務</u>（タクシーの料金）の目的がその性質上<u>可分である場合</u>（みんなで割り勘できる）において、法令の規定又は<u>当事者の意思表示</u>（個別会計はご遠慮くださいとの掲示）によって<u>数人が連帯して債務を負担する</u>（なるやま君・社員Ａ・社員Ｂがタクシー料金を支払う）ときは、債権者（運転手さん）は、その<u>連帯債務者の１人</u>（３人の内のだれか）に対し、又は同時にもしくは順次に<u>全ての連帯債務者</u>（３人みんなのこと）に対し、<u>全部</u>（1,200円）又は<u>一部</u>（400円）の履行を請求することができる。

　カッコ内の注釈に当てはめれば分かりやすいでしょ！　　ハイ‼

2　連帯債務者間の求償関係（民法442）

　早く現場に行かないと……ということで、３人を代表して社員Ａが「僕が1,200円払っとくよ〜」とまとめて会計したのなら、**後**で「なるやま君、Ｂさん、400円ずつください」と請求※することができます。またなるやま君や社員Ｂがなかなか払わなければ、社員Ａは利息を取ることもできます（民442②）。

※各自の負担分を請求できるこの権利を「**求償権**」といいます。

A 解説 Cは弁済した100万円につき、その負担の割合（3分の1ずつ）をAとBに対して求償することができます（民442）。 答×

3 絶対効と相対効

 たとえば……なるやま君・A・Bの3人がCに対して負担する連帯債務について、各連帯債務者に生じたさまざまな事由につき、下記のような効力が発生します。

・**相対的効力**（相対効）（民法441）

> 連帯債務者のうちの1人について生じた事由は、**原則として**、他の連帯債務者については影響を及ぼしません。

事例① 〜なるやま君が、連帯債務の額を**請求**※1された！→なるやま君の債務は時効（消滅時効）が更新されますが、他の連帯債務者であるAとBの債務の消滅時効は更新せず、進行を続けます。

※1 ここでいう「請求」とは、裁判上の請求を指します。裁判外での請求行為は「催告」ということになり、催告後6か月以内に裁判上の請求を行いませんと、催告の効き目は無くなります。

事例② 〜Aが、自分の負担する債務を**承認**※2した！→Aの債務は時効（消滅時効）が更新されますが、他の連帯債務者であるなるやま君とBの債務の消滅時効は更新せず、進行を続けます。

※2 ここでいう「承認」とは、債務者がその債務があることについて「確かにお金を借りました」などと承諾を行うことです。承認によって、その債務者の**消滅時効は更新**します。

事例③ 〜Bが、連帯債務を**免除**された！→Bの債務は消滅しますが、なるやま君とAは連帯債務の**全額**について、各々が負担し続けます。

事例④ 〜無効・取消しの相対的効力（民437）

連帯債務者の1人について**無効又は取消し**の原因があっても、他の連帯債務者

の債務は、影響を受けません。

・**絶対的効力**（絶対効）

　例外的に、連帯債務者のうちの1人について生じた下記の事由は、他の連帯債務者についても影響を及ぼします。

事例① ～なるやま君が、前述のCに対する金銭債務の連帯債務について、**契約をし直して**※1、自己所有の土地によって代物弁済を行なった！　→なるやま君の代物弁済によって、連帯債務全額の弁済が完了し、なるやま君・A・Bの3人の**連帯債務は消滅**します。

※1 この契約のし直しを、「**更改**」といいます。（民法438）

事例② ～Aが、債権者であるCを**相続**※2したため、**連帯債務が消滅**した！
→相続によって債権者Cと債務者Aが同じ立場となったので、債権債務関係が解消して**連帯債務が消滅**します。

※2 ここでいう相続のことを「**混同**」といいます。（民法440）

事例③ ～Bが、債権者Cに対する**反対債権**を持っていたため、その債権で**相殺**を実行した！　→相殺によって、**連帯債務が消滅**します。（民法439①）

　Bが、反対債権があるというのに、相殺を渋っている場合は……ほかの連帯債務者であるなるやま君とAは、Bが相殺できる分については、債務の履行を拒めます。（民法439②）

だって、せっかくの反対債権だからね。有効活用しないとね〜

絶対効を生じる事由「**更改**」「**混同**」「**相殺**」を覚えておけば、他は相対効だから覚えやすくなります。

覚え方〜ダジャレで覚えよう
絶対効は、「**近藤**（混同）さん、**公開**（更改）**捜査**（相殺）だ！」

2-9-7 保証債務

1 保証人になってくれと言われたケド……

「保証」とは、たとえばお金を貸す際などに、借りた人（債務者）が借金を返

せなくなったときに保証人に代わりに払ってもらうもので、お金の貸主本人（債権者）と保証人との間で**書面で契約**するものです（民 446）。「抵当権」等の物的担保と区別して、「**人的担保**」といわれます。

 たとえば①……アパートを借りる際、家賃を支払えなくなった場合などのために、保証人を立てますね。

 たとえば②……AがBにお金を貸す際に、保証人にCを立てて保証契約を締結したとします。保証人Cは、BがAに対して負う金銭返還債務を保証します。

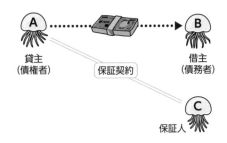

貸主
（債権者）
保証契約
借主
（債務者）

保証人

 〈保証債務の性質〉

①保証債務の 付従性 ——A・B間のお金の貸し借りの契約（金銭消費貸借契約）と、A・C間の保証契約は、別個の契約です。ですがCの保証は、Bの債務(主たる債務)が存在することがその大前提です。BがAに対して、借りたお金を完済すれば、AとBの間の金銭消費貸借契約が消滅しますので、AとCの間の保証債務も消滅します。

②保証債務の 随伴性 ——主たる債務に対する債権が移転されると保証債務も移転します。Aが貸金債権をDに渡すと、Cの保証債務もDについていきます。

③保証人の負担が主たる債務より重い場合——保証人の債務の負担が主たる債務より重いときは、主たる債務までに軽減されます（民 448 ①）。

・主債務者Aが 100 万円の借金を負っているのに、Cの保証債務が 200 万円ということはありません。100 万円の範囲までの保証になります。

・また、保証契約の締結後に、主たる債務が加重された（重くなった）としても、保証債務のほうには加重はされません（民 448 ②）。

ここで、重要なポイントを二つ！　（民 446 ②③）

・保証契約は**必ず書面**で行わなければ、有効とはなりません！　気軽に保証
　人を引き受けてしまい、あとで困ったことにならないようにとの仕組みな
　のです。
・電磁的記録＊によって保証契約がなされたときは、その保証契約は**書面で**
　行われたものとみなされます。
※電磁的記録——電子的方式、磁気的方式その他人の知覚によっては認識す
　ることができない方式で作られる記録であって、電子計算機による情報処
　理の用に供されるもの（民 151 ④）。

2 催告の抗弁権と検索の抗弁権

保証人Ｃは、ＡからＢの債務の弁済を請求された場合に、二つの権
利をもって対抗（主張）することができます。

①催告の抗弁権——一つは、「先に本人Ｂに請求して」と主張できます。これが「**催
　告の抗弁権**」です（民 452）。
②検索の抗弁権——もう一つは、「Ｂはお金を持っているし、取立ても簡単なの
　で、先にＢの財産に対して執行してください」とも主張できます。つまり"弁
　済の資力があること"と"執行が容易であること"の二つを証明して、Ａの取
　立てを拒むのです。これが「**検索の抗弁権**」です（民 453）。

保証人にも、債権者に対抗する手段があるんだね！

3 "個人根保証"のお話（民 465-2）

　保証契約に関する前述のお話で、「アパートなどを借りる際に、保証人を立て
ることがあります」という例を挙げました。このアパートを借りる際の賃料の保
証をするようなことを「根保証契約＊」と言っています。**個人**がこのような保証
人となる場合（個人根保証契約を締結する場合）には、「書面をもって保証契約
を行う」という要件の他、「その保証についての**極度額を決めておく**」という要
件が加わります。この極度額を定めておかないと、保証契約は効力を生じません
（民 465-2 ②）。

※根保証契約——一定の範囲に属する不特定の債務を主たる債務とする保証契約のこと。

僕が借りているアパートのお家賃の保証は、保証会社に依頼しているよ。

法人が根保証契約を締結するには、"極度額"の要件はありません。

個人根保証契約の主たる債務の**元本**は、下記の事由によって、**確定**します！　（民465-4）

①債権者が、保証人の財産について、金銭の支払いを目的とする債権についての**強制執行又は担保権の実行**を申し立てたとき（強制執行又は担保権の実行の手続きの開始があったときに限ります）
②**保証人が破産手続開始の決定を受けたとき**
③**主たる債務者又は保証人が死亡したとき**

じゃあ、僕（個人）が、アパートを借りる人の保証人になったときは、極度額として決めた範囲まで保証すればよいということなんだね！

そうです！　無制限に保証しなければならないわけではないの。

4 連帯保証とは？

　通常の保証でなく、連帯保証となると、連帯保証人は前述の「催告の抗弁権」も「検索の抗弁権」も、<u>主張できません</u>（民454）。

ということは？　どうなっちゃうの？？

「連帯」が付いた保証人（**連帯保証人**）は、**ほとんど債務者と同じような責任を負った保証人**ということができます。たとえば先の例で、Bが返済しないので、Aは保証人であるCに請求をしてきました。
これが単なる保証債務なら、Cは催告の抗弁権や検索の抗弁権で拒むことができますね。ですが今回、Cは「連帯保証人」です。この場合は、「先にBに請求し

てください」というように反論することは許されません。**請求されたら支払わなくてはなりません。**「催告の抗弁権」も「検索の抗弁権」もないということは、こういうことです。

5 連帯保証人でもできること

 それでは、連帯保証人にできることはないの？？

 そんなことはありません。下記をご覧あれ！

・保証人は主たる債務者が有している抗弁をもって債権者に対抗できますが、この抗弁は連帯保証人でも行なうことができます（民457②）！
よって、主たる債務者が有している権利（相殺権、取消権、解除権など）をもって、保証債務の**履行を拒む**ことができます（民457③）！

2-9-8 債権の譲渡

 債権も、売り買いの（売買契約の）目的物になるんだって！

1 債権を売る？（民466①）

債権とは、「人に対して何かをしてもらえる権利」というように言い換えることができます。たとえば、AがBに100万円を貸したとします（金銭消費貸借契約）と、AはBに「貸したお金を返して！」と請求する権利（金銭の返還請求権）を有することになります。これが、「Bに100万円を請求できる権利」という内容の債権ということです。

この債権を、Aは売却できるということが「債権譲渡」のシステムです。

 でもどうして債権を売ってしまうの？

 たとえば……上記の事例で、BのAに対して100万円を返す期限が令和4年の11月30日だったとします。ところが、Aは令和4年の8月に「急にお金が必要になってしまいました！」として、Bに8月31日までに100万円返して！　と言いたくなってしまいました。Bは、この請求に応える義務があるでしょうか？　アリマセン！　支払期限は11月30日ま

でですので、8月31日時点では、BはAに借りた100万円を返す必要はないのです（期限の利益※）。Aはそれではどうすればよいでしょうか？

※期限の利益──債務者（B）が、がお金を返さなくてもよい期間。返済期限前なら、返さなくても債務不履行にはなりません。

 う〜ん、すぐには返してもらえないんだし……困ったね！

 解決！　その債権を、他の人に売却すれば（債権譲渡すれば）、債権を現金化できます。たまたまCが「買い取ってもよいよ。但し、80万円でね。」ということであれば、AはCに80万円で「Bに100万円を請求できる権利」を売り渡すことができます。20万円手取りが減ってしまいますが、すぐに現金化できたことがAについてのメリットですし、「80万円で、100万円の権利を得た」ことがCについてのメリットになりますね。

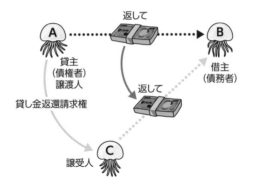

 これって、AとCにとって、よい結果になるってこと？！　　 Win-Winでしょ！

2 Cは信用できるの？（民467①）〜債権譲渡の対抗要件その①

 さて、ここで以下の問題が発生します。Bは、Aにお金を借りたので、Aにお金を返そうと思って待っているのですが、そこにCが現れて、「私に支払ってください」と言ったとします。果たしてBは、安心して100万円をCに渡せるでしょうか。

う〜ん……“訪問詐欺かも？　”と思われてもしかたないね。

そうです。この場合、C（譲受人）が直接B（債務者）に「私に支払ってください」って言ったんでは、ダメなんです。下記の要件を見てくださいね。

①譲渡人から債務者に対する 通知

　A（譲渡人）から、B（債務者）に対して、「Cさんに権利を譲りました。Cさんが回収に行きますから100万円はCさんに渡してください」と、通知してくれれば、Bも事情が飲み込め、安心です。こうすれば、Bは通知に従わざるを得ないということになります。

②債務者の 承諾

Cがいきなり現れて、「Aさんから債権を買い取ったから、私に100万円を払ってください」と告げた際に、B（債務者）が納得ずくで“ハイ分かりました”と言って、100万円をCに払ったとしたら、どうでしょう？

BがCの話に納得して承諾したのであれば、問題ないですね。Bのこの承諾は、Cに対してでも、Aに対してでもよいのです。「Aさん、Cさんが来たから、100万円払っといたよ〜」というのであれば、OKです。

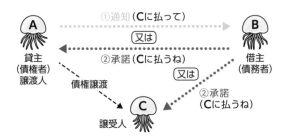

3 譲渡しちゃダメ！　という特約も可能！

自分の債務を債権者が譲渡できるなんて……誰だかわからない人やコワい人に譲渡されてしまったらどうしよう……

197

そのような不安を一掃するのが、「債権譲渡の禁止や制限の意思表示（特約）」です（民466②）。このような<u>特約があったとしても、**債権譲渡自体は有効**</u>とされます。でも、債務者はその特約を盾にして、特約について悪意又は有過失の譲受人から請求が来ても拒めます（民466③）し、元々の債権者（譲渡人）に対して主張できた事柄（すでに弁済した、反対債権があった、消滅時効を主張できたなど）があったときは、なおそのことを主張することができます（民468、469）。

4 将来発生する債権を譲渡することもできます！

債権譲渡では、**将来的に発生する債権**についても譲渡することができます。たとえば、賃貸アパートの賃料債権を全部第三者に譲渡するといったような場合です（民466-6①）。

上記のような、将来的な賃料請求権を譲渡したアパートを取得した場合、債権の譲受人に対抗要件が備わっていれば、新たにそのアパートを取得した大家さんは、賃料が入らないというケースもあり得ます（民466-6②）。

それコワイネ!!

5 どっちが先？（民467②）～債権譲渡の対抗要件その②

さて、もう一方の論点ですが、債権の"二重譲渡"という問題があります。

たとえば……Aが、Bに対する債権を、CとDの両者に対して譲渡して、逃げてしまったというような場合です。この場合は、AのCとDに譲渡した旨の通知がどっちがBに先に着いたかの競争になります。

AからBに対する譲渡通知が、

①内容証明郵便などの"**確定日付のある証書**"で行われたほうが勝ちになります。
②そして双方が確定日付のある証書であった場合は、**先に到達した方に軍配**が上がります。

二重譲渡は競争になることがほとんどだね！

2-9-9 弁済（債権の消滅　民473）
1 弁済とは

 「弁済」って何？　今までにも出てきてたっけ??

 「弁済」とは、債務の本旨に従った給付で債務を履行し、債権者の債権（＝自分の債務）を消滅させることです（民473）。　たとえば……Aがコンビニでお弁当を買う契約をし、そのお弁当を受け取ります。Aは債務者としてそのお弁当の代金を支払って契約を終了（債権を消滅）させねばなりません。これが「弁済」です。弁済とは、代金を支払ったり、借金を返したりすることをいいます。試験で重要なのは、「第三者による弁済」と「債権者らしき人に弁済して有効になる場合」です。

2 第三者による弁済

 弁済は、もともと債務者が行う行為ですが、まず、①債務者以外の第三者でもすることができます（民474①）。しかしながら、②「弁済するについて正当な利益を有するものでない（有していない）第三者」は、債務者の意思に反してまで弁済をすることはできません（民474②）。

 どういうこと??

 原則的には誰でも弁済は可能ですが、"弁済するについて正当な利益を有していない第三者"は、本人が望んでいない場合には、代わりに弁済をすることはできない、ということです。

 「代わりに弁済してくれる」っていうせっかくの話を嫌がる場合があるってこと？

 代わりに支払った人だって、その分「代わりに払ったんだから。私にその分払え!!」ってきっと言ってくるでしょ!?　嫌いな人に、立て替えられて、意地悪されるってリスクもあるわよね。

199

そうか、債権をコワい人に握られたら、ピンチだもんね……

 債権者が「その弁済が債務者の意思に反していること」を<u>知らなかった</u>のであれば、その第三者の弁済は有効となります。

第2編 権利関係

① "弁済するについて正当な利益を有している" とは？

 物上保証人※などです。たとえば……AがBに対して借金があり、C(物上保証人)が、Aの借金の担保のためにC本人所有の宅地にBのための抵当権を設定した、というような場合です。

※物上保証人──自分の財産を他人の債務の担保に供した者。

　そしてあろうことか、AはBに借金を返済しない、このままでは抵当権が実行され、Cは自分の宅地を競売にかけられてしまう！　このような場合を法律上**「弁済するについて正当な利益を有している」**といいます。Cとしてはボヤボヤしていられません。

　Aの代わりにBに弁済をして、抵当権を消滅させる、これが "第三者弁済" です。

　この際に、Aが、「Cさん、代わりに支払うなんて、私の顔を潰す気デスカ！」と抗議したとしても、Cは弁済する<u>正当な利益（理由）</u>があるので、Aの気持ちにはかまっていられないということなのです（民474①）。

②弁済するについて正当な利益を有しない第三者は？（民474②）

 弁済するについて正当な利益を有しない第三者、例えば、前述の事例で、Aの父親が、Aを心配して代わりに弁済しようとしたところ、Aが「父さん！　私の顔を潰す気!?」と文句を言いました。そうしたら、例え血がつながっている親兄弟であっても、**法律上の利害関係がなければ**、A（債務者）の意思に反して代わりに弁済することはできません。

③債権者らしき人に弁済したら？（民478）

 重要なポイントを一つ！

　<u>一見して</u> 弁済を受ける権限が<u>ありそうな</u>人物（債権の受領権者としての外観を有する者）に対して、**善意・無過失**でした弁済は、有効になります。

　受領証（受取証書・領収書）を持ち、債権者になりすました人に対して、**善意・無過失でした弁済は有効**で、本当の債権者に支払ったことになります。弁済者を保護するための規定です。

4 代物弁済（民 482）

　「代物弁済」とは、本来の給付に代えて、他の物の給付をもって債務を消滅させることです。これには債権者と弁済者（債務者・第三者）との**契約**が必要となります。

　たとえば……借りた100万円を返したいけど現金がない。そんな場合に自分の自動車で弁済するといったことなどです。この場合、その申入れについて、「弁済については自動車でもよいよ〜」と契約しなければ、代物弁済は成り立ちません。代物弁済は、**債権者と弁済者との契約によるもの**なのです。

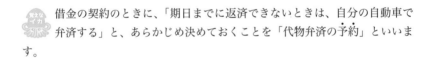
　借金の契約のときに、「期日までに返済できないときは、自分の自動車で弁済する」と、あらかじめ決めておくことを「代物弁済の予約」といいます。

2-9-10 相殺（債権の消滅）

1 相殺ができる要件（民 505 ①）

　AとBが、①互いに金銭など同じ種類の債務を負担していて、②双方とも支払いの時期が来ている（債務が弁済期にある）ときは、AとBは、その同じ額について差引き計算（相殺）によってその債務を免れることができます。

　たとえば……Aに10,000円、Bに15,000円の債務があって、どちらも支払い時期が来ていれば、10,000円について相殺することができ、それによってAの債務は消滅し、Bには5,000円の債務が残るというわけです。

2 相殺の方法と効力

　相殺は、A・Bどちらからでも有無を言わせず**一方的**にできます。ただ、相殺するときには、条件や期限を付けることはできません（民 506 ①）。そして相殺の効力は、双方の債務が互いに相殺に適する状態（相殺適状）になった時にさかのぼって生じます（民 506 ②）。

3 時効で消滅した債権で相殺するって？（民508）

　時効によって消滅した債権でも、消滅以前に相殺適状になっていれば、その債権者は、時効消滅した債権で相殺をすることができます。

　たとえば……2020年10月1日にAに、2023年10月1日にBに、互いに債権が発生し、2人は2025年10月20日に相殺しようとしましたが、Aの債権は同年9月30日いっぱいで時効で消滅してしまっていました。ですが9月30日が終わるまでは相殺できる状態だったことから、時効消滅した債権を持っていたAの側から相殺を持ちかけることができる、というものです。

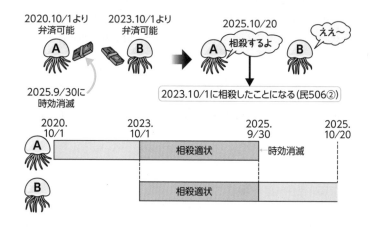

4 不法行為等により生じた債権を受働債権とする相殺の禁止（民509）

　その債務が不法行為等（後述）によって生じたものであるときは、不法行為等を起こした債務者からは、相殺をしようと債権者に持ちかけることはできません。

　たとえば……AはBに10万円の債権を持っていました。AはBが嫌いだったので、ある日AはBの家にワザと自動車をぶつけて、Bに10万円の損害を負わせました。

　このような場合、さすがに加害者のAからBの債権（Aの**悪意**による不法行為によって生じた債権）と自分の債権を相殺しようとはいえません（民509）。

法令用語

【自働債権】相殺にしようと持ちかける方の債権。

【受働債権】相殺される側の債権。

【悪意】ここでは、<u>損害を与えようとする意図</u>のこと。

5 差押えを受けた債権を受働債権とする相殺の禁止（民511）

たとえば……AがBに対して持っている債権がCによって差し押さえられました。その後にBがAに対する債権を<u>新たに取得</u>し、これでBは先に差し押さえられているAの債権を受働債権として相殺をしようとしました。あわてたのはCです。相殺されてはせっかく差し押さえたAの債権が消えてしまいます。

う〜ん、Cにとっては、困ったことに……どうなるの？

でもだいじょうぶ！　この場合は、Bは新たに発生した債権では、差し押さえられているAの債権を相殺することはできないことになっています。これを認めたらせっかくのCの差押えが無駄になってしまうからです。

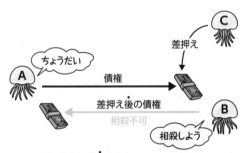

※Bの債権が、差押え前に発生していれば、相殺できます。

2-10　契約総則［契約ってどういうもの？］

 不動産の取引は契約だらけ。代金はいつ払って、引渡しはいつ？

 宅建業法で出てきた、取引の契約書（37 条書面）の記載事項
にもかかわることですよ。契約の仕組みについて、しっかりと
見ていきましょう。

2-10-1 変更を加えた承諾（民 528）

 「物権」の冒頭のお話で、契約は、向かい合う意思表示と意思表示が
合致して、成立するのだということを学びましたね（民 176）。

 それでは、その向かい合う意思表示と意思表示が合致せず、すれ違っ
ていたとしたら、その契約はどうなるの？

 たとえば……

　上の事例では、A と B の意思表示は、全く合致していませんね。これでは、
契約は成立しません。ですが、前記の 2 人の会話には、次のような法的な意味
が含まれています。

A：「自動車を 50 万円で売ってあげる」（＝契約の**申込み**）
B：「30 万円なら買うよ」（＝ A からの申込みの**拒絶**ですが、A にとっては B からの新たな**申込み**とみなされます）

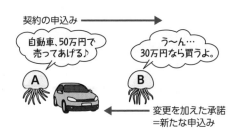

契約の申込み ───→

自動車、50万円で
売ってあげる♪

う〜ん…
30万円なら買うよ。

変更を加えた承諾
＝新たな申込み

A のほうで、「え〜 30 万円じゃ売らない！」と応えれば、**契約の不成立**となりますが、「30 万円でもいいよ！」と応えれば、B に 30 円で自動車を売る**契約を締結**した、ということになるわけです。

2-10-2 同時履行の抗弁権（民 533）

次は、売買契約によって生じる効果についてです。契約により、売主にはその売った物を買主に引き渡す義務が生じます。また、買主は代金を支払うという義務が生じます。この**お互いの義務は同時に行うべき**で、その方が両者にとって公平です。

　前述の例で、A（売主）が自動車を渡さなければ、B（買主）もその間は代金の支払いを拒むことができます。これを「**同時履行の抗弁権**」といいます。

もっとも、相手の債務が弁済期にないとき、又は、自分の債務が先に履行する約束になっているときは、自分からはこの主張はできません。

A の自動車の引渡し債務が、"B が代金を支払った日から 1 週間後"と契約している場合は、B から「お金を払うから 同時履行 で自動車をすぐにちょうだい」とは言えないってことね。

こうやって書くと当たり前のことだね〜

たとえば……Aの建物をBが買い取ることになりました。建物の売買契約を7月1日に締結し、その物件の引渡しを7月15日に行うことに決めました。Bは、7月15日が来るのを指折り数えて待っていましたが、なんと7月10日の深夜、その建物は、火災によって焼失してしまったのでした。

つまり、①契約締結後、②引渡し前に建物（目的物）が焼失してしまったということだね。じゃあ、AとBの契約についてはどうなるの？

1 原因で変わる結論

この場合、誰に責任があるのか（火災の原因）その他で結論が変わります。

①売主の責任で——火災の原因が、売主Aがキッチンで鍋の空焚きをしたなど、売主の責任で生じていた場合は、Aの 債務不履行 （Aが建物をBに引き渡す債務が履行できなくなった）となり、Bに対し、契約解除や損害賠償といった債務不履行の責任を負います（民415他、前出 184ページ 参照）。

②不可抗力の場合——建物の火災の原因が、落雷や不審者による放火などの**不可抗力**によるものである場合には、「債務者の 危険負担 等」によって処理されます。つまり……、BはAに対して建物の代金の支払いを**拒むことができる**、という結論になります（民536）。

なんででしょう？

契約締結によって、契約自体は有効なものとして存続していますので、建物の引渡しが受けられない以上、B（建物引渡しについての債権者）はその反対給付（建物代金の支払い）を**拒める**ということなのです。

重要なポイントを二つ！

・上記の買主による契約解除は、売主に過失がなくても解除が可能です。
・買主（債権者）の責めに帰すべき事由によって債務を履行することができなくなったときは、買主は反対給付の履行を拒むことができません。この

場合において、売主（債務者）は、自己の債務を免れたことによって利益を得たときは、これを買主に償還しなければなりません（民536②）。

2 建物の焼失が契約締結の前であったら

先ほどの"債務者の危険負担"は、<u>契約締結後、引渡し前</u>に建物が**焼失**してしまった場合の話だよね。ではこれが<u>契約締結前</u>であったらどうでしょう？

たとえば……契約締結は7月1日だけど、そもそもその建物は、契約の前日（6月30日）に落雷で焼失していて、AもBもそのことをちっとも知らないで契約していたというような場合です。これは"原始的不能"という扱いです。契約は無効にはならない（**有効**）ものの、その**履行は不可能**（履行不能※）ということです。

※履行不能による契約解除権（民542）や損害賠償請求権（民412-2②）が発生します。

2-10-4 契約の解除

契約は一度成立したら、その契約内容に従って履行をしなければなりません。履行とは契約という約束を果たすことですが、契約を**解除**して初めからなかったことにすることも可能です。

1 契約を解除する

解除権を行使すると、契約は解除されます。ただやみくもに解除できるものではありません。契約なり、法律なりで決められたキチンとした理由が必要です。これが「解除権※」です。**前述** 185 ページ の、「履行遅滞」や「履行不能」なども解除理由です。

※約定解除権と法定解除権——契約とあわせて解除について定めておくのが「約定解除権」、債務不履行の結果解除権が生じるなど、法律上解除権が発生する場合が「法定解除権」。

この解除権を持っていれば、当事者の**一方的な意思表示**で契約を解除することができます（民540①）。また一度解除したら、二度と撤回することはできないので、要注意です（民540②）。

2 解除の効果

契約が解除されると契約は**初めからなかったこと**になり、当事者は、**原状回復**を行わなければなりません。売買契約でいうと、売主は代金を受け取っていれば、返還しなければなりませんし、買主は品物を受領していれば、やはり返還しなければなりません。

もともとの状態に戻すということだね〜（民545①）。

3 でも他人に迷惑をかけてはダメ

もっとも元に戻すといっても、解除をすることによって第三者に迷惑をかけることはできません（民545①但）。

たとえば……AがBから土地を買って、Bに解除される前にその土地をCに売ってしまったというときは、その後Bが解除してもCは土地の所有権を失わず、守られるということです。先にもいったとおり、解除は当事者間の一方的な意思表示でできるので、AB間の事情に無関係なCを守る趣旨です。ですが、Cが守られるためには、Cへの**登記**がなされていることが必要となります（判例・ 145 ページ 参照）。

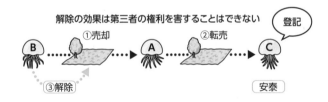

解除の効果は第三者の権利を害することはできない

4 あれ、損害賠償は？

解除があると契約は初めからなかったことになるの（民545①）？ということは、債務不履行（民415）で解除されると損害賠償もなくなるのでは？

大丈夫！　解除権を行使しても損害があれば、併せて損害賠償も請求できるようになっています（民545④）。

208

2-11　売買契約［手付解除と売主の契約不適合責任］

この項目のテーマ

売買については、宅建業法でも"不動産業者が自ら売主となる場合の売買の特則"として、8つの制限を定めていましたね〜。

ここは、宅建業法と最も関係の深い項目です。宅建業法で定めていない事項は、民法の原則に戻るからです。ですので、ここでしっかり売買に関する民法の原則を押さえておきましょう♪

2-11-1 手付解除

前述の「解除」の項で、解除をするには理由が必要だといったばかりですが、この**手付解除**は、気が向かなければ解除できる"**無理由解除**"です。

1 手付の種類

民法上の手付とは、売買契約において、次のようにその性質によっていくつかの呼び名をもって用いられています。

①売買契約が確かにあった、売買契約の予約をした等（証約手付）
②あらかじめ手付金を渡しておき、何か契約上のトラブル（債務不履行等）があった場合にその手付金を損害賠償金とする（違約手付）
③契約の解除権を留保しておく（解約手付）※
※宅建試験でよく出題される手付は、③の「解約手付」です。

2 手付で解除する

売買契約において授受される手付金は、特別な指定がなければ原則として「**解約手付**」として扱われます。これにより、①売主又は買主が、その相手方が具体的な契約履行にとりかかる前であれば、②買主は交付した**手付金を放棄**し、売主は**受領した手付金の倍額を返還する**（現実に提供する！）※ことで、③特別な理由なく契約を解除することができます（民557①）。
※これらを俗に「手付流し・倍返し」といいます。

たとえば……AとBが、それぞれ売主・買主として、A所有の土地の売買契約を行ったとします。買主のBは、手付金をAに渡しました。その後、Bは都合が悪くなり、既に交付した手付金を解約手付として用いて、その売買契約を解除することとしました。

　ですが、このときすでに、「売買契約の相手方が、**既に契約の履行に着手していた**」という場合には、もはや手付による契約の解除はできません。契約の履行に取りかかっていた相手Aに迷惑をかけてしまうからです。

 ということは、相手に迷惑でなければよいので、自分が既に契約の履行に着手していたとしても、"相手方がまだ履行前なら、手付解除ができる！"ということになります。

3 手付解除の場合、損害賠償は請求できるの？（民557②）

　これまたつい数頁前で"解除権を行使しても損害賠償の請求はできる（民545④）"と言ったばかりですが、この手付解除の場合は、損害賠償の請求はできません！「手付流し・倍返し」ですべてカタをつけようというものです。

2-11-2 売主の契約不適合責任など

 売買契約がすべて契約で定めたとおりに順調にいくとは限りません。せっかく買った新築建物なのに雨もりがする、はては予期しなかった他人の権利がついていたなど、トラブルが生じることも。このように**契約内容に不適合がある場合**、売主の責任（契約不適合責任といいます）はどうなるのでしょうか？　見ていきましょう！

1 他人の物を売った場合は（他人物売買）

 民法上、他人の物を売ることはできます。売主には、その品物をいったん取得してから、契約の買主に引き渡すという義務が発生します(民561)。

 それなら、在庫を持たず、注文を受けてからメーカーに商品を発注し、そのまま右から左に売り渡すといったことができますね〜。

ですが、何らかのトラブルでメーカーから仕入れがストップすると大変なことになります。トラブルが生じた場合は、売主の契約不適合による債務不履行責任の追及として、買主は、①**契約解除**が可能です。②売主にそのトラブルの責任があれば、**損害賠償請求**もできます（民415）。

2 売主の契約不適合責任とは

①売主は契約どおりの目的物を渡さないとダメ！

　売買契約によって、売主にはその目的物についての品質上の責任が生じます。すなわち、売った品物に、契約の内容にそぐわないところあれば、それに対しての責任を負います。これを「契約不適合の場合の売主の**契約不適合責任**」といいます。代金分の品物を、契約したとおりにきちんと引き渡しなさいということなのです。

 たとえば……建物の売買契約を締結しますと、売主にはその建物を引き渡す義務が発生し、買主には代金を支払う義務が発生します。買主は、最終的には契約で定めた代金を全額きっちり支払うのですから、売主側の責務としては、その建物の品質などが**契約した内容に適合**したきちんとした状態での目的物を引き渡さなければなりません。

②契約どおりの履行とは？

 「土台が腐っていても責任を負いません」と契約で定めていたのならば、その状態の物件でも、契約内容に適合しているということですので契約違反にはなりません。**契約で定めた内容が重視される**のです。

 契約どおりにできていればよいの？

 そうです。「建物は、現状のままの引渡しで、雨漏りや土台その他の修理については買主負担とする。」という契約内容であれば、そのとおりの履行で"契約違反"にはなりません。

③買主ができること

　売買の目的物に不適合があったという場合、その他、引き渡された契約の目的物がその**品質、数量、種類**について契約内容と適合しない（契約したとおりになっていない）ものであるときは、買主は売主に対して、**補修や代替え物の引渡し**を求めたり、**損害賠償**を求めたり、**代金減額・契約解除**を求めたりできます。

〈買主ができることは〉〜4つの請求権（民415、541、542、562〜564など）。

その1：「契約履行の追完請求」〜契約の履行が中途半端である場合は、完全な履行を請求できます。
その2：「代金減額請求」〜買主は代金の減額請求を行うことができます。
その3：「契約解除請求」〜買主は、契約の解除を行うことができます。
その4：「損害賠償請求」〜買主は損害倍償請求を行なうこともできます。

④請求権各論

それでは、4つの請求権について、もう少し詳しく見ていきましょう♪

その1：「契約履行の追完請求」（民562）

売買契約の内容のとおりにその履行がなされていないとき（「引き渡された目的物が種類、品質又は数量に関して契約の内容に適合しないとき」といいます）は、買主（債権者）は、その契約内容に沿った履行をするように売主（債務者）に対して請求することができます（民562①）。履行の追完は、催告をもってその請求を行います。

 目的物を補修してもらったり、代わりのものを引き渡してもらったり、不足した分を引き渡してもらえます。たとえば……

 酒店Aに、ビールを2ケース頼んだのに、1ケースしか届いていない……

 「すぐに、もう1ケース持ってきて！」と、催促できます（不足分の引渡しによる履行の追完）。

 ソバ屋Bにカツ丼を頼んだのに、親子丼が届きました……

 「カツ丼を持ってきてください！」と、催促できます（代替物の引渡しによる履行の追完）。

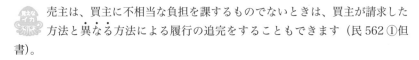 売主は、買主に不相当な負担を課するものでないときは、買主が請求した方法と異なる方法による履行の追完をすることもできます（民562①但書）。

第2編
関係
権利

212

「親子丼も、とてもおいしいですよ！　これじゃダメ??」

う〜ん、おなかすいてるし、親子丼でもよいね！　いただきます。

契約上の不適合の原因が、買主側に責任があるときは、買主は追完請求ができません（民562②）。

カツ丼を頼んだのに、親子丼が届きました……

でも、注文メールには「親子丼を持ってきてください！」と、書いてありますよ。

間違えて書いちゃった……

その2：「代金減額請求」（民563）

売買契約の内容のとおりにその履行がなされていないときで、売主が相当の期間を定めて「追完請求」を行ったのに、その期間内に履行の追完がなされないときには、債権者（買主）は、その契約不適合の程度に応じて代金の減額を債務者（売主）に対して請求することができます（民563）。

味噌ラーメンに味噌が入っていない！　冷める前に、3分以内に味噌を入れてチョ〜ダイ！

あっ、味噌が切れてる……買ってくるから、30分待って！

……3分たったから、お代は半額でね。

そして……「①履行の追完が不能であるとき」「②売主が履行の追完を拒絶する意思を明確に表示したとき」「③契約の性質又は当事者の意思表示により、特定の日時又は一定の期間内に履行をしなければ契約をした目的を達することができない場合において、売主が履行の追完をしないでその時期を経過したとき」は、買主は**催告なしで**、すぐに代金減額を請求できます。

その3：「契約解除請求」〜買主は、催告をもって、契約の解除を行うことができます。ただし、その損害（催告の期間を経過した時における債務の不履行）が**取引上の社会通念に照らして軽微であるとき等は、解除することができません（民541）。

そして……「①債務の履行の全部が不能であるとき」「②債務者がその債務の全部の履行を拒絶する意思を明確に表示したとき」「③契約の性質又は当事者の意思表示により、特定の日時又は一定の期間内に履行をしなければ契約をした目的を達することができない場合において、債務者が履行をしないでその時期を経過したとき」その他の場合は、買主は**催告なしで、すぐに契約を解除できます**（民542）。

契約解除※については、後述の「損害賠償請求」とは異なり、債務者（売主）に債務不履行の責任がなくても、催告など解除のための要件がそろえば解除することができます。その代わり、債権者（買主）側に債務不履行の責任があるときは、債権者は契約の解除ができません（民543）。

※契約解除については、「債務不履行」の項目（ 184ページ ）も参照してください！

その4：「損害賠償請求」〜契約不適合について**契約その他の債務の発生原因・取引上の社会通念に照らして債務者（売主）に責任がある場合**は、買主は損害賠償請求を行なうことができます（民415①）※。

※前述の代金減額請求等は、債務不履行による損害賠償請求権を妨げるものではありません（代金を減額してもらったからといって損害賠償請求できなくなるということはないのです）。

そして……損害賠償請求※ができる場合で、「①債務の履行の全部が不能であるとき」「②債務者がその債務の履行を拒絶する意思を明確に表示したとき」「③債務が契約によって生じたものである場合にお

いて、その契約が解除され、又は債務不履行による契約の解除権が発生したとき」は、債権者（買主）は<u>債務の履行に代わる損害賠償請求</u>をすることができます（民415②）。

※損害賠償請求についても、「債務不履行」の項目（ 184 ページ ）も参照してください!!

⑤契約不適合責任を負わない特約は有効？（民572）

「売主の契約不適合責任」では、民法上、特約をもって**売主の担保責任を排除**することもできます。ですが、売主が知っていて黙っていた（建物の土台が腐っていたことを実は知っていたけれど、契約の際に買主に黙っていたなど）ような場合等までは免責されません。

⑥権利行使の期間はどのように？　（民566）

引き渡された契約の目的物がその**品質、種類**について契約内容と適合しない（契約したとおりになっていない）ものであるときの責任追及の期間ですが、権利行使できる時から **10 年以内**（消滅時効にかかるため）です。そして、この期間のうちで、買主が契約不適合を**知ってから 1 年以内**に売主にそのことを**通知**してあれば、契約解除や損害賠償の請求ができます。

ここで、重要なポイントを二つ！

・売買の目的物について、その**数量の不適合**については、上記の期間の制限は原則アリマセン！
・⑤に出てきたように、契約不適合について売主が悪意だったときなどは、上記の期間の制限は原則ありません。売主側を保護する必要がなくなるからです。

　宅建業法での取り扱い──宅建業者の特則

宅建業法では、宅建業者が自ら売主となって業者以外の方と売買契約を締結するにあたり、不適合責任を「物件の引き渡しから **2 年以上**」の**通知期間を設定**して、この期間だけ責任を負えばよいということになっています（業40）。宅建業法は民法よりも厳しい規定ばかりですが、ここだけは緩められています。

⑦その他のお話

 買った土地に、**契約にない抵当権**がついていたよ〜！

 抵当権のついた不動産を売ったり買ったりすることはできます。このような不動産を買ったときに契約内容に適合しない抵当権がついていたとき等（**権利上・法律上の不適合**）も、売買の目的物に品質などの契約不適合があった場合と同じように、売主の契約不適合責任が生じます。また、買主は、契約不適合の抵当権について費用を支出してその所有権を保存したときは、売主に対してその費用の償還を請求することができます（民 564、565、570 等参照）。

※売買した所有権の一部が他人に属していたり、住宅を建てるために買った土地が市街化調整区域（後述）で建物を建てることができない、といったような場合等。

Q **令3-7-3改** A を売主、B を買主として、A 所有の甲自動車を 50 万円で売却する契約（本件契約）が令和 4 年 7 月 1 日に締結された。B が引渡しを受けた甲自動車が故障を起こしたときは、修理が可能か否かにかかわらず、B は A に対して、修理を請求することなく、本件契約の解除をすることができる。

A **解説** 修理が可能なときなど、<u>債務不履行が軽微である場合</u>にまで契約解除できるとは限りません（民 541）。答 ×

2-12　賃貸借と使用貸借［一般の賃貸借と不動産の賃貸借］

この項目のテーマ

最近、海の家不動産では、アパートやマンションの賃貸借契約の仲介業務に力を入れていますよ～。

アパート、借地、借家の仲介（媒介・代理契約）は不動産業者の重要な業務の一つです。民法上の賃貸借の規定だけでは、いろいろ不都合も出てきます。そこで不動産に特化した"借地借家法"が特別法としてあるのです。

2-12-1 民法の賃貸借と借地借家法

賃貸借とは物を借りる代わりに、借主が貸主に賃料を支払い、契約終了時には借りた物を返却することを約束する契約をいいます（諾成契約・民 601）。貸主には賃貸物を引き渡す義務が生じ、借主には賃料支払いの義務が生じます。民法の賃貸借の規定は、基本法としてあらゆる賃貸借契約関係につき適用されます。ですが、土地や建物の賃貸借になると、人々の居住関係に根ざす事柄であり、トラブル発生のリスクも大きいので、民法のほかに特別法として「借地借家法」（後述）を設けています。

2-12-2 賃貸借

1 賃貸借の存続期間

　物を借りたら返さなければいけません。賃貸借を無制限に続けると、賃借物の扱いが雑になったり、社会経済の動きに合わなくなるなどの不都合がでてくるので、最長期間が定められています。

民法の賃貸借の存続期間は、**最長で 50 年**を超えることができません。仮に契約でこれより長い期間を定めても、その期間は 50 年になってしまいます（民 604 ①）。

また賃貸借の存続期間は、更新することができますが、更新後の期間も更新の時から 50 年を超えることができません（民 604 ②）。

どうせ貸すなら、長く借りてもらえたほうがうれしいよね。

借地借家法による期間の特則（借3・22他）については後述します。

2 不動産賃借権の対抗力

不動産の賃借権は、**登記**が第三者対抗力となります（民605）。賃借権は債権であり、大家さん（貸主）と店子（借主）の間では賃借権を主張できても、借家を買い受けた第三者には対抗できません。このことを「売買は賃貸借を破る」といいます。それで、この賃借権の登記をすることで第三者対抗力としました。ですが、それでも問題は十分には解決しません。

はて？　どうしてですか??

賃借権は債権であって賃貸人には登記の協力義務がなく、実際には賃借権の登記はほとんど行われていません。そこで、特別法である借地借家法で、登記以外の方法での対抗要件を定めています。

借地借家法の特則——借地の対抗力（借10）、借家の対抗力（借31）については後述します。

3 不動産の賃貸人たる地位の移転（オーナーチェンジについて）

アパートの部屋の貸し借りが、賃貸借契約によるものであることは分かりましたね。昔風に言えば、大家さんと店子の関係ということです。

では、住んでいるアパートの大家さん（貸主）が変わった場合（いわゆるオーナーチェンジ）の法律関係はどうなるのでしょうか。

それでは、重要なポイントを二つ！

・借主が借家権（不動産賃借権）の登記を得たり、借地借家法による借家権の対抗力（物件の引渡し）を備えた賃借権について、建物（例：貸家・アパートなど）の所有者（貸主・オーナー）が変更となった場合（その不動産が譲渡されたとき）には、貸主の地位が新所有者に移転します（民605-2①）。

　　つまり、借主は新しい大家さんに家賃を支払って、その建物に住み続けることができるということです。

・また、その不動産（例：貸家・アパートなど）の譲渡人（旧オーナー）及び譲受人（新オーナー）が、貸主の地位を譲渡人（旧オーナー）に留保する旨及びその不動産を譲受人（新オーナー）が譲渡人（旧オーナー）に賃貸する旨の合意をしたときは、貸主の地位は、譲受人（新オーナー）に移転しません（民605-2②）。

　　つまり、新オーナーが旧オーナーにその建物を貸しているという形式をとり、建物の借主（入居者のこと）はそのままそこに住み続けるという訳です。この場合において、譲渡人と譲受人又はその承継人との間の賃貸借が終了したときは、譲渡人に留保されていた賃貸人たる地位は、譲受人又はその承継人に移転します。

 〈関連する注意事項はこちら！〉

・賃貸人たる地位の移転は、賃貸物である不動産について所有権の移転の登記をしなければ、賃借人に対抗することができません（民605-2③）。つまり、新オーナーは、**登記**を得ないと、「私が新しい大家です！」ということを入居者に主張できないということです。

 じゃあ、お家賃がもらえないんですね!?　それは一大事！

・賃貸人たる地位が譲受人又はその承継人に移転したときは、費用の償還に係る債務（必要費・有益費のこと。後述）及び敷金の返還に係る債務は、譲受人又はその承継人が承継します（民605-2④）。つまり、オーナーチェンジが適法に行われると、敷金などは新オーナーに引き継がれるということです。

・合意による不動産の賃貸人たる地位の移転——不動産の譲渡人が賃貸人で

あるときは、その賃貸人たる地位は、<u>賃借人の承諾を要しないで、譲渡人</u>と譲受人との合意により、譲受人に移転させることができます（民605-3）。

オーナーチェンジにあたり、入居者の承諾などは不要ということです。対抗力を備えた入居者は、オーナーチェンジがあっても居住し続けられますので、心配無用ということなのです。

4 賃貸人の修繕義務等

①貸主は、借主が快適に賃借物を使用できるようにする義務があります。故障などした場合は、修繕する義務があります（民606①）。借主が雨漏りなどの修繕費（必要費）を立て替えたら、直ちに貸主に請求できます（民608①）。

賃借人が支出した"有益費"は、価値が残っている限り、**契約終了時に貸主に請求できます**（民608②）。

②貸主が賃貸物の雨漏りの修理など**保存に必要な行為**をしようとするときは、借主は、これをイヤだといって**拒むことはできません**（民606②）。修理は賃借物の寿命を延ばすものだからです。

③一方、借主には、その賃借物を大切に使用する義務があります（**善管注意義務**[※] 民400）。

※<u>不動産その他の特定物の引渡し</u>についての善管注意義務の程度は、契約その他の債権の発生原因及び取引上の社会通念に照らして定まるものとされます。

5 賃借物の一部滅失等による賃料の減額等

賃借物の一部が<u>賃借人の責任によらないで</u>滅失などによって使用収益できなくなったときは、賃料は、その使用収益できなくなった部分の割合に応じて減額されます（民611①）。そして、残存する部分だけでは使い物にならないなど、賃借人が賃借をした目的を達成することができないときは、賃借人は、契約を解除できます（民611②）。

じゃあ、建物が半分滅失したら賃料も自動的に半分になるってわけなんだね。

6 賃借権の譲渡及び転貸の制限

賃借人は、賃貸人の承諾がなければ、その賃借権を譲り渡し、又は賃借物を転

貸することができません（民612①）。そして賃借人が承諾を得ずに第三者に賃借物を使用させたり収益させたときは、賃貸人は契約を解除することができます（民612②）。

 とはいっても！　賃貸借関係は信頼を基本とする契約なので、賃貸人に対する**背信行為と認められないような特別な事情**があれば、無断譲渡・転貸であっても例外的に解除権は発生しないとされています（判例）。

7 転貸の効果

賃借人Ｂがきちんと賃貸人Ａの承諾を受けて賃借物をＣに転貸したときは、ＣとＡとの間で直接賃貸借契約をしたわけではないのですが、転借人Ｃは賃貸人Ａに直接に債務 を履行する義務を負います（民613）。

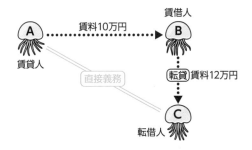

※この債務の範囲は、ＢがＡに対して負っている債務の範囲になります。事例の場合は、10万円ということになります。そしてこの場合には、転借人Ｃが賃貸人Ｂに賃料を前払いしていても、そのことを賃貸人Ａに対抗できません。つまり賃貸人Ａは、賃借人Ｂにも転借人Ｃにも、どちらにも賃料の請求ができます（民613①）。つまり、ＡがＢに賃料月10万円で家を貸していて、ＢがＣに同12万円で転貸していた場合、ＡはＢにもＣにも月10万円を限度に請求できるということです。

Ｑ **平28-8-2** ＡがＢに甲建物を月額10万円で賃貸し、ＢがＡの承諾を得て甲建物をＣに適法に月額15万円で転貸している。ＢがＡに対して甲建物の賃料を支払期日になっても支払わない場合、ＡはＣに対して、賃料10万円をＡに直接支払うよう請求することができる。

A 解説 Aは、BにもCにも、Bに対する賃料の限度で請求ができます（民613）。答〇

8 期間の定めがない賃貸借の解約の申入れ

 当事者が賃貸借の期間を定めなかったときは、いつ解約の申入れができて、また契約はすぐ終了するものでしょうか？

 各当事者は、いつでも解約の申入れをすることができます。そして、解約の申入れの日から、それぞれ次の期間を経過することによって終了します（民617①）。

①土地の賃貸借…………1年
②建物の賃貸借………3か月

9 敷金の返還

 アパートやマンションなどの部屋を借りるとき、借主が貸主に敷金を交付することがあります。この敷金は、<u>賃貸借契約が終了し、部屋を明け渡した後</u>に、借主が貸主に返還を請求できます[※]。

※賃借物の明渡しと敷金返還は同時履行の関係ではなくて、**明渡しが先履行**となります。

 ここで、重要なポイントを二つ！

・貸家等が適法に譲渡されて賃貸人が変更した場合、敷金は旧賃貸人に対する債務を差し引いた残額が新賃貸人に当然に承継されます（民622-2①二）。
・これに対し、賃借人が賃借権の譲渡をした場合は、敷金返還請求権は新賃借人には承継されません。

2-12-3 使用貸借
1 使用貸借とは（民593）

使用貸借は、**無料の貸借**のことです。賃貸借が"貸す・借りる"という約束だ

けで成立する「諾成契約」であるのと同じく、使用貸借も口約束だけでも成立する「諾成契約」です。

親戚に無料で家を貸すとか、賃貸借以上に信頼関係が重視されます。あまり一般的な契約ではないので、借地借家法での特則はありません（適用なし）。

2 借主による使用・収益権

①借主は、契約又はその目的物の性質によって定まった用法に従い、その借用物の使用・収益をしなければなりません（民594①）。

②借主は、他の人に借用物の使用・収益をさせるには、貸主の承諾を得なければなりません（民594②）。

③借主がこれらの規定に違反した使用・収益をしたときは、貸主は、契約の解除ができます（民594③）。

3 使用貸借契約の終了

①使用貸借契約は、**契約に定めた期間が満了**すると、終了します（民597①）。

②そして当事者が契約期間を定めなかったときは、**契約に定めた目的に従い使用・収益を終える**と、使用貸借契約は終了します。

ただし、その使用・収益を終わる前であっても、使用・収益をするのに十分な期間を経過したときは、貸主は、いつでも使用貸借契約の解除をすることができます（民598①）。

③当事者が契約期間並びに使用・収益の**目的を定めなかった**ときは、貸主は、いつでも契約の解除をすることができます（民598②）。

4 使用貸借権は相続されない

使用貸借は、**借主が死亡**すると終了です。使用貸借権は相続されません※（民597③）。

※賃貸借による賃借権は一般財産として相続されます（民896）。

賃貸借・使用貸借の主な異同

	使用貸借	賃貸借
賃料等	無料、諾成契約（民593）	有料、諾成契約（民601）
使用・収益方法	借主は、借用物を正しい用法で使用しなければならない（民594①）	同左（民616）
転貸	転貸に貸主の承諾が必要（民594②）	譲渡・転貸に賃貸人の承諾が必要（民612①）
譲渡	規定なし	
借用物の返還時期	契約に定めた時期（民597①）	同左（民622）
返還時期を定めなかったとき	原則、使用及び収益を終わった時（民597②）	いつでも解約の申入れができる（民617）
返還時の権利義務	借用物の原状回復義務と、附属させた物の収去（民599）	同左（民622）
借主死亡の場合	契約は終了（民597③）	借主の相続人に相続される（民896）

2-13 借地借家法［宅地・建物専用の賃貸借等］

宅建業の業務として不動産賃貸の仲介は大きなウェイトを占めています。民法の賃貸借の規定を土台にして、特別法である借地借家法の規定をしっかり押さえましょう！

2-13-1 民法と借地借家法との関係（特別法と一般法）

　建物を借りたり、建物を建てるために土地を借りたり、地上権を設定すると、まずは民法の特別法である借地借家法が、一般法である民法より優先して適用されます。これを「特別法は一般法に優先する」といいます。

では、借地借家法にない規定はどうなるの？

そのときは、民法の規定が適用されます。

　たとえば……借家契約について、契約期間や更新については借地借家法に特別の規定があるので借地借家法の規定に従います。ですが、借家の修繕やその費用の償還の規定は、特に借地借家法にはありません。そこで、ようやく原則である民法の出番になります。

建物の所有を目的とする
① 地上権及び土地の賃借権の存続期間、効力等　②建物の賃貸借の契約の更新、効力等 ……これ以外▶ 民　法
借地借家法　（借1）

また、土地賃貸借契約でも、"**建物を建てるための土地の賃貸借**"であれば、借地借家法の出番となり、駐車場にする土地など、そうでない土地の賃貸借であれば、民法の規定による**賃貸借契約**になり、賃料が**無料であれば使用貸借**の規定が適用になります。

①建物を建てるための土地の賃貸借・地上権➡借地借家法
②①以外の賃貸借➡民法の賃貸借
③無料の貸借➡民法の使用貸借

2-13-2 借地

1 借地権には"地上権"と"土地賃借権"がある

　他人の土地の上に自分の建物を建てて使用するためには、①土地に地上権を設定するか、②土地の所有者と土地の賃貸借契約を結ぶ必要があります。

　"建物を所有するため"に土地に地上権又は土地賃借権を設定すると、借地借家法が適用され、"借地権"が発生します（借2一）。

地上権と土地賃借権

 地上権と賃借権は、前に勉強したね〜。

 地上権は**物権**、賃借権は**債権**です。覚えていますか？

2 借地権の存続期間

 では、何年借りられるのでしょうか？

 建物を建てるのですから、それなりの期間は必要ですね♪　**借地権の存続期間**は、最初に設定するときは30年**以上**とします。30年未満の存続期間を定めても**30年になります**。また、30年を超える期間（40年、50年など）を設定した場合は、その**定めた期間が存続期間**になります（借3）。

3 存続期間の更新

 存続期間が満了すると**更新**することができます。借地権の期間の更新については、その更新の際に、借地上に建物が存在することが必要です（借5）。更新後の存続期間は1回目の更新では**20年**以上、2回目

以降の更新では **10 年以上** とします（借 4）。

4 借地権の更新のパターン

借地権の**更新のパターン**には二つあります。

① 合意更新──借地権設定者（賃貸人・地主）と借地権者（賃借人）が双方更新することについて合意（賛成）している場合は、問題なく更新されます（借5①）。

② 法定更新──また、存続期間が満了しているにもかかわらず、借地権者が借地上に a. 建物を有し→ b. 使用を継続している場合に→ c. 借地権設定者が遅滞なく異議を申し立てない場合は→存続期間を除き今までと同一条件で自動的に更新されます（借5②）。

 法令用語

【借地権者】土地を借りている者。借地権を有する者。

【借地権設定者】借地権者に借地権を設定している者。地主さん。

5 建物の再築による借地期間の延長（借 7 ①）

　借地権の存続期間が満了する前に建物の滅失や借地権者などによる取壊しがあった場合に、借地権者が "残存期間を超えて存続するような建物を再築した" ときは、その建物を再築するについて借地権設定者の**承諾**がある場合に限り、借地権は、承諾があった日又は建物が再築された日のいずれか早い日から **20 年間**存続します。

※承諾は、事後承諾でもいいんだって！

ただし、残存期間がこれより長いときや当事者がこれより長い期間を定めたときは、その期間になります。

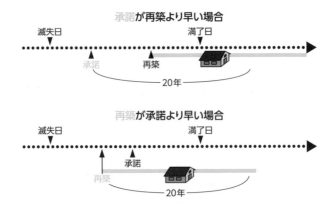

承諾が再築より早い場合

滅失日　　　　　　　　　　　　満了日

承諾　　　再築

20年

再築が承諾より早い場合

滅失日　　　　　　　　　　　　満了日

承諾

再築

20年

6 借地権の第三者対抗力

①借地上の建物の登記

　民法の賃借権のところで、借地権を第三者に対抗する方法に借地権の登記があるけれど、実際には難しいとお話しました。では、どうするかというと、"**借地上の建物を登記する**" ことでも第三者対抗力を認めてくれます（借 10 ①）。これなら自分の建物なので、賃貸人に気兼ねなく登記できます。

 ここで、重要なポイントを二つ！

・この借地上の建物は、<u>借地人本人名義の登記</u>でなくてはいけません。借地人の長男や奥様の名義で登記をしても、対抗力は備わりません。
・借地上の建物登記は、「権利の登記」でも、「表示の登記」でも OK ！

②登記した建物が滅失してしまったら？

 でも、その登記した建物が火事で焼失したら、対抗力はなくなってしまうの？

 大丈夫！　建物の滅失があっても、借地権者が、その建物を特定する事項やその滅失日、建物を新たに築造する旨を土地の上の見やすい場所に**掲示**することで、借地権の第三者対抗力になります。

　ただし、立て札等の掲示の効力は**建物の滅失の日から 2 年**です。ですので、その前に新たに建物を築造し、かつその建物を登記しなければなりません（借

10②)。

7 建物買取請求権（借13①）

　民法の規定では、賃貸借期間が満了すると、賃借人は原状回復をしなければならず、借地上の建物は取り壊さなければなりません（民545）。更地にして返すのが決まりでした。

　でも、まだ使える建物などは、何だかもったいないね。

　そこで、借地権の存続期間が満了したけれど、契約の更新がされないときは、借主は貸主に、**建物や門・塀**などの借主が土地に附属させた物を時価で買い取るよう請求できます。

※地代等の不払いなど、**債務不履行により契約が解除された場合**には、買取請求できません。

8 土地の賃借権の譲渡・転貸の許可（借19①）

　借地上の自己所有建物を売却することは、借地権の譲渡にあたります。確かに建物は自分の物なので譲渡することは構いませんが、建物を所有するには、その土地を使う権利がどうしても必要ですから、借地権とセットで動かさなければならず、土地賃借権の譲渡について地主の**承諾**が必要になります。

　でも、地主さんが必ずしも承諾してくれるとは限りませんよね〜。

　そこで、地主の承諾が得られない場合、裁判所に許可をもらうという方法があります（代諾許可）。この申立ては、借地権者のほかに競売・公売で建物を取得した第三者もできます。

9 定期借地権

　土地を貸したいケド、一定期間後には確実に戻してほしいというときに、何かいい手はないでしょうか……。

そこで、契約の更新がない、「**定期借地権**」の出番です。

　一定以上の存続期間を設定する必要がありますが、それにより①契約の更新や建物の築造による存続期間の延長（借7）がなく、②買取りの請求（借13）をしないこと＝契約の更新がない借地権とする特約を定めることができます（借22・23）。

　これには、一般の「定期借地権」（借22）、事業用建物所有目的の「事業用定期借地権」（借23）、期間満了時に借地上の建物を地主が買い取るという特約付きの「建物譲渡特約付借地権」（借24）があります。

　一般の定期借地権と事業用定期借地権は、**書面**にて契約しなければなりません。これに対し「建物譲渡特約付借地権」は必ずしも書面で定める必要はありません。

それでは、このうち出題の多い「定期借地権」と「事業用定期借地権」を中心にお話しします♪

①定期借地権（借22）

　存続期間を**50年以上**とします。この特約は、"公正証書等の**書面**"によってしなければなりません。

②事業用定期借地権等

　専ら事業の用に供する建物の所有を目的とし、かつ、存続期間を30年以上50年未満として借地権を設定します（借23①）。また、専ら事業の用に供する建物の所有を目的とし、かつ、存続期間を10年以上30年未満として借地権を設定すれば、借地権の存続期間延長や更新関係（借3～8）、建物買取請求権（借13）などの規定は、もともと適用されません（借23②）。そしてこれら二つの事業用定期借地権の設定を目的とする契約は、必ず**公正証書**によってしなければなりません（借23③）。

つまり、事業用定期借地権の存続期間は、まとめると"10年以上50年未満"ってことね！　そして事業用だけに、居住用建物には使えません!!

定期借地権の比較

	（一般の）定期借地権	事業用定期借地権	建物譲渡特約付借地権
書面化	公正証書等の書面	公正証書のみ	書面で定めなくとも可
存続期間	50年以上	30年以上50年未満 10年以上30年未満	30年以上

10 一時使用目的の借地権（借25）

臨時設備の設置その他一時使用のために借地権を設定したことが明らかな場合には、借地権の存続期間や更新関係（借3〜8）、建物買取請求権（借13）、定期借地権（借22〜24）、その他一定の規定は、適用しません。

全面的な適用除外じゃないんだね。

2-13-3 借家

1 借家権とは

借家権は、事業用・居住用を問わず、**建物を賃借した場合**に適用となります。ですが、**使用貸借**（無料）した場合や、選挙事務所など明らかに**一時的な使用の目的**で賃借したような場合は、借地借家法は適用になりません（借40）。

2 建物賃貸借の期間

　期間を1年未満とする建物の賃貸借は、**期間の定めがない建物の賃貸借**とみなされます（借29①）。そして、民法上、賃貸借契約の上限期間は50年ですが（民604①）、借地借家法ではこの規定ははずされています（借29②）。

ここで、重要なポイントを二つ！

- 解約の申入れ ——通常の建物賃貸借の存続期間を1年未満で定めた場合は、期間の定めがない建物賃貸借とみなされて（借29①）、賃貸人・賃借人どちらからでも、いつでもこの賃貸借契約の解除を申し入れることができます（民617①）。
- 契約解除の申入れの効力 ——契約解除の申入れの効力は、申入れ時より**3か月経過後、貸主から申し込んだ場合は6か月経過後**に生じます（民617①二・借27①）。

3 建物賃貸借契約の更新等

建物賃貸借契約の**更新**については、いくつかのパターンがあります。

①合意による更新等

賃借人と賃貸人の**合意による更新**もその一つです。この場合は、問題なく更新されます。また、期間の定めがある建物の賃貸借について、当事者が期間の満了の**1年前から6か月前までの間**に相手方に対して更新をしない旨の通知をしなかったときは、**従前の契約と同一条件で契約を更新したもの**とみなします。
※ただし、その期間は、定めがないものとされます（借26①）。

②建物の継続使用による更新

①は、契約期間満了前のお話ですが、当事者が①の通知をしたのに賃借人が契約期間満了後も建物の使用を継続しており、これに対して賃貸人が**遅滞なく異議を申し出なかった場合**は、建物賃貸借契約は①と同じように<u>更新されたことになります</u>（借26②）。

4 借家権の譲渡・転貸

借家権の譲渡・転貸については、借地借家法では定められていません。そこで、民法の規定が適用されます。つまり**賃貸人の承諾が必要**とされます（民612①）。そして承諾を受けずに譲渡・転貸した場合は、賃貸人は**契約を解除**することができます（民612②）。

ここで、重要なポイントを二つ！

・借家権の譲渡・転貸には、借地権の場合（借19①）とは異なり、裁判所による代諾許可の制度はありません。
・建物の無断転貸は、契約解除事由です（民612②）。ですが、①転貸借が、賃貸人と賃借人双方の**信頼関係を破壊する程度のものでない場合**は、賃貸人は**契約解除できません**。②また、転貸された転借人がその建物をまだ使っていないときも、賃貸人は契約の解除ができないとされています（民612・判例）。

5 借家権の対抗要件（借31）

　借りている建物が売却された場合、新しい家主に借家権を対抗できるよう借主に第三者対抗力が認められています。その対抗力を備える方法としては、①**賃借権の登記を行う**か、又は②**建物の引渡しを受ける**ことが必要とされています。

　借地権と同様に賃借権の登記を行うことは、賃貸人の協力が必要であり、賃借人にとっては実際困難なので、建物の引渡しで足りるとしています。

　ここで、重要なポイントを二つ！

・借地権 の場合は、**借地上の建物の登記でも対抗力発生！**
・借家権 の場合は、**建物の引渡しでも対抗力発生！**

6 敷金返還請求権と建物の返却

　契約期間の満了によって建物賃貸借契約が解除されましたが、借主は貸主に対して、「**敷金が返ってこなければ、建物も返さない！**」と言いはっています。う〜ん、これはどうなるの？

　建物の返還が先！　借主の権利である"敷金返還請求権"は、賃借物である建物を返して初めて発生する権利です。この請求権は建物引渡し義務と同時履行の関係にはありません。

7 更新拒絶には正当事由が必要（借6・28）

　借地権の更新でも借家権の更新でも同じですが、賃貸人が更新を拒絶するため異議を申し出るには、"正当事由"が必要です。この正当事由は、土地・建物の賃貸人・賃借人（転借人を含む）双方の**土地・建物の使用を必要とする事情**のほか、従前の経過、利用状況、立退き料などが考慮

されて総合的に判断されます[※]。

※ケースバイケースということなんだね〜。

2-13-4 定期建物賃貸借

1 契約の更新がない建物賃貸借

借地権に定期借地権があるように、建物にも更新のない「**定期建物賃貸借**」があります。定期建物賃貸借を締結するにはどうするのかというと、期間の定めがある建物の賃貸借をする際に、契約の"更新がないこと"とする旨を公正証書による**等書面によって契約**をします。（借38①）。必ずしも公正証書でなくてもよい点に注意が必要です。

2 建物の賃貸人の説明義務

この、契約の更新がない建物の賃貸借をしようとするときは、建物の賃貸人は、**あらかじめ**[※]、建物の賃借人に対し、「この建物の賃貸借は①契約の更新がなく、②期間の満了により建物の賃貸借は終了する」ことを**書面を交付して説明**しなければなりません（借38②）。そして賃貸人がこの説明をしないと、"契約の更新がないこと"とする旨の定めが**無効**となり、一般の借家契約となってしまいますから、注意してください（借38③）。

契約全部が無効になるってわけじゃあないんだね。

ここで、重要なポイントを二つ！

- ※「あらかじめ」、書面を交付して説明して説明しておくわけですので、"説明書面"と"定期建物賃貸借契約書"は、別個独立した書面でないといけません。
- ここでいう"定期建物賃貸借契約である旨の説明"は、**賃貸人のするべき**ものです。宅建業者の行なうべきものではありません（重要事項説明との区別に注意しましょう！）。

3 定期建物賃貸借の終了通知

定期建物賃貸借を終了するには、ただ黙って期間が満了するのを待っていてもダメです。**期間が1年以上の契約である場合**には、建物の賃貸人は、期間満了

の1年前から6か月前までの間（以下「通知期間」といいます）に、建物の賃借人に対し「期間の満了により建物の賃貸借が終了する旨の**通知**」をしなければ、その終了を建物の賃借人に対抗できません。

建物の賃貸人が上記の通知期間の経過後に、建物の賃借人に対してこの通知をした場合には、その**通知の日から6か月を経過した後**に、有効に**終了**します（借38④）。

4 定期建物賃貸借の中途解約と特例

定期建物賃貸借契約は、<u>本来は中途解約不可</u>ですが、人それぞれに都合というものがあり、解約不可を押し通すわけにもいかないこともあります。そこで特例を設けました。

①まず**床面積 200m² 未満の建物**に限られます。
②居住用の定期建物賃貸借において、
③転勤、療養、親族の介護その他の**やむを得ない事情**により、
④建物の**賃借人**が建物を自分の生活の本拠として使用することが**困難**となったときに、建物の**賃借人**から、建物の賃貸借の**解約の申入れをすることができます。**

そして建物の賃貸借は、解約申入れの日から**1か月を経過することによって終了**します（借38⑤）。

賃貸人からの中途解約はダメ！

宅建トピックス　これからの法改正!!〜「電子契約」のススメ!?──定期借家契約など、その成立要件として書面をもって行わなければならない契約がありますが、こちらも世の中のデジタル化の流れに倣い、電磁的方法による契約成立の仕組みを実現すべく法整備が進められている状況です。

請負契約って、大工さんのお仕事に関係がありますか？

そうね、工務店が注文者から頼まれて家を建てたり増改築をする契約などが、請負契約です。また、委任契約は宅建業でいう仲介業（媒介契約）の基本ルールです。

2-14-1 請負契約（民632〜642）

請負は、請負人がある仕事を完成させることを約束し、注文者がその仕事に対し報酬を支払うことを約束することで、成立する**諾成契約**です（民632）。

たとえば、住宅の建築を注文すると、請負人には住宅の**完成**を目的とし、仕事をやり遂げる義務が、一方注文者にはそれに対し**報酬**を支払う義務が発生します。

1 報酬の支払い時期（民633）

報酬の支払いの時期についてですが、目的物の引渡しを要する請負契約である場合は、報酬は原則として仕事の目的物の引き渡しの際に支払う事とされています。つまり、請け負った住宅が完成した時点で、請負人は注文主に対して報酬を請求することができます。その意味で、特約がない限り"後払い"となっています（民624①）。

そして、報酬の支払いと目的物の引渡しについては「同時履行の関係」とされています。特約がない限り、住宅の引渡しと報酬の支払いは、同時とされているのです。

2 請負契約とその報酬（民634）

請負契約では、成功報酬を請求することになりますので、原則としてその仕事がきちんと仕上がりませんと、報酬を請求することはできません。ですが、「注文者の責めに帰することができない事由によって、その仕事を完成することができなくなったとき」や「請負契約が仕事の完成する前に解除されたとき」は、請負人が既に行った仕事の成果のうちで注文者が利益

を受けているという部分については、既往の仕事の成果に応じて請負人は注文者に<u>報酬を請求することができます</u>。

3 請負人の契約不適合責任（請負人の担保責任）とその制限

 請負人には、「注文通りに仕事を完成させる責任」があります。

　その請負契約に基づく仕事について、請負人が仕事の種類や品質に関して契約内容にそぐわない（**契約した内容に適合しない**）目的物を引き渡したという場合には、注文者は、その仕事の目的物について、「履行の追完の請求（修補請求）」「報酬の減額の請求」「損害賠償請求」「契約の解除」をすることができます（民559、562〜564、415）。

 売買契約のときの売主の責任と、共通しているんだね！

 たとえば……「誕生日に特製のケーキを作って下さい。大きなイチゴの乗っかった、生クリームのケーキがいいな」という注文で、ケーキを作ってもらえるようにケーキ屋さんに注文したとしまして、いざ完成したのがチョコレートケーキだったらどうでしょうか。注文したのは生クリームのイチゴのケーキですから、頼んだ内容（契約した内容）にそぐわないですね。このような場合は、注文者はケーキ屋さん（請負人）に対して、「作り直してチョーダイ（ 履行の追完請求 ）」「値段を負けてチョーダイ（ 報酬の減額請求 ）」「誕生パーティーが台無しよ（ 損害賠償請求 ）」「もうケーキ要らないわ（ 契約の解除 ）」って言えますよ、という理屈です。ただし、注文した側が用意した材料でその指図どおりに作ったら、チョコレートケーキになっちゃったの、という場合は、これらの権利の請求・契約の解除はできません（民636）。

 じゃあ、注文者は余計な口出しはしない方が無難かも……

 でも、請負人のほうで、「注文者から材料をもらってあるんだけど、これでケーキを作ったら、チョコレートケーキができちゃうんだよね〜」ということが分かっていたのにそのことを教えてあげなかったという場合には、上記の担保責任を免れません（民636但書）。

237

4 同時履行の抗弁（民533）

前述のとおり、注文した建物などの請負契約の目的物に**契約内容に適合しない欠陥等**があった場合は、請負人は**担保責任（契約不適合責任）**を負っているので、注文者は、その欠陥の修補、それに代わる損害賠償、又はその両方の請求等をすることができます（民559、562〜564）。そして、請負人によるこれらの補修や損害賠償が行われるまでは、注文者は報酬を支払わないことができます（民533）。

A **解説** 請負人からその欠陥の修補に代わる損害の賠償を受けていなければ、報酬全額の支払いを拒んでも、違法にはなりません（民533）。 答×

5 担保責任を負わない旨の特約（民559、572）

請負人が前述の担保責任を負わない旨の**特約は有効**です。ですが、"知りながら告げなかった事実"については、その責任を免れることができません。

6 請負人の担保責任の期間の制限（民637）

前記のように、請負契約について<u>契約内容に種類・品質の不適合がある</u>場合で、注文者が請負人に対してその担保責任を追及できるというときは、注文者はその**不適合を知った時から1年以内**にそのことを請負人に**通知**しませんと、「履行の追完の請求」「報酬の減額の請求」「損害賠償請求」「契約の解除」をすることができなくなります。

ただし、その仕事の目的物を引き渡す際に、請負人が不適合があることを知っていたり、重大な過失で知らなかったという場合は、通知のための期間は制限されません。

7 注文者からの請負契約の解除（民641）

請負人から契約の解除は原則できませんが、**注文者**からは、その**仕事の完成前**であれば、**損害を賠償して請負契約を解除**することができます。

2-14-2 委任契約（民643～656）

委任契約は、委任者が受任者に対して<u>法律行為</u>（契約行為など）を行うことを委任して、受任者がそれを受託することで成立します（民643）。

住宅の管理を委託したりするのも委任でしょうか？

管理行為等の<u>事務の委託</u>は、"<u>準委任</u>"といって、委任契約の規定が準用されていますよ（民656）。

1 受任者の報酬と善管注意義務

ここで、重要ポイントを三つ！

- 委任契約では、特約がなければ原則、受任者は無報酬で受任した行為を行います（民648①）。受任者は、たとえ無報酬であっても、受任した行為を「**善管注意義務**」をもって行わなくてはなりません（民644）。
- 報酬を受ける特約がある場合でも、支払いは原則、**事務処理後の後払い**です（民648②）。
- 報酬を受ける特約がある場合の受任者は、①委任者の責めに帰することのできない事由で委任事務の履行ができなくなったときや、②委任が履行の中途で終了したときは、**既にした履行の割合**で、報酬を請求できます。

2 費用の前払請求

受任者は、受託業務に際して、費用がかかるときは、委任者から**費用の前払い**を受けることができます（民649）。

3 委任の解除

委任契約は、委任者・受任者双方から、**いつでも解除**することができます（民651①）。もっとも、①相手方の不利な時期に委任を解除したときや、②委任者が受任者の利益（もっぱら報酬を得ることによるものを除きます）をも目的とする委任を解除したときは、解除する側は、この解

除により発生した相手の損害を賠償することになります。ですが、このために解除できないということはありませんし、やむを得ない事由があった場合は解除につき損害賠償の必要もありません（民651②）。

4 委任の終了

下記の事由によって、委任契約は終了します（民653）。

・**委任者**の死亡、破産手続開始の決定があった場合
・**受任者**の死亡、破産手続開始の決定、後見開始の審判があった場合

そうすると、委任者に後見開始の審判があっても、委任契約は終了しないんだね！

2-14-3 事務管理（民697～702）

委任では他人の依頼を受けてその事務を処理しますが、他人の**依頼が無くても**他人のために事務の管理を始める場合があります。それが「事務管理」です。

特に義務もないのに他人のために事務の管理を始めた者（**管理者**）は、その事務の性質に従い、最も本人の利益に適合する方法によって、その事務の管理（**事務管理**）をしなければなりません（民697）。

なんだか不思議な話だねえ……どんな場合に？

たとえば……Aの隣に住むBが旅行中に、台風で窓ガラスが割れて雨が室内に吹きこんでいます。見つけたAは、Bが留守なので修理をしてあげることにしました。さて、この場合のAとBの関係ですが、下記の①～④のようになりますよ。

①管理者となったAは、事務管理を始めたことを遅滞なくBに**通知**しなければなりません（民699）。
②Aは、Bのために支出した費用（窓ガラス代）をBに**償還請求**できます（民702）。

③Aの事務管理については、原則として**無報酬**です。親切で始めたことですからね♪

④事務管理では<u>委任の規定の一部が準用</u>され（民701）、**報告義務**もこれに含まれます（民645）。

Q **平30-5-3** Aは、隣人Bの留守中に台風が接近して、屋根の一部が壊れていたB宅に甚大な被害が生じる差し迫ったおそれがあったため、Bからの依頼なくB宅の屋根を修理した。Aは、B宅の屋根を善良な管理者の注意をもって修理しなければならない。

A **解説** 急迫の被害を避けるために行なった緊急の事務管理については、悪意又は重大な過失がなければ損害賠償義務を負いません（民698）。よって注意義務は軽減されます。答×

2-15　不法行為

この項目のテーマ

お客様を自動車でご案内中に、交通事故を起こしてしまった……（汗）

まあ怪我は大丈夫？　故意（わざと）又は過失（うっかり）により、他人に損害を与えた者は、損害賠償をする責任（不法行為責任）を負います。契約によることなしに、当事者に権利義務が発生することになるのです。

　従業員が会社の仕事で車を運転していて、人をはねてしまったとします。この場合、従業員が責任を負うのか、それとも会社かという問題が生じます。

　また会社が所有する賃貸物件の屋根瓦が風で吹き飛ばされ、通行人に当たって大けがをさせてしまったら、この場合に責任を負うのは、会社？　それとも賃貸物件に住んでいる人？　順番に、見ていきましょう。

2-15-1 不法行為とは

故意にしても過失にしても、とにかく"違法"な行為をして相手方に損害を与えた者は、**損害賠償**の責任を負います（民709）。

2-15-2 出題の二つのポイント

　「不法行為」で特に重要な出題のポイントは、「**使用者責任**」と「**土地工作物責任**」の二つです。

1 使用者責任

たとえば……宅建業者甲社の従業者Aが、業務中、違法に第三者Bに損害を与えてしまいました。この場合、従業者Aだけでなく、Aの**使用者**である宅建業者甲社についても、Bに対する**損害賠償責任**が生じます（民715①）。

効果として、使用者である甲社は損害賠償責任を負います。A自身も自ら違法行為をしているので、不法行為責任（民709）を負います。甲社とAが連帯して責任を負うので、被害者であるBにとっては、損害賠償を甲社に請求してもよいし、Aに請求することもできます。また両者に請求することもできます。

　ここで、事例をもとに、重要ポイントを二つ！

・使用者である甲社が被用者Aの選任及びその事業の監督について相当の注意をしたとき、又は相当の注意をしても損害が生じてしまったことを証明できたときは、甲社は責任を免れ、Aだけが不法行為責任を負います（民715①但）。
・使用者である甲社がBに対して損害賠償をした場合は、甲社はAに求償（弁償して！　ということ）をすることができます（民715③）。

Q 平18-11-1 従業者Bの不法行為が事業者Aの事業の執行につき行われたものであり、Aに使用者としての損害賠償責任が発生する場合、Bには被害者に対する不法行為に基づく損害賠償責任は発生しない。

A 解説　被用者の不法行為によって使用者が損害賠償責任を負う場合でも、被用者は免責されません（民715）。答 ×

2 土地工作物責任（民717①）

　たとえば……家主Aの貸家にBが居住しています。ある日その貸家の屋根瓦が一部落下し、通行人のCに怪我をさせました。さてこの場合、責任を負うのは誰でしょう？

　こうなります！

　第1に、居住者（占有者）のBが、Cに対して不法行為責任を負い、損害賠償義務を負います。

243

第2ですが、Bが相当の注意をしていた場合（Bに過失がない場合）、例えばBが自分ではとても直せない屋根瓦の傷を見つけたので、すぐに家主のAに、「屋根が傷んで瓦が落ちそう！　早く修理して！」と言っていたのに、Aが放っていたので事故が起きたときなどは、Bは責任を免れ、所有者AがCに対して損害賠償義務を負います。

　第3、「Aだって相当の注意をしていた」という場合はどうでしょう。その場合でも、最終的に所有者であるAがCに対して損害賠償義務を負います。土地工作物責任の所有者の責任は、"無過失責任"だからです。そうしないと、被害者のCは最終的に苦情の持って行く先がなくなってしまうからです。

3 損害賠償請求権の時効による消滅は

　不法行為により、被害者には損害賠償請求権が発生します。これは契約で発生する債権ではないのですが、消滅時効にはかかります。

 消滅時効にかかるのは、下記の場合です。

・被害者又はその法定代理人が、損害及び加害者を知った時から３年間（<u>人の生命又は身体を害する不法行為</u>については知った時から５年間）その損害賠償請求権を行使しないとき
・その不法行為があった時から20年間損害賠償請求権を行使しないとき

2-16 相続

人が亡くなると相続が発生するそうですが、どんなものなのかな？

亡くなった方（被相続人）の財産を、一定の範囲の人（相続人）が引き継ぐことを言います。宅建試験では、「誰が相続するの？」「いくらもらえるの？」という点が出題の重要事項になっています。法定相続分の割合や、遺言や遺留分というものについて、理解しておくことが大切です。

2-16-1 相続人──誰が相続するの？

　人が死亡すると、相続が発生します（民882）。つまり、死亡した人（被相続人）の所有していた財産を、相続人という一定の範囲の人に配分します。

法令用語

【被相続人】相続される人、つまり亡くなられた方。

【相続人】被相続人の遺産を相続する人。

1 相続する人（民887・889・890）

　「一定の範囲の者」とは、死亡した人の配偶者と血族です。おおざっぱにいうと、死亡した人の配偶者（夫、妻）、子供、あるいは父母、兄弟などです（次図参照）。

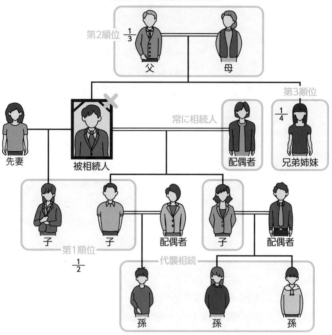

相続人と相続順位、相続分

□□□ 内が相続の対象になる人です。相続対象者が一度に全員相続人になるわけではありません。血族の中では相続する順位があります。

2 相続する順位

配偶者は、被相続人と婚姻していたということで、常に相続人になります（民890）。

①第1順位

血族人の相続の第1順位は、子供（直系卑属）です（民887①）。

では、子供が相続開始時に既に死亡していたり、相続欠格や廃除（後述）で相続できないときは、どうなるの？

その子供の子（被相続人の孫）が、孫もいなければそのまたひ孫が第1順位の相続人となります。これを「代襲相続」といいます（民887②③）。

たとえば、A（父）－B（子）－C（孫）といるとすると、A（父）より先にB（子）

が死亡した場合、C（孫）がB（子）に代わって相続人となります。

　AがBよりも先に死亡しており、相続開始後にBが死亡した場合は、新たにBとCの間で相続が発生しますので、これは代襲相続とは異なります。

②第2順位

　血族人の相続の第2順位は、被相続人の父母（直系尊属）です。被相続人に第1順位者がいなかった場合に相続人となります（民889①一）。そして第1順位者と同じく、父母がいなければ祖父母が、祖父母がいなければ曾祖父母が第2順位の相続人となります。

 法令用語

【直系卑属】子、孫、ひ孫……のように自分から下の世代にある人達のうち、直系の関係にある者のこと。

【直系尊属】父母・祖父母・曾祖父母……のように自分から上の世代にある人達のうち、直系の関係にある者のこと。

③第3順位

　血族人の相続の第3順位は、兄弟姉妹です。第2順位者もいなかった場合に相続人となります（民889①二）。そして第1順位者と同じく、兄弟姉妹が既に亡くなっていればその子供が代襲して相続人となります。ですが、兄弟姉妹の場合はそこまで！　孫、ひ孫……とは繰り返されません（民889②）。

 兄弟姉妹の代襲は1回だけ！おい・めいまで!!

 なぜ被相続人の子供の方が、父母よりも優先されるのかな？

 イメージとして、未来のある子供の方を優先していると考えてください。

2-16-2 相続分──どのくらいもらえるの？

 相続人が決まると、次に「総財産のうち、誰がどのくらいもらえるの？」という問題が出てきます。

①配偶者だけのときは、配偶者が全部もらいます。

②配偶者と子供（直系卑属）がいる場合は、それぞれ2分の1ずつもらいます（民900一）。子供は全員で総財産の半分なので、1人なら2分の1、2人なら4分の1、3人なら6分の1となります（民900一・四）。

③配偶者と被相続人の父母（直系尊属）がいて、子供はいないときは、配偶者が総財産の3分の2、父母は3分の1となります（民900二）。

④配偶者と兄弟姉妹が相続人であるときは、配偶者の相続分は、4分の3とし、兄弟姉妹の相続分は、4分の1となります（民900三）。

2-16-3 相続人の欠格・廃除

1 相続人になれない人？

民法上相続人になっていても、相続人から外される場合が二つあります。

①相続人の 欠格 ——たとえば被相続人や相続の先順位者、同順位者を故意に殺害して、刑に処せられた者などです。当然に、相続をさせる必要はありません（民891）。

②相続人の 廃除 ——被相続人を生前に激しく虐待した者などは、被相続人の請求により、相続人から外すことができます（民892）。

2 相続欠格者・廃除者に子供がいたら？

相続欠格者・廃除者に子供がいる場合はどうなるの？

子供自体には罪はないので、親に代わってその相続分を**代襲相続**します（民887②③・889）。

2-16-4 相続の放棄

相続人であっても、家庭裁判所に申し出ることで、相続を**放棄**することもできます（民938）。

放棄すると"最初から相続人でなかった"ことになりますので、その者に子供がいても、代襲相続はアリマセン（民939）。

2-16-5 相続と登記の関係

ここで、重要ポイント！　**共同相続**　と登記――対抗するには登記が必要!!

・相続による権利の承継は、遺産の分割によるものかどうかにかかわらず、法定相続分を超える部分については、<u>登記や登録その他対抗要件</u>を備えなければ、第三者に対抗することができません（民899-2）。

※共同相続〜相続人が複数（2人以上）いること。相続財産を一旦共有後、遺言によって相続財産が分配されたり、遺産分割協議を行って分配がなされます。法定相続分（民900）によって、財産分けがなされることももちろんあります。

たとえば……Aが死亡して、子であるB・Cが相続人である場合に、Aの遺言でCが相続財産である甲土地を単独で相続したとします。
それなのに、Bが勝手に自分の単独所有の土地であるとして、事情を知らない第三者Dに甲土地を売却したとします。この場合、Cが甲土地の所有権をDに対抗するには、本来の法定相続分である1/2を超える部分の所有権を対抗するには、登記が必要となるのです。
Cが法定相続分を超えて甲土地を単独所有したことについては、その旨の登記をしておきませんと、Dは相続の事情については全く分かりませんね。そのため、CがDに対抗する要件として登記を必要とするものとされました。

何だか、「物権変動」のときの、二重譲渡の場合にも似たお話だね〜。

2-16-6 被相続人に相続人がいない場合など

被相続人に、全く相続人がいなかった場合はどうなるの？

その場合は、被相続人の財産は、国庫に納められて国の財産になります（民959）。ですが、その死亡した人に、血縁関係などはないけれど生活を共に営んでいた者や、被相続人の療養看護に務めた者等[※]がいた場合は、<u>その者の請求により</u>、その者の財産になることがあります。
※このような者を「**特別縁故者**」といいます（民958-3）。

2-16-7 遺言と遺留分

1 遺言とは

 残したい財産を、自分の好きなように配分することはできるの？

 全くそのための準備をしていなかったのなら、前記のように法定相続分によって分配されます。しかし、生前に遺言を作成しておくことで、任意に財産が配分でき、被相続人の意思を生かすことができます。遺言は、民法によって定められた方式により作成することを要します（民960）。遺言の方式には、「自筆証書遺言」、「公正証書遺言」、「秘密証書遺言」などがあります。「自筆証書遺言」は、遺言者が全文、日付、氏名を自書し、これに印を押さなければなりません（民968条）。

 2人以上の者が同一の証書でもってした共同遺言は無効です（民975条）。

 遺言は何歳からできるの？

 15歳以上であれば、未成年者であっても、自らの意思で遺言を行うことができます（民961）。

2 遺言の撤回・取消し

 遺言は、気が変われば、**いつでも撤回**することができます（民1022）。撤回の方法としては、「遺言書を破棄する」（民1024）、「内容的に抵触する新しい遺言書を作成する」（民1023）というものがあります。

 後の遺言を優先するんだね。

3 遺留分（民1042）

遺言によって任意に財産を分与することは可能ですが、無制限に行われては、相続人の権利が侵害されて、生活に困窮する人も出てくるでしょう。そこで、仮

に被相続人が遺言で赤の他人にすべての相続財産を譲り渡すとしても、相続人には一定の割合の取り分として「遺留分」が認められています。

 この遺留分は、相続人の中でも兄弟姉妹には認められていません。

①遺留分の割合

遺留分は、法定相続人の間については、その割合が次のように決められています（民 1042）。

- **直系尊属のみ**の場合……遺留分算定のための財産の価額の 1/3
- **その他**の場合……………遺留分算定のための財産の価額の 1/2

②遺留分の侵害額の請求

前述の割合を侵害していれば、たとえ全財産が寄付されたということでなくても、遺留分侵害額請求権を行使することができます。この他人にわたった相続財産から相続人が自分の取り分を取り戻すことを「遺留分侵害額請求」といい、相続人に対して「**遺留分侵害額請求権**」を与えて、公平を保っています（民 1046）。

 たとえば……夫が死亡し、妻だけが相続人の場合、妻の遺留分は 1/2 です。仮に夫が遺言で財産の 3/4 を寄付したとすると、妻は、自分の遺留分の 1/2 に食い込んだ部分である 1/4 を侵害額請求により<u>金銭で取り戻せる</u>というものです。

③遺留分の放棄

 相続前であっても家庭裁判所の許可を受ければ、**遺留分を放棄**することができます。また、相続後ではこの家庭裁判所の許可を受けなくても遺留分を放棄できます（民 1049 ①）。

 遺留分を放棄しても他の人の遺留分が増えるわけじゃないよ！（民 1049 ②）

遺留分侵害額請求権は、相続の開始及び侵害額請求するべき贈与又は遺贈を知った時から **1 年以内**に行使する必要があります。また相続開始の時から **10 年経過**すると、知らなくてもこの請求はできなくなります（民 1048）。

⑤遺留分を侵害する遺言も有効！

 遺留分を侵害する旨を定めた遺言も、当然には無効ではありません。侵害を受けた相続人が、遺留分侵害額請求権を行使しない場合もあるからです。

2-16-8 配偶者居住権

1 配偶者居住権の創設

 たとえば……旦那さんが亡くなって、その建物を息子が相続した場合に、亡くなった旦那さんの奥さんは、息子のお嫁さんに追い出されてしまうのかな !?

 いえいえ、「配偶者居住権」＆「配偶者短期居住権」の仕組みがあるので、「急に住むところがなくなっちゃうワ……」という心配はなくなりますよ（民 1028 条〜、1031、1037 〜）♪　重要なポイントを二つ！

・登記された「配偶者居住権」により、その居住建物が譲渡されても、居住権を対抗できます。
・第三者がその占有を侵した場合は、返還請求や妨害排除請求もできます。不動産賃貸借の規定（民 605、605-4）が準用されるのです。

2 配偶者居住権の要件（民 1028）

 配偶者居住権の要件は、次のとおりです。

・配偶者がその建物に居住していたこと。
・その建物を被相続人が他の者と共有していたものでないこと。
・遺産分割で配偶者居住権を取得することになったこと。又は、配偶者居住権が遺贈の目的とされたこと。

3「配偶者居住権」の存続期間（民 1030）

 原則として、**一生有効**です。

 ず〜っと、住んでていいんだね！　よかったね♪

4「配偶者短期居住権」の存続期間（民 1037）

 こちらは、原則として、「**6か月**」です。

 配偶者短期居住権のほうは、次の身の振り方が決まるまでの応急措置って感じだね。

> **Q** **令3-4-3** 被相続人 A の配偶者 B が、A 所有の建物に相続開始の時に居住していたため、遺産分割協議によって配偶者居住権を取得した。配偶者居住権の存続期間中に B が死亡した場合、B の相続人 C は B の有していた配偶者居住権を相続する。

A **解説**　配偶者居住権の存続期間は、その配偶者の生きている間のみで、その死亡によって終了します（民法 1030、1036）。答 ×

宅建トピックス　これからの法改正 !!〜相続したら登記しないとダメ⁉ ——不動産登記法での権利の登記は申請義務がなく任意で行われるというものですが、その例外的なものとして「相続登記の申請義務」の法制化が進められています。そのココロは？　相続を経ることによるいわゆる"所有者が不明な土地"の発生を抑える目的で、改正法整備が行われるもようです。

法令上の制限

例年8問程度の出題数になります。
目標点は、6点〜満点で！
がんばりましょう♪
メインとなる「都市計画法」「建築基準法」
は、街づくりと建築関連の法律です。
なるやま君も、イメージトレーニングで
街を散策してきては？

それ本当？！
行ってきま〜す!!

法令上の制限　学習上のプロローグ

この項目のテーマ

 次は、「法令上の制限」科目ということで……都市計画法・建築基準法とか、何か、この科目を征服するための**コツ**はないかな〜。

 それでは、"行政法"という語句から学習を開始してみましょう！

都市計画法・建築基準法は、その前提として「**行政法**」という法律グループの性質と役割について学んでおくと、理解が深まり、興味が持てます。「都市計画法・建築基準法は、行政法という法律グループの**仲間**なのね」というところから、見ていってみましょう！

 そして「法令上の制限」とは……**読んで字のごとし**、"やってはいけない制限規定"の集まりらしいよ！

「行政法」は、イメージとしては縦の関係・上下の関係

 さて、今まで学習してきた、「宅建業法」や「民法」等は、私人間の契約関係を主に規定する法律でした。契約でいえば、「契約の申込みとそれに対する承諾の合致」というものでした。

これから学習する「都市計画法」「建築基準法」等で定められた規制は、民法での契約などのいわばイメージとして横向きの"水平"な関係（対等な関係）での法律行為とは異なり、**許認可**（国等その他、お上の側に対して、開発許可や建築**確認**を申請するなど）関係の、イメージとしては縦の関係・上下の関係としてとらえると、分かりやすいかと思われます。

 ようするに、一般の人と、国や都道府県ほか行政側との関係ということ？

そうですね、民法や宅建業法では、契約の一方にハンディを付けること（制限行為能力者制度や、宅建業者が自ら売主として一般人を相手に取引をする場合など）はあっても、基本的には"対等の関係"にてする行為でした。でも、都市計画法や建築基準法で規制されるのは、「この区域は開発を進めてはダメ」「この地域にこのような用途の建築物を建ててはダメ」とか、「この規模の建築物を建てたければ建築確認を受けなさい」など、<u>私権を制限する規定が多々ある</u>ということになりますね。

" 行政法 " という名前の法律があるのかな？

「行政法」というのはナンデスカ？　そんな名前の法律があるのかな？？

実は、行政法という名称の法律は存在しません。講学上（学問上）、広く、一般市民に対して作用する国家作用その他の権力的作用を生じさせる<u>法規の総称</u>を言います。行政法とは、**公法**と呼ばれ、国や地方公共団体と一般私人の間の法律関係に適用されるものと考えてよいでしょう。そのため、法的に、特殊な公共性（公益を優先するなど）が見られます。その意味で、行政法の定義をするとすれば、実質的には「行政（国家の作用から、立法と司法を除いたもの）」を規律する法規、形式的には**「行政に関する国内公法」**ということになります。

なるほど〜行政法の成り立ちを理解して「法令上の制限」科目を学習すれば、「ペンギンにアイス、鬼に金棒」だね！

3-1 都市計画法

 飲食店を経営したいというお客様が、物件探しで海の家不動産にいらっしゃいました！　お薦めの物件をご案内したいけれど、何か注意点はあるかな？

 街中でも、用途地域の種類によっては建築できない建物の種類もあります。飲食店を出したいお客様に、飲食店が建てられない地域の物件を売っちゃったら、大ごとよ!!

3-1-1 都市計画法の基本的な仕組み

1 都市計画は、なぜ必要なの？

　都市部において街づくりを進めていくためには、一定のルールに従って計画的にこれを行っていくことが大切です。そこで、この「**都市計画法**」によって、"適正な街づくり"を行うのです。

 個人が所有している土地がここにあるとします。その土地の使い方は、本来は所有者の自由であるはずです。ですが公益性を考えて、**計画的に街づくり**を進めていかないと、個人の思惑ばかりが先行して、住宅地と工業地帯が混在したり、道路や公園などの施設が十分でない地域ができたりしてしまいます。そこで、都道府県等の行政主体が定める、具体的な**都市計画**が必要となってきます。

2 都市計画法の規制の対象になる土地とは？

①都市計画区域の指定（都計 5）

 都市計画を進めていくにあたっては、まず最初に<u>計画を実現する場所</u>を決めておく必要があります。この場所を「**都市計画区域**」といいます。都市計画区域とは、日本の国土の中で、特に計画的に秩序のある街づくりを行っていく必要のある区域として、指定される区域です。

 具体的には、「一体の都市として総合的に整備・開発し、保全する必要がある区域」です。必要があるときは、<u>市町村の区域外にわたって区域を指</u>

定することができます。つまりは、**行政区域にしばられない**、ということです（都計5①）。

②都市計画区域の指定権者（都計5①④）

 ところで誰が都市計画区域を指定するの？

 都市計画区域の指定は、原則として**都道府県**が行います。例外的に二つ以上の都府県の区域にわたって指定される場合は、**国土交通大臣**が指定します。

③準都市計画区域の指定（都計5-2①）

 都市計画区域ではないけれど、現にある程度都市化が進んでいる区域、又はこれから都市化が見込まれる区域で、将来の整備・開発・保全に支障のないように、あらかじめ開発に規制の網をかけておこうという区域で、都市計画区域外において、**都道府県**が指定します。

 準都市計画区域内においても、地域の実情に応じた土地利用規制が行われることとなります。

3 指定の手続は？

 都市計画区域の指定の手続きを教えて！

①都道府県は、関係市町村と都道府県都市計画審議会の**意見**をあらかじめ聴いて、さらに国土交通大臣と**協議**し、その**同意を得て指定**します（都計5③）。

②国土交通大臣の場合（二つ以上の都府県の区域にわたる指定）は、あらかじめ、<u>関係都府県</u>の<u>意見を聴いて指定</u>します。そして関係都府県が意見を述べようとするときは、あらかじめ<u>関係市町村及び都道府県都市計画審議会</u>の意見を聴かなければなりません。

③準都市計画区域の指定は、あらかじめ都道府県が<u>関係市町村</u>と<u>都道府県都市計画審議会</u>の意見を聴くだけで指定できます（都計 5-2 ②）。

 準都市計画区域って、都市計画区域と名前がよく似てるけど、都市計画区域だけじゃだめなの？

 都市計画区域での規制は、原則として都市計画区域外ではできません。そこで都市計画区域外において、現に相当数の建築物の建築や工作物の建設、敷地の造成が行われていたり、又は行われると見込まれる区域を含んでいて、そのまま必要な措置を講じないで放置していれば、<u>将来の整備、開発及び保全に支障が生じるおそれがある</u>と認められる一定の区域について、「**準都市計画区域**」として指定することができます（都計 5-2 ①）。都市計画区域外でも乱開発のおそれがある場合にそれを未然に防いで、将来の適正な整備、開発を保全できるようにするためのものなのです。

 都市計画区域外だけど、そのままほっとけない区域ってことなんだね。

3-1-2 都市計画の主な内容
1 都市計画区域におけるマスタープランの策定（都計 6-2）
①都市計画区域の整備、開発及び保全の方針＝マスタープランとは

 都市計画区域については、都市計画に、その都市計画区域の整備、開発及び保全の方針＝「マスタープラン」を定めることになっています（都計 6-2 ①）。

②マスタープランに定める内容は？

次のaは必ず定め、bcは定めるよう努めるものとしています（都計6-2②）。

〈aは<u>必ず</u>、bcは<u>努める</u>ように！〉

a.　市街化区域と市街化調整区域の線引き（区域区分）の決定の有無と、その区域区分を定める場合はその方針

b.　都市計画の目標

c.　土地利用、都市施設の整備及び市街地開発事業に関する主要な都市計画の決定の方針

③マスタープランにのっとる

都市計画区域について定められる都市計画（都市計画区域外で定められる都市施設を含みます）は、必ずこのマスタープランに即したものでなければなりません（都計6-2③）。

2 市街化区域と市街化調整区域（区域区分制度）

市街化区域と市街化調整区域（区域区分制度）って、なに？

区域区分とは、"市街化区域と市街化調整区域との区分（**線引き**）"をいいます。

①区域区分制度の必要性

区域区分制度は、都市計画区域について、無秩序な市街化を防止して計画的な市街化を図るためにあります(都計7①)。必要に応じ、都市計画に、「市街化区域」と「市街化調整区域」との区分を定めることができます。

"できる"というものであって、区域区分の定めのない都市計画区域（＝非線引き都市計画区域）もあります。

この区域区分制度が基礎となって、各種の都市計画が定められて、計画的な**市街化**が行われるということになります。

②市街化区域

　市街化区域は、市街化を促進する区域です。「すでに市街地を形成している区域及びおおむね**10年以内**に優先的かつ計画的に市街化を図るべき区域」です（都計7②）。

③市街化調整区域

　市街化調整区域は、市街化を**抑制**すべき区域です（都計7③）。

市街化を"禁止"する区域ではないことに注意しましょう！

3「地域地区」の都市計画（都計8）

「地域地区」の都市計画って、なに？

都市計画区域内の土地について、その利用の**目的**や**用途**などについて細かなメニューを定めているのが、用途地域などの「**地域地区**」です。
　さまざまな機能を持った地域に分かれている都市計画区域内の土地をどのように、どの程度で利用するかということを、具体的なプランとするためのメニューを都市計画で定めます。

覚え方～地域地区は「用途地域」＋「補助的地域地区」でできているよ！

4「用途地域」に関する都市計画（都計9）

「用途地域」に関する都市計画ってなに？

どんな建物をその地域に建てられるかなどを、設定している都市計画ですよ。見ていきましょう。

①用途地域の種類

　用途地域に関する都市計画は、基本的な地域地区に関する都市計画であり、13種類あります。**住居地系、商業地系、工業地系**に分かれます。

〈用途地域一覧〉

住居地系

1- 第1種低層住居専用地域
　低層住宅にかかる良好な住居の環境を保護するために定める地域
　（閑静な住宅地。戸建て住宅や小さい店舗併用住宅、小中学校等）

2- 第2種低層住居専用地域
　主として低層住宅に係る良好な住居の環境を保護するため定める地域
　（小さい規模の店舗や飲食店も点在する住宅地）

3- 第1種中高層住居専用地域
　中高層住宅に係る良好な住居の環境を保護するため定める地域
　（マンションや病院、小規模店舗も混在する住宅地）

4- 第2種中高層住居専用地域
　主として中高層住宅に係る良好な住居の環境を保護するため定める地域
　（マンションや病院、店舗や事務所が林立する住宅地）

5- 第1種住居地域
　住居の環境を保護するため定める地域
　（住宅のほか、店舗や事務所・小規模娯楽施設が林立する住宅地）

6- 第2種住居地域
　主として住居の環境を保護するため定める地域
　（住宅、大規模店舗・事務所、ホテル、パチンコ店、カラオケボックス等が混在）

7- 準住居地域
　道路の沿道としての地域の特性にふさわしい業務の利便の増進を図りつつ、これと調和した住居の環境を保護するため定める地域
　（自動車関連の施設やスーパーなどと、住居が調和して建つ地域）

8- 田園住居地域
　農業の利便の増進を図りつつ、これと調和した低層住居に係る良好な住居の環境を保護するため定める地域
　（農産物の生産、集荷、処理、貯蔵に供する施設や農業資材の貯蔵に供する施設が建つ地域）

商業地系

9- 近隣商業地域
　近隣の住宅地の住民に対する日用品の供給を行うことを主たる内容とする<u>商業その他の業務の利便を増進</u>するため定める地域
　（住宅と商店、小さな工場などが建つ地域）

10- 商業地域
　主として<u>商業その他の業務の利便を増進</u>するため定める地域
　（飲食店やデパート、映画館や銀行等が集まる繁華街）

工業地系

11- 準工業地域
　主として環境の悪化をもたらすおそれのない<u>工業の利便を増進</u>するため定める地域
　（軽工業の工場のほかさまざまな建築物が混在する地域）

12- 工業地域
　主として<u>工業の利便を増進</u>するため定める地域
　（工場中心ですが、住居や店舗もある地域）

13- 工業専用地域
　<u>工業の利便を増進</u>するため定める地域
　（コンビナートなど、工場のためだけの地域）

 覚えるときは「主として」に注目を!!

②用途地域はどこに定められる

　都市計画区域内では、各種の都市計画が定められますが、代表的な都市計画である地域地区の一つ "用途地域" は、原則として**市街化区域内**に定められます。

 〈まとめると、こうなります！〉

・市街化区域―――**必ず用途地域**を定める。※1
・市街化調整区域―――原則として用途地域を定めない（都計13①七）。※2
・非線引き都市計画区域―――**用途地域**を定めることができる。※3

※1 必要な都市施設（後述）として少なくとも道路、公園、下水道を定める。住居系では義務教育施設も定める（都計13①十一）。

※2 市街化調整区域内では、原則として用途地域を定めないことにしているだけで、乱開発のおそれがあるなど、必要ならば、定めることができます。

※3 区域区分の定めがない（非線引きの）都市計画区域や、準都市計画区域でも、用途地域を定めることは可能です。

③用途地域の指定による制限（都計8）

 用途地域の指定による制限ってなに？

「用途地域」を定めると、建築物の**用途**が制限されます（建基48・別表2）。

また、それにあわせて、建築物を建築する際の建築基準法による制限（建築物の容積率や形態、高さ、構造について等）も課されます（都計8③二）。

用途地域の指定による建築制限一覧表

用途地域	必ず定める事項は	必要な場合に定める事項は
第1種・第2種 低層住居専用地域 田園住居地域	容積率・建蔽率の限度、 絶対高さの制限 （10m又は12m）	敷地面積の最低限度、 外壁の後退距離の限度 （1.5m又は1m）
商業地域	容積率の限度	敷地面積の最低限度
その他の地域	容積率・建蔽率の限度	敷地面積の最低限度

緑色の下線文字は各用途地域共通の制限事項。

5「補助的地域地区」に関する都市計画（都計8・9）

 都市計画区域内で、用途地域の指定によって地域の基本的なルールを定めるということはお話しました。さらにその地域の特性により、きめ細かい都市計画のプランを「**補助的地域地区**」として、定めることができます。

① 「補助的地域地区」の種類

用途地域内のみで定めることができるのは

特別用途地区——用途地域内で定められる。補足的・補完的な地区

 中高層階住居専用地区、商業専用地区、特別工業地区、文教地区、観光地区、研究開発地区など！

高層住居誘導地区——第1種・第2種住居地域、準住居地域、近隣商業地域、準工業地域で定められる。利便性の高い高層住宅の建設を誘導！

高度地区——用途地域内で市街地の環境を維持し、土地利用の増進を図るために、建築物の高さの<u>最高限度・最低限度</u>を定める地区

高度利用地区——用途地域内で、土地の高度利用等を図るため定められる。容積率の最高限度・最低限度、建蔽率の最高限度、建築面積の最低限度、壁面の位置の制限

特例容積率適用地区——第1種・第2種低層住居専用地域、田園住居地域、工業専用地域を除いた用途地域内で定められる。

 適正な配置及び規模の公共施設を備えた土地の区域において、建築物の容積率の限度からみて未利用となっている建築物の<u>容積の活用を促進</u>して土地の高度利用を図るため定める地区！

用途地域内に限られないで定めることができるのは

特定街区——東京・新宿副都心のビル街など。用途地域の内外で定めることができる。

防火・準防火地域——都市計画区域内で、火災の危険を防ぐため定める地域。建築基準法で制限される。

景観地区——市街地の良好な景観の形成を図る地区（景観法61①）

風致地区——都市の風致の維持。用途地域の内外で定めることができる。

用途地域外で定めるものは

特定用途制限地域——用途地域が定められていない区域内（市街化調整区域を除く）で定められる。

 普通の用途地域とは逆に、特定の建築物等の用途が制限されるよ！

その他

特定防災街区整備地区（防火地域や準防火地域内の密集市街地）、生産緑地地区、駐車場整備地区、臨港地区、居住環境向上用途誘導地区 ほか

②準都市計画区域において定めることができる地域地区（都計8②）

 準都市計画区域でも、**土地利用の整備**と**環境保全**を図るために必要な都市計画として、次の<u>8種類の地域地区に関する都市計画</u>を定めることができます。

用途地域・**特別用途地区** ・特定用途制限地域・**高度地区** ・景観地区・風致地区・緑地保全地域・伝統的建造物群保存地区
※特別用途地区、高度地区（建築物の高さの最高限度のみ）は、用途地域が定められた区域においてのみ定めることができます。

 地域地区にはいろいろありますが、<u>特定街区、高度利用地区など、準都市計画区域では定められないもの</u>もあるんです。

Q **平 23-16-2** 準都市計画区域については、都市計画に、高度地区を定めることはできるが、高度利用地区を定めることはできないものとされている。

A **解説** 準都市計画区域については、都市計画に高度利用地区を定めることはできません（都計8①②）。 答○

6「都市施設」に関する都市計画

①都市施設ってなに？

 その名が示すとおり、"道路、公園、下水道等"といった、都市や街に不可欠の施設です。一定の規模の住宅施設、官公庁施設なども含まれています。

 <u>都市計画に定められた都市施設のことを、特に「都市計画施設」と呼びま</u>す。将来的な街づくりまでを考え、都市施設の位置や規模、構造等を定めて計画的に整備します。

②都市施設の種類（都計11①）

都市施設（主なもの）

- ・道路、都市高速鉄道、駐車場、自動車ターミナルその他の交通施設
- ・公園、緑地、広場、墓園その他の公共空地
- ・水道、電気供給施設、ガス供給施設、下水道、汚物処理場、ごみ焼却場その他の供給施設又は処理施設
- ・河川、運河その他の水路
- ・学校、図書館、研究施設その他の教育文化施設
- ・病院、保育所その他の医療施設又は社会福祉施設
- ・市場、と畜場又は火葬場
- ・一団地の住宅施設
- ・一団地の官公庁施設
- ・流通業務団地／その他

 生活に必要不可欠なものばかりだね〜。

③都市施設を定める場所（都計13①十一）

 都市施設を定める場所には、原則と例外があります（都計13①十一）。

原則は ——**都市計画区域内**に定めます。特に、a. 市街化区域や非線引き都市計画区域では、少なくとも（＝必ず）道路・公園・下水道を定めなければなりません。

b. さらに住居系用途地域には、小・中学校等の義務教育施設も必ず定めなければなりません。※

例外は ——特に必要があるときは、**都市計画区域外**においても**定めることができます**（都計 11 ①）。都市計画区域外でも、人が生活をしている場所があるし、なにより都市と都市を結ぶ**道路**や鉄道は、都市計画区域外を通らざるを得ません。

※市街化区域には、必ず「道路・公園・下水道」を定めます。非線引きの都市計画区域内も同じです。また、住居系用途地域には、必ず義務教育施設も置くことになっています。住宅地だから、子どもがいるだろうナ、という配慮です。

7「地区計画等」に関する都市計画
①地区計画等とは？

地区計画等ってなに？色々あるのかナ？

「地区計画等」は、地区レベルでの細かい区域の特性を生かした開発を進めるために定められる都市計画です。地区単位で話し合い、建築**物の用途や高さ・色の制限**、**道路や公園**などの住宅地の環境などを整備するのに便利な計画です。

「地区計画等」には、下記の 5 種類があります（都計 12-4）。

地区計画等※
・地区計画
・防災街区整備地区計画
・歴史的風致維持向上地区計画
・沿道地区計画
・集落地区計画
※地区計画に関しては、枠内の**名称**と、あとで出てくる⑤の**建築制限**につい

て覚えておくようにしましょう。

② 「地区計画」を定める場所

地区計画は、次の場合に定めることができます。

a. **用途地域**が定められている土地の区域（都計 12-5 ①一）
b. 用途地域が定められていない土地の区域のうち次の**いずれかに該当する**もの（都計 12-5 ①二）
　ア．住宅市街地の開発その他建築物もしくはその敷地の整備に関する事業が行われる、又は行われた土地の区域
　イ．建築物の建築又はその敷地の造成が無秩序に行われ、又は行われると見込まれる一定の土地の区域で、公共施設の整備の状況、土地利用の動向等からみて不良な街区の環境が形成されるおそれがあるもの
　ウ．健全な住宅市街地における良好な居住環境その他優れた街区の環境が形成されている土地の区域

③ 「地区計画」で定める内容は

「地区計画」では、どのような内容を定めることができるの？　　下記枠内をご覧くださいナ！

a. 「**地区整備計画**」の策定——地区計画においては、主として街区内の居住者等の利用に供される道路・公園等の地区施設、建築物等の整備、土地利用に関する「**地区整備計画**」を定めるとともに、その地区計画の目標、整備・開発・保全に関する**方針**を定めるよう努めるものとする（都計 12-5 ②）。
b. 地区整備計画で定めることができる主な事項は、次のとおり（都計 12-5 ⑦）。
　ア．地区施設の配置・規模
　イ．建築物等の用途制限
　ウ．建蔽率の最高限度
　エ．容積率の最高限度又は**最低限度**

オ．建築物の敷地面積又は建築面積の**最低限度**

カ．建築物等の高さの最高限度又は**最低限度**

キ．建築物の形態、色彩等の制限／など

※<u>市街化調整区域内</u>で定める地区整備計画には、<u>建築物等の容積率・建築面積・高さの最低限度</u>を定めることは<u>できません</u>（都計 12-5 ⑦かっこ書）。

 地区整備計画は、その地区の住民と市町村によってプランニングされる、建築物等の整備と土地の利用に関する具体的な計画のことで、その地区のため<u>専用のプラン</u>です（都計 12-5 ②）。

④その他の地区計画

a.「**再開発等促進区**」──用途地域が定められている土地の区域で、土地の合理的かつ健全な高度利用と都市機能の増進を図るため、一体的かつ総合的な市街地の再開発又は開発整備を実施すべき地区として都市計画に定めることができる（都計 12-5 ③）。

 再開発等促進区では、一定の要件のもとに、容積率・建蔽率等が緩和されるよ！（建基 68-3）。

b.「**開発整備促進区**」──第 2 種住居地域・準住居地域・工業地域が定められている区域又は用途地域が定められていない区域（市街化調整区域を除く）で、劇場・店舗・飲食店の用途に供する大規模建築物（特定大規模建築物）の整備による商業その他の業務の利便の増進を図るために、一体的かつ総合的な市街地の開発整備を実施すべき地区として都市計画に定めることができる（都計 12-5 ④）。

 上記 a.b. の区域内では、用途制限により床面積が 10,000m² を超える店舗・飲食店等の大規模集客施設の建築は禁止されていますが、ここ「**開発整備促進区**」ではその規制が不適用となるので、**大規模集客施設の立地が可能です**（建基 68-3 ⑦）。

⑤「地区計画」の区域内の建築等の制限

 「地区計画」の区域内の**建築等の制限**については、こんなふうになってますよ！

a. 市町村長への届出（都計58-2①）

　地区計画（再開発等促進区、開発整備促進区又は地区整備計画が定められ
ている場合）の区域内で、土地の区画形質の変更や建築物の建築等を行おう
とするものは、その行為を開始する日の**30日前**までに**市町村長に届出**（許
可ではないことに注意！）が必要です。

〈例外！　届出不要の行為もあります！〉

ア．通常の管理行為、軽易な行為その他の行為で政令で定めるもの

イ．非常災害のため必要な応急措置として行う行為

ウ．国又は地方公共団体が行う行為

エ．都市計画事業の施行として行う行為又はこれに準ずる行為として政令
　　で定める行為

オ．開発許可（都計29①）を要する行為

b. 市町村長からの勧告（都計58-2③）

　届出にかかる行為が地区計画に適合しない場合には、市町村長は、届出
をした者に対して、設計の変更等の必要な措置をとることを**勧告する**こ
とができます。

平29-16-イ 地区整備計画が定められている地区計画の区域内におい
て、建築物の建築を行おうとする者は、都道府県知事（市の区域内にあって
は、当該市の長）の許可を受けなければならない。

A 解説　行為に着手する日の、30日前までに、市町村長に**届出**をしなけれ
ばなりません（都計58-2①）。知事の許可ではありません。　答 ×

8 市街地開発事業

　市街地開発事業は、市街化区域又は区域区分が定められていない都市
計画区域内において、**一体的に開発・整備する必要がある**土地の区域
について定めます（都計13①十二）。総合的な計画に基づいて新し
く開発するため、あるいは既に市街地となっている区域の**再開発**を行うために定
められる都市計画です。

〈市街地開発事業の種類（都計12）〉

市街地再開発事業・住宅街区整備事業・土地区画整理事業・新住宅市街地開発事業・工業団地造成事業・新都市基盤整備事業・防災街区整備事業

「始（市）終（住）土（土）いじりで大変！　真珠（新住）の工業（工業）は辛抱（新・防）で!!」

9 市街地開発事業等予定区域（都計 12-2）

さらに……予定区域っていうのもありましたよね〜？

大規模な都市施設（20ha 以上の一団地の住宅施設、一団地の官公庁施設、流通業務団地）や**市街地開発事業**（新住宅市街地開発事業、工業団地造成事業、新都市基盤整備事業※）については、**あらかじめ**その計画のための**予定の区域を確保**したり、**施行予定者を定めておくことが可能**です。市街地開発事業等予定区域とは、そのための都市計画です。

「真珠（新住）の工業（工業）はしんど（新都）いです!!」

10 その他の都市計画

その他の都市計画とは、どのようなものでしょう??

では一気に、見ていきましょう。

①促進区域（都計 10-2）

促進区域は、市街化区域又は非線引きの都市計画区域内にて、市町村により定められる区域です。

「主として**関係権利者**による市街地の計画的な整備又は開発を促進する必要があると認められる土地の区域について定める」ものとされていて、**市街地再開発事業・土地区画整理事業・住宅街区整備事業等**を行うにあたって、その準備のために定めておくというイメージの区域です。

「市街地再開発促進区域」、「土地区画整理促進区域」、「住宅街区整備促進区域」、「拠点業務市街地整備土地区画整理促進区域」の４種類が、都市

計画法上で定められていて、それぞれの別の法律によって具体的な規定や制限等が定められています。

②遊休土地転換利用促進地区（都計10-3）

市街化区域内で、相当の期間にわたって有効利用されていないと判断され、なおかつその区域の土地利用の増進に支障があるとされた区域です（おおむね**5,000m² 以上**が、その対象）。

③被災市街地復興推進地域（都計10-4）

この地域の目的は、大規模災害の**被災地の復興を図る**というものです。

 都市計画には、以上述べてきたようなものがあります。まずは大まかに語句の整理をしておくことから始めましょう。

3-1-3 都市計画の決定手続

 都市計画を決定するのは、**都道府県及び市町村**です（都計15）。二つ以上の都府県の区域にまたがる都市計画区域についての都市計画は、**国土交通大臣と市町村**になります（都計22）。

 前の項目は都市計画の場所の指定のお話で、これからは中身の決定のお話なんだね。

1 都市計画の内容は誰が決定するの？（都計15①）

 それで、都市計画の内容は誰が決定するの？

 具体的な計画の決定については……以下のとおりです！

①都道府県が決定する都市計画

a. 都市計画区域の整備、開発及び保全の方針（マスタープラン）に関する都市計画
b. 区域区分に関する都市計画
c. 都市再開発方針等に関する都市計画
d. 一つの市町村の区域を超える広域の見地から決定すべき地域地区として政令で定めるもの

e．一つの市町村の区域を超える広域の見地から決定すべき都市施設

f．根幹的都市施設として政令で定めるものに関する都市計画

g．市街地開発事業に関する都市計画

h．市街地開発事業等予定区域に関する都市計画

② 市町村 が決定する都市計画

　都道府県が決定する都市計画は前述のとおりですが、その他の都市計画（用途地域など）については、**市町村が決定**します。

 〈都市計画の種類と決定権者のまとめ！　（都計15①)〉

都市計画の種類は			決定権者
都市計画区域の整備・開発及び保全の方針			都道府県
区域区分(市街化区域と市街化調整区域の線引き)			都道府県
都市再開発方針等			都道府県
地域地区	用途地域		市町村
	特別用途地区　　特定用途制限地域 高層住居誘導地区　特例容積率適用地区 高度地区　　　　高度利用地区　特定街区 防火地域・準防火地域　景観地区等		市町村
	風致地区、 緑地保全地域	面積が10ha以上で、 2以上の市町村にわたる場合	都道府県
		面積が10ha未満で、 1つの市町村の場合	市町村
地区計画等			市町村
都市施設	1つの市町村を超える広域的な都市施設、 根幹的な都市施設		都道府県
	それ以外の都市施設		市町村
市街地 開発事業	国の機関又は都道府県の施行が見込まれる 大規模な事業の場合		都道府県
	それ以外の場合		市町村
市街地 開発事業等 予定区域	一団地の官公庁・流通業務団地の予定区域で、 1つの市町村の区域を超える広域の見地から 決定すべき都市施設・根幹的都市施設の予定 区域に関する場合		都道府県
	それ以外の場合		市町村
促進区域			市町村
遊休土地転換利用促進地区			市町村
被災市街地復興推進地域			市町村

2 都市計画の決定手続（都計 16・17・18・19）

①都道府県の場合は？

都道府県は、**関係市町村の意見を聴き、都道府県都市計画審議会の議**を経て都市計画を決定します。都道府県は、国の利害に重大な関係がある都市計画の決定をする際は、あらかじめ**国土交通大臣**と**協議**して、**同意**を得ておかなければなりません。地域の住民に対しては、都市計画の案の作成について、必要に応じて**公聴会**を開くなどの対応をします。

　また、都道府県は、都市計画を決定しようとするときは、あらかじめその旨を**公告**し、その**都市計画の案**を、その都市計画を決定しようとする理由を記載した書面を添えて、**公告の日から 2 週間公衆の縦覧**に供しなければなりません。この公告があったときは、関係する市町村の住民や利害関係人は、その縦覧期間の**満了日までに**、その都市計画の案について都道府県あてに**意見書の提出**をすることができます。

〈都道府県が決定する場合〉

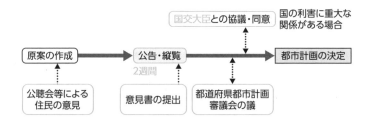

②市町村の場合は？

市町村は都市計画決定については、**市町村都市計画審議会の議**を経て都市計画を決定します。市町村は都市計画区域・準都市計画区域について都市計画を決定しようとする際は、あらかじめ**都道府県知事と協議**をしなければなりません。

　市町村による都市計画の決定に際しても、**公聴会の開催や案の縦覧等の手続き**が同様に定められています。そして、関係市町村の住民や利害関係人は、その<u>縦覧期間の満了日までに</u>、その都市計画の案について市町村あてに**意見書の提出**をすることができます。

〈市町村が決定する場合〉

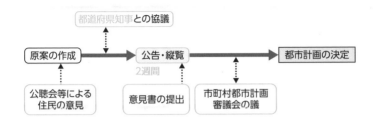

都市計画について、決定や変更を提案できる人って、その都市計画の案の対象になっている土地の所有者や借地権者だけなの？

その他にも、一般社団・一般財団法人、営利を目的としない法人、独立行政法人都市再生機構等も都市計画の決定又は変更をすることを**提案**することができます（都計 21-2）。

3 都道府県が定めた都市計画と市町村が定める都市計画との関係

ここで、重要なポイントを二つ！

・市町村が定める都市計画は、議会の議決を経て定められた市町村の建設に関する**基本構想**に即しており、かつ、**都道府県が定めた都市計画に適合し**たものでなければなりません（都計 15 ③）。
・市町村が定めた都市計画が、都道府県が定めた都市計画と**抵触**するときは、**都道府県の都市計画が優先**するものとされています（都計 15 ④）。

都道府県や市町村が都市計画を決定したら、次は何をするの？　都市計画を決定したときは、以下の段取りで進めます！

①その旨を告示し、**かつ、**
②都道府県の場合は関係市町村長に、市町村の場合は都道府県知事に、都市計画の図書（総括図、計画図、計画書）の**写しを送付**しなければなりません（都計

20 ①）。

↓　そして、

③都道府県知事及び市町村長は、都市計画の図書又はその写しをその都道府県又は市町村の事務所に備えて、**公衆の縦覧**に供しなければなりません（都計 20 ②）。

決定した都市計画はいつから効力を生じるの？

都市計画は、その**告示**が**あった日**から、効力を生じます（都計 20 ③）。

3-1-4 都市計画の施行区域内における建築等の制限

都市計画区域が指定されて？　その区域内で行われる具体的な都市計画の内容が決定されると？？

いよいよその都市計画の実現のために必要な工事等の準備に入っていきます。同時に、都市計画に伴う工事等の妨げとなる行為については、**許可制や届出制**をもって、その段階ごとにいろいろと<u>制限がなされる</u>ことになります。

1 都市計画事業の施行者とは（都計 59）

基本的に、都市計画事業を施行する主体（施行者）は**市町村**です。その他、**都道府県**が主体になる場合があります。

〈流れをまとめてみると！〉

・原則として、**市町村**が都道府県知事の認可を受けて都市計画事業を施行します。

ですが、

・市町村が施行することが困難であったり、不適当なものとされる場合は、**都道府県**が国土交通大臣の認可を受けて施行します。

また、

・国の利害に重大な関係を有するという場合は、国土交通大臣の承認を受けて**国の機関**が施行します。

そして、

・前記以外のその他の者についても、都道府県知事の認可を受ければ都市計画事業を施行できます。

2 都市計画区域の内外での各種制限〜規制の流れ

都市計画のプロセスによって、以下のような行為についてさまざまな規制が行われていきます。

・開発行為（開発許可制度）
・建築物や特定工作物の建築行為、設置行為、その他

そして、都市計画が決定されると…??

次のステップは、こちら！①➡②➡③と、進めますよ。

①必要に応じて、**「都市計画の予定区域」**を定めておいて、準備を行います。
②「都市計画の施行区域」として、区域内で建築規制などが行われます。
③「都市計画の事業地（都市計画事業の認可の告示があった土地）」として、事業地内で建築規制などが行われます。

いよいよ、都市計画事業の工事が終了すれば……

その旨の**告示**がなされて、完了ね♪

3 どうして建築等の行為が制限されるの？

都市計画の実行の<u>妨げ</u>にならないように、規制を行っていくわけです。都市計画の施行区域内では、これから計画に従って工事などが始まるので、計画に沿わない建築物がやたらと建築されたりしたら困ります。

そこで、区域内では、原則として**都道府県知事等の許可**なしでは、各種の建築・建設行為ができません。それでは、具体的に「**開発許可制度**」から、見ていきましょう！

3-1-5 開発許可制度

1 開発許可制度ってなに？（都計29）

開発許可制度!?　開発行為って、何だろう？

建物や工作物を建築するために、**土地の区画形質の工事**を行うこと等です。

①開発許可制度の趣旨

建築物の建築（新築・増改築・移転）や、特定工作物の建設を行うにあたって、その敷地となる土地に関して、一定の規模以上の区画形質の変更（土地の造成＝開発行為）を行おうとする場合には、原則として**都道府県知事**※の許可が必要になります。

※指定都市又は中核市の区域内では、**市長**のこと。

②開発行為ってなに？（都計4⑫）

開発行為とは、建築物の建築や特定工作物を建設するために行う、**土地の区画形質の変更**をいいます。

逆にいうと「開発行為」にあたらなければ、許可は不要なんだって！

③特定工作物ってなに？（都計4⑪）

都市計画法上の開発許可制度の規制を受ける特定工作物には、第1種と第2種の二つがあります。

- 第1種特定工作物とは、**コンクリートプラント、アスファルトプラント**などの、大規模な工事に不可欠な、どちらかといえば危険・有害な工作物です（面積不問）（都計4⑪・令1①）。
- 第2種特定工作物は、**ゴルフコース**（面積不問）や、その規模が1ヘクタール（ha）以上の**遊園地、野球場、墓園**などです。こちらは、危険度はぐっと低くなりますね（都計4⑪・令1②）。

ゴルフ場は面積不問で開発行為に該当、野球場やテニスコートなどは、**1ha以上の規模の場合に**開発行為に該当します。

2 開発許可が必要になるのは

どのような場合に、開発許可が必要になるの？？　原則と例外アリ！　しっかりと覚えましょう!!

①原則は！

　都市計画区域・準都市計画区域内、さらには都市計画区域外でも、開発行為を行おうとする場合は、原則として**都道府県知事の許可**が必要です（都計29①本文）。

②例外その１＝面積・規模による許可不要

　「一定規模未満」の場合は、許可不要となります（都計29①②、令19①・22-2）。

> ・市街化区域内…………………………1,000m² 未満
> ・市街化調整区域内………………面積にかかわらず許可必要※
> ・非線引き都市計画区域内…………3,000m² 未満
> ・準都市計画区域内………………………3,000m² 未満
> ・都市計画・準都市計画区域外……10,000m²（＝1ha）未満
> ※市街化調整区域は、もともと市街化を抑制する目的の区域なので、小規模の開発行為であっても規制されます。どんなに小さい規模の開発行為であっても、それが開発行為にあたれば、都道府県知事の許可が必要です。

③例外その２＝区域に関係なく、建物の用途による許可不要なもの

a.　公益上必要な建築物を建築するための開発行為——**駅舎**などの**鉄道施設、図書館、公民館、変電所**等は、開発区域及び周辺地域における適正かつ合理的な土地利用・環境保全を図る上で支障がないので、開発許可不要とされます（都計29①三）。

あれ〜、病院はこの中に、入っていないんだね〜。

b. 都市計画事業・土地区画整理事業・市街地再開発事業等 の施行として行う開発行為——これらの事業の施行として行われる開発行為は、その事業の手続の中で乱開発のチェックが行われるので、許可不要とされます（都計29①四〜八）。

c. 非常災害 のための必要な応急措置としての開発行為、通常の 管理行為 、車庫・物置等の建築のための 軽易な行為 も許可不要（都計29①十・十一）

④例外その3＝農林漁業用建築物等の建築は許可不要

 市街化区域外の区域においては、**農林漁業用建築物**（例：畜舎・温室・サイロ等）や農林漁業を営む者の**居住用の建築物**の建築のための開発行為の場合には、面積に関係なく許可が不要となります（都計29①

 農林漁業を応援するためなんだね！

市街化区域 においては先ほどの②のとおり、農林漁業用建築物等でも **1,000m² 以上の開発行為には許可が必要**となります（都計29①一・令19①）。

⑤例外その4＝国等の特例

 国・都道府県・指定都市等が行う開発行為は、その国の機関又は都道府県等と都道府県知事との**協議が成立**する場合には、開発許可があったものとみなされます（都計34-2①）。

Ｑ 平26-16-イ 市街化区域内において、農林漁業を営む者の居住の用に供する建築物の建築の用に供する目的で行われる 1,200m² の開発行為は、都市計画法による開発許可を受ける必要がある。

Ａ 解説 市街化区域内において行う農林漁業を営む者の居住の用に供する建築物の建築のための開発行為は、1,000m² 以上の規模では許可を受ける必要があります（都計29①一、令19①）。 答○

第3編 法令制限

〈開発許可の一覧表〉

開発行為の目的	開発許可が必要な開発行為	農林漁業関係建築物の建築	公益上必要な建築物の建設	都市計画事業等	仮設・応急措置的な建築物の建築等
市街化区域内	1,000m²以上	1,000m²以上の開発行為に許可必要	許可不要	許可不要	許可不要
市街化調整区域内	規模の大小を問わず許可必要	許可不要	許可不要	許可不要	許可不要
非線引き区域内	3,000m²以上	許可不要	許可不要	許可不要	許可不要
準都市計画区域内	3,000m²以上	許可不要	許可不要	許可不要	許可不要
都市計画区域外・準都市計画区域外	1ha(10,000m²)以上	許可不要	許可不要	許可不要	許可不要

3 開発許可申請から工事完了後の規制まで

①申請前の事前手続は？

開発許可の申請をしようとする者は、あらかじめ、その開発行為に関係のある公共施設の管理者（現在の管理者）と**協議**し、その**同意**を受けておかなければなりません（都計32①）。また、あらかじめ、開発行為又は開発行為に関する工事により新しく設置される公共施設を管理することとなる者等（将来の管理者）と**協議**しなければなりません（都計32②）。

 「現在」の管理者は<u>同意も必要</u>だよ！

 開発許可の申請を行う者は、開発する土地の所有権者に限られるわけではありません。<u>開発行為を行おうとする者</u>が、申請者となるわけですね。土地を借りている人が開発行為をすることもあり得るし、開発区域内に地権者がたくさんいて、買収できない土地であれば、借りてもよいということです。

ここで、重要なポイントを一つ！

・開発許可を申請するに際しては、その申請は**必ず書面**（申請書）をもって、行わなければなりません。

 なるほどー、口頭でいいわけないよね。

 〈申請書の記載事項（都計 30 ①）〉

a. 開発区域の位置、区域及び規模
b. 開発区域内における予定建築物
   又は特定工作物の**用途**※

 ※予定建築物等の構造・設備・価格までは<u>不要</u>！

c. 開発行為に関する設計
d. 工事施行者（開発行為に関する工事の請負人又は請負契約によらないで
   自らその工事を施行する者）／その他、国土交通省令で定める事項

②許可・不許可の通知

 開発許可の申請があった場合、知事は「開発許可の基準」（都計 33・34）と照らし合わせて、許可・不許可の処分を文書をもって遅滞なく申請者に**通知**することになっています（都計 35）。

③開発許可の基準は？

 ここは、許可されるかどうかの基準のお話で、許可の要・不要のお話じゃないんだって！

 そうです。開発許可の申請があった場合に、許可するか否かの基準となるものです。これには二つあって、①開発行為が一定の基準に適合し、かつ申請手続が適法なときは、必ず許可される"**一般的な開発許可基準**"と（都計 33）、もう一つは②"**市街化調整区域内の開発許可基準**"で、こちらは a. 一般的な開発許可基準に適合し、手続も適法で、b. かつ市街化調

整区域の特別な基準に該当しなければ許可されないというものです（都計34）。

④開発許可を受けた区域内（造成工事中）の建築制限等

開発許可を受け、開発行為の最中（土地の造成工事中＝開発許可がおりたときから、工事完了の公告まで）の区域内においては、**原則として建築物の建築等はできません**（都計37）。

原則として……じゃあ、例外もありそうだなぁ。

はい、そのとおり！　知事に"支障がないと認めてもらって"建築する場合、又は"工事に関係する仮設建築物"（都計37 一）であれば、**例外的に建築してOK**。

そのほか、「開発区域内の土地所有者などの権利者で、その開発行為に賛成していない者が、自らの権利の行使として行う建築行為」についても、OK（都計37 二）。

⑤変更・廃止する場合は？

開発許可を受けた者が、届出事項の変更をしようとする場合には、原則として都道府県知事の**許可**を、また変更が軽微な場合は都道府県知事に届出をしなければなりません（都計35-2 ①③）。そして、開発許可を受けた者がその後で開発行為に関する工事を**廃止**した場合は、遅滞なくその旨を都道府県知事に対して届け出ます（都計38）。

⑥工事が完了すると

工事が完了したよ！　どうすればよいかナ??

「無事に開発行為の工事が全部完了しましたよ！」という場合にも、やはり、都道府県知事に対する**届出**（工事完了届）が必要になります（都計36）。

〈工事完了後の流れ〉

> 工事完了届出 ——その開発区域の全部について工事を完了したときは、開発許可を受けた者は、その旨を都道府県知事に**届け出なければなりません**（都計36①）。
>
> ↓
>
> 工事完了の検査と検査済証の交付 ——届出を受けた都道府県知事は、遅滞なく、工事が開発許可の内容に適合しているか検査し、開発許可の内容に適合しているときは、**検査済証**を開発許可を受けた者に交付しなければなりません（都計36②）。
>
> ↓
>
> 工事完了公告 ——都道府県知事は、検査済証を交付したときは、遅滞なく、国土交通省令で定めるところにより、工事が完了した旨を**公告**しなければなりません（都計36③）。

⑦開発行為等により設置された公共施設の管理

　開発許可を受けた開発行為又は開発行為に関する工事により公共施設が設置されたときは、その公共施設は、**工事完了公告の日の翌日**において、原則としてその公共施設の存する**市町村の管理**に属します（都計39）。

⑧開発許可に基づく地位の承継

　これは、開発許可を受けた者を相続したり、開発許可を受けた法人を吸収合併した場合（一般承継）や売買等（**特定承継**）により開発許可を引き継ぐことです。開発許可に基づく地位の承継を受けられる者は、その開発許可を受けた者の相続人等の「**一般承継人**」、そして開発許可を受けた者からその開発区域内の土地の所有権その他開発行為に関する工事を行う権原を取得した「**特定承継人**」です。

「特定承継（売買等）」の場合　→　都道府県**知事の承認**を受けることで、地位を承継します（都計45）。
「一般承継（相続・吸収合併等）」の場合　→　なにもしなくても当然に地位を承継できます（都計44）。

⑨工事完了公告後の規制は？

開発行為が終わった後（工事完了公告後）でも、その区域内には予定建築物等以外の建築物又は特定工作物を新築・新設してはならず、また建築物を改築したり用途を変更して開発許可に係る予定の建築物以外の建築物とすることはできません。"予定になかったことをしちゃだめ！"というのが**原則**です。

ただし、<u>用途地域の指定がある場合</u>や、<u>知事の許可を得た場合</u>などはその**例外**となります（都計42①）。

またまた**例外**が出てきたね～!!

4 開発許可を受けた区域以外の区域の建築等の制限

"市街化調整区域のうち開発許可を受けた開発区域以外の区域内"(= 単なる市街化調整区域のこと！)では、都道府県知事の許可を受けなければ、次に掲げる行為をすることはできません（都計43①）。

①**農林漁業用の建築物**、又は**農林漁業者の居住用建築物**（都計29①二）、**駅舎**その他の鉄道の施設、**図書館**、**公民館**、**変電所**その他これらに類する<u>公益上必要な建築物</u>（都計29①三）以外の建築物の新築。

つまり、①の農林漁業用の建築物などの新築は、<u>許可不要</u>だね!!

②<u>第1種特定工作物の新設</u>。

※<u>第2種特定工作物の新設</u>は、許可なくできます。

③建築物の改築、用途変更により、<u>①の建築物以外の建築物</u>とすること。

ただし、<u>次に掲げる建築物の新築・改築・用途変更又は第1種特定工作物の新設</u>については、**許可不要**です（都計43①但）。

〈例外〉

a. 都市計画事業の施行として行うもの
b. 非常災害のため必要な応急措置として行うもの
c. 仮設建築物の新築
d. 開発行為が行われた土地の区域内において行うもの
e. 通常の管理行為、軽易な行為その他の行為で政令で定めるもの

Q **平27-15-4** 何人も、市街化調整区域のうち開発許可を受けた開発区域以外の区域内において、都道府県知事の許可を受けることなく、仮設建築物を新築することができる。

A **解説** 原則として都道府県知事の許可が必要ですが、仮設建築物等の一定のものについては許可は不要です（都計43①但）。 答○

5 田園住居地域内における建築等の規制

 住居系の用途地域として創設された「**田園住居地域**」では、"農業と調和した低層住宅に係る良好な住居環境の保護"が図られます（都計9⑧）。

　この田園住居地域内の農地の区域内において、「土地の形質の変更」「建築物の建築」「工作物の建設」「土石その他の政令で定める物件（土石、廃棄物及び再生資源）の堆積」を行おうとする者は、原則として**市町村長の許可**を受けなければなりません（都計52①）。

3-1-6 都市計画事業の事業地内の制限
1 都市計画事業とは

 都市計画事業とは、都市計画法59条の**認可・承認**を受けて施行する**都市計画施設の整備に関する事業**及び**市街地開発事業**のことです。「都市計画」の一種ですね。

※市町村が行う都市計画事業は都道府県知事の認可、都道府県知事が行う都市計画事業は国土交通大臣の認可、国の機関が行う場合は国土交通大臣の承認（都計59①②③）によります。

施行予定者が定められている都市計画に係る都市計画施設の整備に関する事業及び市街地開発事業は、その定められている者（施行予定者）でなければ、施行することができません。

 そもそも前に出てきた「市街地開発事業等予定区域」は、なぜ定められるの？

 それは、**大規模**な開発行為を行う候補地について、**事業予定地**として都市計画を定めて、<u>事前準備</u>をしておくためでしたね。計画が大規模なだけに、念には念を入れて準備しておくのです。

※その意味で、「市街地開発事業等予定区域」はまだ予定の段階ですので、計画の、〈 第1段階 〉に属します。一定の建築行為等の制限はありますが、一定規模の物件の設置・堆積をすることまでは制限していません。ですが、この事業の**認可・承認**がなされ、〈 第2段階 〉に入ると、事業に関係する工事が現実に始まります。すると、制限はさらに厳しくなり、工事の支障になる行為は**制限**され、一定規模の<u>物件の設置・堆積</u>も制限されるようになります。

2 都市計画事業についてのタイムテーブル

 完成までに長い時間を要する都市計画事業においては、その対象となる区域を現状のまま保全しておくために、前述のように、**市街地開発事業等予定区域**を設ける場合があります。この場合には、①**市街地開発事業等予定区域の決定の告示**→②**市街地開発事業施行区域・都市施設の区域の決定の告示**→③**都市計画事業の認可・承認の告示**→④**都市計画事業の実施**→<u>完了</u>という、<u>4つの段階</u>を経て都市計画事業が行われ、各段階ごとに各種の**建築制限**等も行われます（都計12-2、60-2）。

 市街地開発事業等<u>予定区域を設けない</u>場合には、②→③→④という<u>3つの段階</u>を経て都市計画事業が行われ、各種の建築制限等が行われます。

 市街地開発事業等<u>予定区域を設ける</u>場合は……

①市街地開発事業等予定区域の決定の告示（都計20①）
　告示の日から**3年以内**に②へ（都計12-2④）

↓　　←制限（ア）の適用

②市街地開発事業施行区域又は都市計画施設の区域の決定の告示（都計20①）

　　　　告示の日から**2年以内**に③に進むための申請をしましょう（都計60-2①）

　↓　　←制限（イ）の適用

③都市計画事業の**認可・承認**の告示（都計62①）

　↓　　←制限（ウ）の適用

④都市計画事業の実施・完了

　　　　各種の制限（ア）（イ）（ウ）は後で出てきますよ〜。

　　　　都市施設の整備に関する事業及び市街地開発事業に関する都市計画、市街地開発事業等予定区域は、「**都市計画事業**」として施行され、その内容が実現されますが、都市計画事業の工事の完成には長い時間がかかります。そこで、将来の都市計画事業の実現の障害とならないように、<u>一定の行為を制限する必要があります</u>。これが「都市計画制限」です。

〈制限のリスト〉

①市街地開発事業等予定区域内での建築等制限⇒土地の形質の変更又は建築物の建築その他工作物の建設には、知事等の許可が必要！（都計52-2）

　　　　通常の管理行為、一定の軽易な行為、非常災害のための必要な応急措置として行う行為、都市計画事業等の施行として行う行為は、許可不要（次の②ａ．の場合も同じ）

②市街地開発事業の施行区域内又は都市計画施設の区域内での建築制限

　ａ．施行予定者の定めがない場合⇒<u>建築物の建築のみ</u>、知事等の許可が必要

　ｂ．施行予定者の定めがある場合⇒制限は上記①と同じ

それでは、前記の制限のリストをもとに、詳しくお話をしていきましょう。

①市街地開発事業等予定区域の区域内での制限＝（ア）の制限（都計52-2）

　市街地開発事業等予定区域の区域内で、土地の区画形質の変更、建築物の建築、工作物の建設を行う場合は、原則 として**都道府県知事等の許可**が必要です。

　大規模な市街地開発事業等の予定区域内では、やたらと建築物が建てられると、いざ計画実行の際に、それらの建物がじゃまになるおそれがあります。そこで、建築行為等については、都道府県知事等の**許可制**となっています。

〈許可不要の行為とは？（**例外**）〉

a.　通常の管理行為、軽易な行為その他の行為で政令で定めるもの
b.　非常災害のため必要な応急措置として行う行為
c.　都市計画事業の施行として行う行為又はこれに準ずる行為

ここで、重要なポイントを一つ！

・国が行う行為は、その国の機関と都道府県知事等との**協議**が成立することで、<u>許可があったものとみなされます</u>（都計52-2②）。

②土地の買取り請求

いずれも<u>予定区域の場合</u>及び<u>都市計画事業の事業地内</u>での制度です。土地の形質の変更又は建築物の建築その他工作物の建設について、必要な許可がおりない場合などは、施行予定者がその用地を買い取る制度があります（**土地の買取り請求**）（都計52-4）。

たとえば……その土地に建築物が建っている場合でも、都市計画事業の施行者に対してその土地建物を時価で買い取るように請求することができるの？

できません！ その土地に他の者の権利（地上権や土地賃借権など）が付いていたり、建築物等がある場合は、買取り請求ができません（都計 52-4 ①）。

③都市計画施設等の区域内での制限＝（イ）の制限（都計 53 ①）

 都市計画施設の区域内又は市街地開発事業の施行区域内では、都道府県知事等の**許可**が必要なのは<u>建築物の建築だけ</u>※ です。

 つまり、区画形質の変更は許可不要なんだね！

※ただし、"施行予定者が定められている場合"は、制限が、（ア）の制限と同様に扱われますので、注意しましょう！

 〈許可不要の行為とは？ （**例外**）〉

a. 政令で定める軽易な行為
b. 非常災害のため必要な応急措置として行う行為
c. 都市計画事業の施行として行う行為又はこれに準ずる行為として政令で定める行為
d. その他の行為

 ここでも、重要なポイントを一つ！

・国が行う行為は、その国の機関と都道府県知事等との**協議**が成立することで、<u>許可があったものとみなされます</u>（都計 53 ②）。

 そして、前記（イ）の許可基準（都計 54）はこちら！

前記（イ）による建築物の建築に関する許可申請があった場合の許可基準です。この基準に**適合すれば必ず許可されます**。

a. その建築が、都市計画施設又は市街地開発事業に関する都市計画のうち建築物について定めるものに**適合**するものであること

b. その建築物が次の要件に該当し、かつ**容易**に**移転・除却**することができるものと認められること

・階数が**2以下**で、かつ、地階を有しないこと

・建築基準法に定める主要構造部が木造、鉄骨造、コンクリートブロック造その他これらに類する構造であること

④都市計画区域内の事業地内の制限＝**（ウ）**の制限（都計65）

　　　都市計画事業の認可等の告示（都計62①）がされ、いよいよ都市計画が実行に移され、そのための都市計画事業に関係する工事が始まると、工事のじゃまにならないように、下記の行為については、原則として**都道府県知事等の許可**が必要となります。

〈都市計画事業地内での建築制限（都計65・令40)〉

　　都市計画事業の施行の障害となるおそれがある次の三つの行為

a. 土地の形質の変更

b. 建築物の建築その他工作物の建設

c. 重量が**5トン**を超える、移動の容易でない物件の設置・堆積

　　　またまた重要なポイントを一つ！

・国が行う行為は、その国の機関と都道府県知事等との**協議**が成立することで、<u>許可があったものとみなされます</u>（都計65③・52-2②）。

⑤土地建物等の先買い

　　　先買いって、なに？

　　　都市計画事業の施行者が事業地内の土地を、売却予定のある人から"先に買って"いくことで、事業のための**用地を確保する**というための制度です（都計67①）。

〈売却予定者の届出義務〉

都市計画事業の公告の日の翌日から起算して**10日**を経過した後に、事業地内の土地建物等を**有償**で譲り渡そうとする者は、その土地建物等、その予定対価の額及びその土地建物等を譲り渡そうとする相手方、その他一定事項を書面で**施行者に届出**をしなければなりません（都計67①）。

〈施行者の通知と売買の成立〉

この届出があった後**30日**以内に、施行者が届出をした者に対して届出にかかる土地建物等を買い取るべき旨の通知をしたときは、その土地建物等について、施行者と届出をした者との間に届出書に記載された予定対価の額に相当する代金で、売買が成立したものとみなします（都計67②）。

〈届出人の譲渡禁止期間〉

そのため、届出をした者は、**届出後30日**の期間（施行者が買い取らない旨の通知をした場合は、その時まで）内は、その土地建物等を譲り渡してはならないことになっています（都計67③）。チョット待っててください！　ということですね♪

Bワタクシ B は、事業地内の土地建物をCC に**無償で譲渡**しようと考えています。この場合、ワタクシ B は施行者あてに届出が必要ですか？

無償の場合は届出不要！　事業地内の土地建物等について、**有償**で譲り渡そうという場合について、施行者にその予定対価の額や譲受人に関する事項その他を**届け出る**ことになっています。それにより、事業施行者はその土地建物等を買い取るかどうかについて検討します（都計67①）。

〈都市計画制限の一覧表〉

建築制限が行われる区域は		知事等の許可を必要とする行為※	知事等の許可を不要とする行為
市街地開発事業等予定区域内（都計52-2①）		土地の形質の変更又は建築物の建築その他工作物の建設	①通常の管理行為、一定の軽易な行為 ②非常災害のための必要な応急措置として行う行為 ③都市計画事業等の施行として行う行為
都市計画施設の区域又は市街地開発事業の施行区域内（都計53①）	施行予定者が定められている場合	土地の形質の変更又は建築物の建築その他工作物の建設	
	施行予定者が定められていない場合	建築物の建築	①一定の軽易な行為 ②非常災害のため必要な応急措置として行う行為 ③都市計画事業の施行として行う行為等
都市計画事業の事業地内（都計65①）		①土地の形質の変更又は建築物の建築その他工作物の建設 ②重量が５トンを超える物件の設置又は堆積	―

※国が行う行為につき、知事等との**協議が成立**した場合は、<u>許可があったものとみなされます</u>（都計52-2②・53②・65③）。

3-2 建築基準法

お城みたいな大きなお家をたくさん建てたら楽しいね!!

用途地域ごとに建てられる建築物の種類があることを思い出して! それと、建築基準法で決まっている通りに設計しないと、建築の許可も下りないんですよ!!

3-2-1 建築基準法の目的

　建築基準法は、建築物の**敷地**、**構造**、**設備及び用途**に関する<u>最低の基準</u>を定めて、国民の生命、健康及び財産の保護を図り、もって<u>公共の福祉</u>の増進に資することを目的としています（建基1）。

都市部のみならず日本全国に建築物はありますが、その**安全性**はどこにあっても大変重要です。建物の強度や防火・防災のため、法律で建築物のための安全基準を設けています。

3-2-2 建築確認制度

建築物を建築する際は、安全性を確保するためにも、建築基準法の法令に適合した建築物としなければなりません。そこで、一定の建築物については、建築前に建築主事又は指定確認検査機関の確認（**建築確認**）を受けることとしています（建基6①・6-2①）。

建てた後じゃ、手遅れだもんね……

1 建築基準法で出てくる用語

建築確認そのほかの、建築基準法に出てくる<u>主な用語</u>をまとめます。

①建物関係（建基 2）

　建築物……土地に定着する工作物のうち、屋根及び柱もしくは壁を有する
　　もの、これに附属する門もしくは塀、観覧のための工作物又は地下もしく
　　は高架の工作物内に設ける事務所、店舗、興行場、倉庫その他これらに類
　　する施設で、建築設備を含む（建基 2 一）。
　特殊建築物……学校（専修学校及び各種学校を含む）、体育館、病院、劇場、
　　観覧場、集会場、展示場、百貨店、市場、ダンスホール、遊技場、公衆浴
　　場、旅館、共同住宅、寄宿舎、下宿、工場、倉庫、自動車車庫、危険物の
　　貯蔵場、と畜場、火葬場、汚物処理場等（建基 2 二）

 主に、人がたくさん集まる建物だね！

　主要構造部……壁、柱、床、はり、屋根又は階段をいう（建基 2 五）。
　耐火構造……壁、柱、床その他の建築物の部分の構造のうち、耐火性能に
　　関して政令で定める技術的基準に適合する鉄筋コンクリート造、れんが造
　　その他の構造で、国土交通大臣が定めた構造方法を用いるもの又は国土交
　　通大臣の認定を受けたもの（建基 2 七）
　建　築……建築物の新築、増築、改築、移転のこと（建基 2 十三）

②建築基準法に出てくる公務員等

　特定行政庁……行政行為を行う責任者。都道府県知事、又は建築主事のい
　　る市町村の長（建基 2 三五）
　建築主事……この人が建築物の建築の確認、検査、仮の使用承認の事務を
　　行う（建基 4 ①）。
　建築監視員……違反建築物の使用禁止、使用制限の仮命令、工事の施工停止、
　　作業停止の緊急命令ができる（建基 9-2）。
　建築審査会……建築基準法に規定する同意（容積率の制限の緩和、壁面の
　　位置の指定の際に必要とされる同意）等を行う（建基 78）。

2 建築確認が必要な建物と建築・用途変更

 「建築確認」を受けないといけない建築物には何があるの？

建築する場所や地域的に、またそこで行う建築・用途変更といった行為により異なります（建基6①②）。見ていきましょう。

〈建築確認が必要な場合〉

◆**大規模** 建築物については、①<u>新築</u>に確認が必要、②<u>増築・改築・移転</u>、<u>大規模な修繕・模様替え</u>も、全国的に確認が必要（ただし延べ床面積<u>10m² 以下不要</u>）（建基6①二・三・②）

◆**200m² を超える特殊建築物**（学校やアパート等）については、上記の行為に加え用途変更についても、全国的に確認が必要（建基6①一）

◆都市計画区域・準都市計画区域・準景観地区内においては、まず、①<u>すべての建築物の**新築**</u>、②**増築、改築、移転**も確認が必要（ただし延べ床面積<u>10m² 以下不要</u>）（建基6①四・②）

◆防火・準防火地域内では、制限が厳しくなります。
　すべての建築物の**新築、増築、改築、移転**について必要（建基6②）。

※大規模——「木造建築物」：地階を含む階数が3階以上、又は延べ面積が500m² 超、高さが13m 超、軒高9m 超のいずれかに該当するもの（建基6①二）。「木造以外の建築物」：地階を含む階数が2階以上、又は延べ面積が200m² 超のいずれかに該当するもの（建基6①三）

ここで、重要なポイント！

・上記の特殊建築物の新築の場合、その床面積が200m² を超えていると、日本全国どの地域においても（都市計画区域外・準都市計画区域外であっても）、<u>建築確認が必要</u>です。

・ですが、200m² ちょうどの特殊建築物は、一般建築物扱いになるので、新築でも都市計画区域外・準都市計画区域外であれば建築確認は必要ありません。

・つまり、都市計画区域内・準都市計画区域内で新築する場合には、この規模（一般建築物扱い）でも<u>建築確認が必要</u>になります（建基6①四）。

〈建築確認一覧表（建基6①②）〉

	どんな建物	確認が必要な建築行為
大規模建築物 （全国どこでも規制）	木造：階数が3階以上又は 延べ面積が500m²超又は その高さが13m超又は その軒高が9m超 木造以外：階数が2階以上 又は延べ面積が200m²超	新築・増築・改築・移転、 大規模の修繕・模様替え
特殊建築物 （全国どこでも規制）	学校、病院、共同住宅、劇場、 旅館、デパート、倉庫、自動 車車庫等	その使用する部分の床面積 が200m²を超える建築物 の新築・増築・改築・移転、 大規模の修繕・模様替え・ 用途の変更
都市計画・準都市計 画区域・準景観地区 内で、防火・準防火 地域外の一般建築物	・その部分の規模が10m²超 ・その規模は問わない	増築・改築・移転 新築
防火・準防火地域内 のすべての建築物	その種類や規模は問わない （普通・一般の建築物で、規 模が小さくても）	新築・増築・改築・移転

 防火地域内で建築物を"増築"する場合で、その増築する部分の床面積の合計が10m²以内でも、建築確認は必要？

 必要です！　**防火地域内又は準防火地域内では建築物の増築を行う場合は、その規模を問わず、確認が必要**です（建基6②）。

3 建築確認の手続は

 建築確認は、どのような手続で行われるの？　 その確認に必要な日数をしっかり押さえていきましょう！

①建築確認の通知（確認済証の交付）（建基 6 ④）

　建築確認の確認申請があった場合、建築主事は、<u>一般の建物は 7 日以内</u>、<u>大規模・大規模特殊建築物は 35 日以内</u>に審査して、確認通知（＝**確認済証の交付** ）を行います。

↓

②工事完了の検査の申請（建基 7 ①～③）

　建築工事が完了したときは、建築主が工事完了日から 4 日以内に届くように建築主事に対して「工事完了検査」をしてくれるように申請します。

↓

③検査と検査済証の交付（建基 7 ④⑤）

　工事完了検査の申請を受理後 7 日以内に建築主事等の検査が行われ、問題がなければ「検査済証」が交付されます。

↓

④使用開始（建基 7-6）

※確認済証の交付──宅建業法でも出てきましたね。そう、「広告の開始時期の制限」（業 33）と「契約締結等の時期の制限」（業 36）です。建物の青田売りでは建築確認がおりなければ、広告も契約（貸借の媒介・代理を除く）もできませんでしたね。

工事の途中で、検査をするようなこともあるの？

特定工程 を含む工事を伴う建築物では、工事の途中で「**中間検査**」が必要になる場合あります（建基 7-3）。中間検査は、特定工程の工事を終えた日から「4 日」以内に届くように建築主事に申請を行います。申請を受理後 4 日以内に建築主事等の検査が行われ、問題がなければ「中間検査合格証」が交付されます。

※特定工程──その階数が 3 以上である共同住宅（アパート等）の床及びはりに鉄筋を配置する工事のうちで政令で定めるものなど。

4 建築物の使用開始できる時期

建築物はいつから使用できるの？　早く使いたいよねぇ～!!

一般の建築物と、大規模・特殊建築物で異なります。

①一般の建築物（建基7-6）

工事完了検査の申請書を提出すれば、**使用**できます。もちろん検査もあります。

②大規模建築物、大規模特殊建築物

これらの建築物については、実際に**検査済証**（建基7⑤）の交付を受けなければ使用できません。ただし、次のいずれかの場合には、検査済証の交付を受ける前でも、仮に使用することができます（建基7-6①）。

a. 特定行政庁が、安全上、防火上及び避難上支障がないと認めたとき
b. 建築主事等が、安全上、防火上及び避難上支障がなく国土交通大臣が定める基準に適合していると認めたとき
c. 工事完了検査の申請が受理された日から**7日**を経過したとき

3-2-3 単体規定と集団規定（単体規定とは）

 日本の建築物の規制は、**単体規定**と**集団規定**に区分できます。

◆単体規定とは

 単体規定とは、建築物の安全を確保するための<u>全国的な統一基準</u>です。区域を限定しないで、都市計画区域・準都市計画区域を含めて全国画一的に規制を加えるということですね。

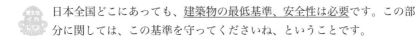 日本全国どこにあっても、<u>建築物の最低基準、安全性</u>は必要です。この部分に関しては、この基準を守ってくださいね、ということです。

◆集団規定とは

 集団規定は、原則として、都市計画区域内・準都市計画区域内で適用される建築基準です（建基41-2）。建築物が多く建てられ、密集していく場合に、どのような規定が必要になってくるでしょうか。そのように考えていきますと……。

 同じような建物は、集めた方がいいよね……（→**用途制限**）　日当たりも心配だね！（→**日影規制**）

火災が起きたら怖いわね～（→**防火規制**）

道路が狭いと不便だよ！（→**道路規制**）

というような話になるし、それぞれカッコ内のような規制が作られてきます。

それと、建築基準法の規定って、最高の基準ということではないんだよね……

はい、「せめてこれだけは、**最低限**、基準を満たしてくださいね」というような内容です。建物の安全性を扱う法律ですので、"もうこれで十分"ということはありません。

それではまず、試験に出やすい「**単体規定**」を、順番に見ていきます！

1 構造計算が必要な建物

一定以上の大きな建築物は、風雨、積雪、地震などに対して安全な構造でなくてはなりません。そこで次の建物については、**構造計算**によって安全性を確かめることとしています（建基20①一・二・三）。

①高さが60mを超える建築物
②高さが60m以下であっても、いわゆる建築確認が必要な<u>大規模建築物等</u>
（建基6①二・三）

2 災害危険区域の指定（建基39）

地方公共団体は、津波・高潮・出水等による危険の著しい区域を「**災害危険区域**」に指定して、区域内で居住用建築物の建築禁止、その他建築物の建築に関する災害防止のための制限を**条例**で定めることができます。

3 制限の付加と緩和

制限を付加したり、緩和できる場合があります。

①地方公共団体の条例による制限の付加（＝厳しくなる）（建基40）

　地方公共団体は、**条例**により必要な制限を加えることができます。地方の気候・風土の特殊性や特殊建築物の用途・規模により、一般的規定だけでは建築物の安全等の目的を達成できないような場合には、条例で、<u>建築物の敷地・構造・建築設備について</u>の安全上・防火上・衛生上必要な制限を**付加**することができます。

②市町村の条例による制限の緩和（＝緩くなる）（建基41）

　市町村は、**条例で**<u>都市計画区域・準都市計画区域内等の建築物と200m² を超える特殊建築物等を除いて</u>、国土交通大臣の承認を得て、区域を区切って<u>敷地の衛生及び安全</u>（建基19）や<u>居室の採光・換気</u>（建基28）など一定の制限を**緩和**することができます。

4 防火関係、避難関係

防火関係や、避難に必要な設備の規制もアリマス！

①防火壁──耐火建築物又は準耐火建築物以外の建築物で、延べ面積が**1,000m² を超える**建築物は、原則として防火上有効な構造の**防火壁又は防火床**によって有効に**区画**し、かつ各区画の床面積の合計をそれぞれ**1,000m² 以内**としなければなりません（建基26）。
②大規模の木造建築物等の外壁等──延べ面積が**1,000m² を超える**木造建築物等については、その外壁と軒裏で延焼のおそれのある部分を**防火構造**とし、また屋根についても一定の耐火性能に適合するものにするなど、一定の条件をクリアするものとしなければなりません（建基25）。
③避雷設備──高さが**20m 超**の建築物については、**避雷設備**が必要です（建基33）。
④昇降機──高さが**31m 超**の建築物については、**非常用昇降機**の設備が必要です（建基34②）。

避雷針よりエレベーターの方が高い！

5 大規模建築物等の主要構造部関係

大規模建築物等では、その**主要構造部**から規制しないと安全になりません！

①高さ13m超の一定の**特殊建築物**、又は地階を除いた階数が4以上の建築物、高さが16m超の建築物——その主要構造部（その全部又は一部に木材、プラスチックその他の可燃材料を用いているもの）である柱・壁・梁を原則として耐火構造等一定の基準に適合させなくてはいけません（建基21①）。

②延べ面積が3,000m²を超える建築物——その主要構造部の全部又は一部に木材、プラスチックその他の可燃材料を用いている延べ面積が3,000m²を超える建築物は、次のいずれかに適合するものでなければなりません（建基21②）。

　a. 耐火構造であること、その他建築物が通常程度の火災が**終了**するまで耐えることができる等、一定の基準に適合するもの

　b. 一定の防火構造を有する壁、柱、床その他の建築物の部分又は防火戸その他一定の防火設備で**有効**に**区画**し、かつ各区画の床面積の合計をそれぞれ**3,000m²** 以内としたもの

6 居室の採光等・衛生関係

居室には窓などの採光のための**開口部**がないと、健康的ではありませんね♪

①**住宅の居室・病院又は診療所の病室**に設置する採光のための窓その他の開口部の面積は、床面積に対して**1/7以上**でなければなりません（建基28①・令19）。

②住宅の居室に設置する換気のための窓その他の開口部の面積は、床面積に対して**1/20以上**でなければなりません（建基28②）。

③住宅の居室・学校の教室・病院の病室等を**地階**に設ける場合には、壁・床

の防湿の措置等衛生上必要な技術的基準に適合するものでなければなりません（建基 29）。

7 石綿等の飛散又は発散に対する衛生上の措置（建基 28-2）

建築物は、**石綿**（アスベスト）等の衛生上有害な物質が建築材料から飛散・発散しないよう、次に掲げる基準に適合させなければなりません。

①建築材料に石綿その他の著しく衛生上有害な物質を添加しないこと
②石綿等をあらかじめ添加した建築材料を使用しないこと
③居室を有する建築物は、石綿等以外の物質でその居室内において衛生上の支障を生ずるおそれがある一定の物質については、建築材料・換気設備について一定の技術的基準に適合させること

※クロルピリホス、ホルムアルデヒドとされています（建基令 20-5）。

さあ、次の項目からは「集団規定」の中身のお話ですよ！ 「集団規定」は、原則として都市計画区域、準都市計画区域内だけの制限です（建基 41-2）。

3-2-4 建築物の用途規制（用途制限）

この地域にはこのような用途の建物しか建てられない、という制限です。都市計画で定められた13種の用途地域を思い出してください。その地域の特性に応じた用途の制限を定めています。

何でそのような決まりがあるの？

たとえば……大きな騒音を出す工場が、閑静な住宅用の地域である第1種低層住居専用地域にできたら、第1種低層住居専用地域の意味がないですよね。そのための細かな規定ですよ。

建築物の用途制限一覧

※覚えやすいよう、「田園住居地域」の位置を法令順とは変えてあります。

	第 1 種低層住専	第 2 種低層住専	田園住居地域	第 1 種中高層住専	第 2 種中高層住専
住宅、共同住宅、寄宿舎、下宿	○	○	○	○	○
一定規模以下の店舗・事務所兼用住宅	○	○	○	○	○
図書館	○	○	○	○	○
老人ホーム	○	○	○	○	○
神社、寺院、教会	○	○	○	○	○
巡査派出所、公衆電話所	○	○	○	○	○
診療所、保育所、公衆浴場	○	○	○	○	○
児童厚生施設、老人福祉センター	①	①	①	○	○
幼稚園、小学校、中学校、高等学校	○	○	○	○	○
専修学校、高等専門学校、大学	×	×	×	○	○
病院	×	×	×	○	○
店舗・飲食店 その用途の部分が2階以下かつ150m²以内のもの	×	○	○	○	○
店舗・飲食店 その用途の部分が2階以下かつ500m²以内のもの	×	×	⑥	○	○
上記2つ以外の物品販売業を営む店舗・飲食店	×	×	×	×	③
自動車教習所	×	×	×	×	×
旅館、ホテル	×	×	×	×	×
スケート場、ボーリング場、水泳場	×	×	×	×	×
カラオケボックス他	×	×	×	×	×
マージャン屋、ぱちんこ屋、射的場、勝馬投票券発売所	×	×	×	×	×
自動車車庫 2階以下かつ床面積の合計が300m²以内のもの	×	×	×	○	○
自動車車庫 3階以上又は床面積の合計が300m²を超えるもの	×	×	×	×	×
営業用の倉庫	×	×	×	×	×
劇場、映画館、観覧場、演芸場 客席の床面積の合計が200m²未満のもの	×	×	×	×	×
劇場、映画館、観覧場、演芸場 客席の床面積の合計が200m²以上のもの	×	×	×	×	×
料理店、キャバレー	×	×	×	×	×
個室付き浴場	×	×	×	×	×
自動車修理工場 作業場の床面積の合計が150m²以内のもの	×	×	×	×	×
自動車修理工場 作業場の床面積の合計が300m²以内のもの	×	×	×	×	×
大規模工場(作業場の床面積の合計が150m²超のもの)	×	×	×	×	×
危険・有害工場	×	×	×	×	×

丸数字＝①延べ面積600m²以下なら可　　　②用途部分が3,000m²以下なら可
　　　　③用途部分が2階以下かつ1,500m²以下なら可　④物品販売業を営む店舗・飲食店はダメ

第3編
法令
制限

○=許可なしに建築できる。　×=許可がなければ建築できない。

第1種住居地域	第2種住居地域	準住居地域	近隣商業地域	商業地域	準工業地域	工業地域	工業専用地域
○	○	○	○	○	○	○	×
○	○	○	○	○	○	○	×
○	○	○	○	○	○	○	×
○	○	○	○	○	○	○	×
○	○	○	○	○	○	○	○
○	○	○	○	○	○	○	○
○	○	○	○	○	○	○	○
○	○	○	○	○	○	○	○
○	○	○	○	○	○	×	×
○	○	○	○	○	○	×	×
○	○	○	○	○	○	×	×
○	○	○	○	○	○	○	④
○	○	○	○	○	○	○	④
②	○	○	○	○	○	○	×
②	○	○	○	○	○	○	○
②	○	○	○	○	○	×	×
②	○	○	○	○	○	○	×
×	⑦	⑦	○	○	○	⑦	⑦
×	⑦	⑦	○	○	○	⑦	×
○	○	○	○	○	○	○	○
×	×	○	○	○	○	○	○
×	×	○	○	○	○	○	○
×	×	○	○	○	○	×	×
×	×	×	○	○	○	×	×
×	×	×	×	○	○	×	×
×	×	×	×	○	×	×	×
⑤	⑤	○	○	○	○	○	○
×	×	×	○	○	○	○	○
×	×	×	×	×	○	○	○
×	×	×	×	×	×	○	○

⑤作業場が50m²以下なら可(原動機の制限あり)
⑥農業の利便増進目的のもの　　　　　　⑦用途部分が10,000m²以下のもの

〈用途制限学習のコツ！〉

・「建築物の用途制限」をマスターするには、前記の「建築物の**用途制限一覧**」で、「診療所、神社、寺院、銭湯、派出所」など、どの用途地域においても建築可能な建築物から順に**暗記**していくことがコツです。
・また、この「建築物の用途制限一覧」中一番制限が緩い商業地域（大工場、危険有害工場以外は何でも建築できる）を中心に左右（（左）第1種低層住居専用地域、（右）工業専用地域）に向かって制限が**厳しく**なります。
・そして、表内の○と×の"境目"を意識してください。出題は**境目**が狙われます。

1 用途制限関係の決めごと

ここで、重要なポイントを三つ！

①用途地域内における用途制限——建築基準法では、用途地域内における用途制限について細かく定めていますが、**特定行政庁が許可した場合**には、制限されている建築物でも<u>建築することができます</u>（建基48①～⑬）。
②用途地域の指定のない区域内における用途制限——用途地域無指定の区域（市街化調整区域を除く）内では用途制限として、郊外等での大規模集客施設などの無秩序な立地を規制するため、床面積の合計が**10,000m²**を超える店舗・飲食店・展示会場・遊技場などの建築物は建築してはならないことになっています（建基48⑭）。
③建築物の敷地が用途規制の異なる複数の地域にわたる場合——この場合には、その敷地の**過半の属する用途地域**の用途規制にかかる規定のほうが適用されます（建基91）。

3-2-5 道路規制

道路がなければ建物に出入りすることもできなければ、よそに行くこともできません。それほど道路と敷地は"一心同体"です。この規制も、都市計画区域と準都市計画区域の両区域内だけの制限です。

1 建築基準法でいう「道路」

 道路にも、色々な種類があるんだって。

①普通一般的な道路（建基42①）

 幅 **4m 以上**で次のいずれかに該当するものが、建築基準法上の道路とみなされます。例外的に、<u>特定行政庁が指定する区域内</u>では、幅 4m が→6m とされます。

a. 道路法上の道路
b. 都市計画法 、土地区画整理法等による道路
c. 都市計画区域又は準都市計画区域が指定されるときにすでにあった道路
d. 道路法、都市計画法 、土地区画整理法等による新設・変更の事業計画のある道路で、**2 年以内**にその事業が執行予定のものとして特定行政庁が指定したもの
e. 土地を建築物の敷地として利用するため、道路法、都市計画法、土地区画整理法等によらないで築造する道（＝私道）で、特定行政庁からその**位置の指定**を受けたもの──「位置指定道路」ともいいます。

②昔からある幅4m に満たない道路（建基42②）

 昔からある幅 4m 未満の道路の場合は、例外として「**みなし道路**」の規定が適用されることがあります。道路の中心線からそれぞれ 2m の範囲を道路と**みなして**、幅員 4m として扱おうというものです。

建築基準法 42 条 2 項に定められているので、「**2 項道路**」とも呼ばれています。この部分は道路とみなされるので、建物などは建てられません（建基 44）。

 また、旧市街地などで、新しく建築物を建築する際に、道路の幅を 4m 以上確保するために、建築物が従来よりも引っ込んでいるのを見たことはありませんか？　これが「**セットバック**」といわれるものです。

2項道路とセットバック

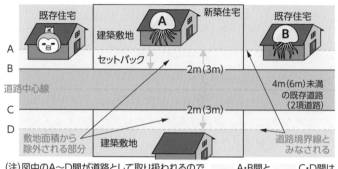

(注) 図中のA～D間が道路として取り扱われるので、A・B間とC・D間は敷地面積に算入できない。また、この部分には建物やへい、擁壁は築造できない。

2 敷地と道路の関係（接道義務）

 都市計画区域と準都市計画区域の両区域内では、建築物の敷地は 2m 以上道路に接していなければなりません（接道義務：建基 43）。

 はて？どうしてかな？？

 敷地へ入るための道路です。図を見てみてね。

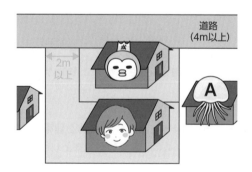

 ！なるほどー!!

従って、当然自動車専用道路などには、接道義務は適用されません（建基
43 ①）。

そして、その他にも、接道義務の例外はあります！　（建基 43 ②）

・その敷地が幅員 4m 以上の道（道路に該当するものを除き、避難及び通行
の安全上必要な国土交通省令で定める基準に適合するものに限ります）に
2m 以上接する建築物のうち、**利用者が少数**であるものとしてその用途及
び規模に関して国土交通省令で定める基準に適合するもので、**特定行政庁**
が交通上、安全上、防火上及び衛生上支障がないと認めるもの　→　接道
義務の<u>適用なし</u>

・敷地の周囲に**広い空地**を有する建築物、その他一定の基準に適合する建
築物で、**特定行政庁**が"交通上、安全上、防火上及び衛生上支障がない"
と認めて**建築審査会の同意**を得て許可したもの　→　接道義務の<u>適用なし</u>

※「建築物」の周囲じゃないよ！　気をつけようっと。

3 道路内の建築制限（建基 44）

道路内に、又は道路に突き出して建築物を建築してはいけません。こ
こまでは当たり前の話です。重要なのは"例外"！　次のものは OK
です（主なもの）。

①地下商店街や地下駐車場など、**地盤面下**に設ける建築物——許可などは不
要

②交番、公衆トイレなど**公益上必要な建築物**で、特定行政庁が通行上支障が
ないと認めて建築審査会の同意を得て許可したもの

③公共用歩廊など政令で定める建築物で特定行政庁が安全上、防火上及び衛
生上他の建築物の利便を妨げ、その他周囲の環境を害するおそれがないと
認めて許可したもの——商店街のアーケードや空中の渡り廊下など。

私道[※]の変更又は廃止によって、その道路に接する敷地が接道義務（建基 43）に抵触することとなる場合には、特定行政庁は、その私道の変更や廃止を**禁止**し、又は**制限**することができます。

※私道はこれを造った者が、特定行政庁からその位置についての指定を受けない限りは、建築基準法上の道路としては扱われません。いわゆる「**位置指定道路**」です（建基 42 ① 五）。

 特殊建築物や一定の大規模建築物の敷地の接道義務も、一般家庭と同じでいいの？

 厳しくすることができます！　**地方公共団体**は、特殊建築物、階数が 3 以上の建築物、延べ面積が 1,000m² を超える建築物などの、敷地が接しなければならない道路の幅員、その敷地が道路に接する部分の長さ、そのほか道路とその敷地又は建築物との関係について、必要があるときは、**条例**によって必要な制限を**付加**することができます。緩和ではなく、厳しくするので、注意してくださいね（建基 43 ③）。

Ⓠ **令 2-18-1**　公衆便所及び巡査派出所については、特定行政庁の許可を得ないで、道路に突き出して建築することができる。

Ⓐ **解説**　公衆便所及び巡査派出所について道路に突き出して建築する場合には、特定行政庁の許可が必要となります（建基 44 ① 二）。答 ×

3-2-6「建蔽率」の制限

都市計画区域と準都市計画区域の両区域内では、建築物には「建蔽率」と「容積率」が適用されます。

建築物を敷地いっぱいに建てたり、無限に大きくしたりすると、日照・採光・通風などの住環境が悪化したり、また火災の時には延焼の危険性も高まります。これらの弊害を防ぐために、**建蔽率**で敷地に一定の空き地を確保させ、**容積率**で建物の建て込み方（過密化）を規制することとしています。まずは「建蔽率」からみてみましょう。

建蔽率と容積率は、しっかり区別！

「建蔽率」は、建築物の敷地面積に対する建築面積の割合です。
建蔽率＝建築面積÷敷地面積（建基53①）

たとえば……

100m²の敷地に50m²の建物を建てる＝建蔽率50％
（建築面積50m²÷敷地面積100m²＝建蔽率50％）

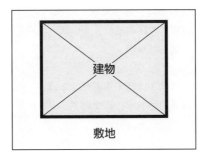

建蔽率が100％を超えることはありません。

用途地域	建蔽率の限度
第1種低層住居専用地域	30％、40％、50％、60％のうち都市計画において定められたもの
第2種低層住居専用地域	
第1種中高層住居専用地域	
第2種中高層住居専用地域	
田園住居地域	
工業専用地域	
第1種住居地域	50％、60％、80％のうち都市計画において定められたもの
第2種住居地域	
準住居地域	
準工業地域	
近隣商業地域	60％、80％のうち都市計画において定められたもの
商業地域	80％
工業地域	50％、60％のうち都市計画において定められたもの
用途地域の指定のない区域	30％、40％、50％、60％、70％のうち特定行政庁が都道府県都市計画審議会の議を経て定めるもの

このように建蔽率は、**商業地域**では**80％**のみ、用途地域の指定のない地域では**特定行政庁**が定め、その他の地域ではこの中から**都市計画**で定めます（建基53①）。

覚え方

商業地域以外は数字は覚える必要はないよ。直接数字が問われることはないし、計算問題でも必要な数字は示されるからネ。

2 建蔽率の緩和

建蔽率の緩和とは……おまけ、プレミアムと考えるとよいでしょう！

①角地の緩和（建基53③二）

特定行政庁が指定する**角地**においては、建蔽率は**10%加算**されます。

②防火地域内の耐火建築物等（建基53③一）

防火地域内の**耐火建築物等**であれば、建蔽率は**10%加算**されます。

※上記①と②両方に該当する場合には足して**20%の加算**。

たとえば、第2種住居地域内の敷地で、建蔽率が都市計画で50%と定められていても、特定行政庁が指定する街区の角地にあれば、建蔽率の最高限度は、50%＋10%で、合計60%にパワーアップ！！

③建蔽率が100%となるもの（建基53⑥）

a. 建蔽率の限度が80%とされている地域内で、かつ防火地域内にある**耐火建築物等**

b. 巡査派出所、公衆便所、公共用歩廊その他これらに類するもの

c. 公園、広場、道路、川その他これらに類するものの**内にある建築物**で特定行政庁が安全上、防火上及び衛生上支障がないと認めて、建築審査会の同意を得て許可したもの

3 敷地が二つ以上の異なる建蔽率の用途地域にわたる場合

建築物の敷地が建蔽率の異なる用途地域・区域の二つ以上にわたる場合の建築物の建蔽率は、その各地域・区域内に属する敷地ごとの面積比案分によります（建基53②）。

たとえば……

〈建蔽率〉

第1種住居地域分80% ×120m^2÷（120m^2＋80m^2）

近隣商業地域分60% ×80m^2÷（120m^2＋80m^2）

第1種住居地域分48%＋近隣商業地域分24%＝72%

〈建築可能床面積〉

200m^2×72%＝144m^2

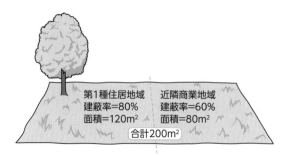

第1種住居地域
建蔽率＝80％
面積＝120m²

近隣商業地域
建蔽率＝60％
面積＝80m²

合計200m²

3-2-7 「容積率」の制限

建蔽率は、建築物の平面（面積）だけの制限ですが、**容積率は高さの制限**（立体・3D）でもあります。二つそろって面積と高さの制限になりますね。

「容積率」は、建築物の敷地面積に対する延べ面積の割合です。
容積率＝延べ面積÷敷地面積（建基52①）

たとえば……

100m² の敷地に
・各階床面積 50m²×3 階（延べ面積 150m²）の建物を建てる＝容積率 150％
・（延べ面積 150m²÷敷地面積 100m²＝容積率 150％）
※容積率は 100％を超えることがあります。

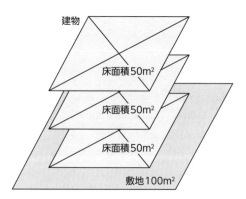

建物

床面積50m²

床面積50m²

床面積50m²

敷地100m²

1 各地域ごとの、容積率の限度は（建基 52 ①）

用途地域	容積率の限度
第 1 種低層住居専用地域	50％、60％、80％、100％、150％、200％のうち都市計画において定められたもの
第 2 種低層住居専用地域	
田園住居地域	
第 1 種中高層住居専用地域	100 ％、150 ％、200 ％、300 ％、400 ％、500％のうち都市計画において定められたもの
第 2 種中高層住居専用地域	
第 1 種住居地域	
第 2 種住居地域	
準住居地域	
近隣商業地域	
準工業地域	
商業地域	200％、300％、400％、500％、600％、700％、800％、900％、1000％、1100％、1200％、1300％のうち都市計画において定められたもの
工業地域	100％、150％、200％、300％、400％のうち都市計画において定められたもの
工業専用地域	
用途地域の指定のない区域	50％、80％、100％、200％、300％、400％のうち**特定行政庁**が都道府県都市計画審議会の議を経て定めるもの

<u>用途地域の指定のない区域</u>では建蔽率も容積率も**特定行政庁**が定めるよ。

2 前面道路幅員による容積率の適用

容積率は、建築物の<u>前面道路</u>の幅が<u>12m 未満</u>の場合は、原則として全面道路の幅に住居関係の用途地域内では**40％**、その他の地域では**60％**を乗じて計算します。そして算出された数値と先ほどの都市計画で定める容積率と比べて"<u>厳しい方</u>"の数値が適用されます（建基 52 ①②）。

この 40％・60％はしっかり覚えて！

 たとえば……

前面道路幅員 10m×40％＝400％

```
┌─────────────────────────────┐
│       前面道路幅員10m         │
└─────────────────────────────┘
        ┌───────────────┐
        │  第1種住居地域   │
        │  都市計画で     │
        │  定められた容積率 │
        │    500％       │
        └───────────────┘
```

　ここでは、せっかく都市計画で500％と認められた容積率が、前面道路が狭いために400％までしか建てられないことになります。
↓そして、
　前面道路が二つ以上あるときは、その幅員の一番**大きい**ものを前面道路として計算します（建基52②）。

3 敷地が二つ以上の異なる容積率の用途地域にわたる場合

　建築物の敷地が容積率の異なる用途地域・区域の二つ以上にわたる場合の容積率は、"建蔽率"と同じくその各地域・区域内に属する敷地ごとの面積比案分によります（建基52⑦）。

 たとえば……

　計算方法は、建蔽率と同じです。前面道路幅員は12mとします。
合計 200m^2
〈容積率〉
第1種住居地域分 200％ ×120m^2÷（120m^2 ＋ 80m^2）＝ 120％
近隣商業地域分 400％ × 80m^2÷（120m^2 ＋ 80m^2）＝ 160％
第1種住居地域分 120％＋近隣商業地域分 160％＝ 280％

〈建築可能延べ面積〉

$200\text{m}^2 \times 280\% = 560\text{m}^2$

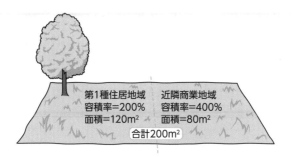

第1種住居地域
容積率=200%
面積=120m²

近隣商業地域
容積率=400%
面積=80m²

合計200m²

3-2-8 建築物の高さ等の制限と日影規制

1 絶対高さの限度

①どこで？　どのくらい？（建基55①）

 第1種・2種低層住居専用地域と田園住居地域内だけのお話です。建築物の高さは、**10m 又は 12m** のうち都市計画において定められた限度を超えることはできません。これを「絶対高さの限度」といっています。

②緩和（建基55②・令 130-10）

 前記①の都市計画において建築物の高さの限度が 10m とされた第1種・第2種低層住居専用地域又は田園住居地域内であっても、次のものの高さの限度は、**12m** に緩和されます。

a. その敷地内に一定の空地を有し、かつ、その敷地面積が 1,500m² 以上である建築物であって、

かつ

b. 特定行政庁が低層住宅に係る良好な住居の環境を害するおそれがないと認めるもの。

③適用除外（建基55③）

 これら「絶対高さの限度」とはいえど、第1種・第2種低層住居専用地域又は田園住居地域内であっても次のいずれかの建築物には、適用されません※。

319

a. その敷地の周囲に広い公園、広場、道路等の空地を有する建築物で、低層住宅に係る良好な住居の環境を害するおそれがないと認めて**特定行政庁**が許可したもの

b. 学校などの建築物で、その用途によってやむを得ないと認めて**特定行政庁**が許可したもの

※こちらは適用除外（建基55③）となるのであり、「10m」が「12m」となる緩和規定（建基55②）とはっきり区別してください。

2 建築物の各部分の高さ（斜線制限）

これもまた、**都市計画・準都市計画区域内**のお話です。

建築物の日照を確保する規定としては、「**斜線制限**」と「**日影規制**」があります。

そういえばビルや住宅などで、ビルの壁や住宅の屋根等の一部分が、まるで斜めに切り取ったような形をしているのを、見たことがあるなあ。

あれは、デザインだけではなくて、隣家などの日照に考慮して建築基準法で定められた規制をクリアするためにそういう形にしているのです。これが「**斜線制限**」です。

（道路斜線制限のイメージ）

斜線制限の出題ポイントは次のとおりです。

斜線制限の種類と規制の概要、適用地域

種類	適用地域	規制の概要
道路斜線制限	用途地域内と用途地域無指定区域	建物の各部分の高さを、前面道路の反対側境界線から一定範囲まで規制
隣地斜線制限	第1種・2種低層住専、田園住居地域を除く　用途地域内と用途地域無指定区域	建物の各部分の高さを、隣地境界線までの距離を基準に規制
北側斜線制限	第1種・2種低層住専田園住居地域 第1種・2種中高層住専	建物の北側の各部分の高さを、北側の前面道路の反対側境界線又は隣地境界線までの距離を基準に規制

※1 第1種・2種低層住専、田園住居地域には「**絶対高さの限度**」（建基55①）があるので、除かれています。

※2 ここでは第1種・2種低層住専、田園住居地域の「絶対高さの限度」（建基55①）と北側斜線制限は**併用**され、10m又は12mを超えることはできません。

大事なのは、適用地域と※マーク！

3 日影による中高層の建築物の高さの制限（日影規制）

地方公共団体の条例で指定する区域（地方公共団体がその地方の気候・風土、土地利用の状況等を勘案して指定～適用対象区域）内にある一定の建築物（適用対象建築物）は、冬至日の一定時間内において、北方向の敷地境界線から一定の範囲を超える部分について、地方公共団体が指定する一定の時間以上、日影となる部分を生じさせてはいけません。これが、「日影規制」です（建基56-2①）。適用対象区域と対象となる建物は、次のとおりです（建基56-2①・別表4）。

〈日影規制が適用される地域と建築物〉

適用対象区域	適用対象建築物
第1種・2種低層住居専用地域 田園住居地域	・軒高 **7m 超**又は地階を除いた階数 **3 以上**の建築物
第1種・2種中高層住居専用地域 第1種・2種住居地域 準住居地域 近隣商業地域 準工業地域	・高さ **10m 超**の建築物
用途地域指定のない区域 　　※どちらか条例で指定。	・軒高 **7m 超**又は地階を除いた階数 **3 以上**の建築物 ・高さ **10m 超**の建築物

覚え方
　軒高　階数　高さ
「7 ＋ 3 は 10」

ここで、重要なポイントを二つ！

・同一の敷地内に二つ以上の建築物がある場合には、これらの建築物を一つ**の建築物とみなして**、日影規制が適用されます（建基 56-2 ②）。
・日影規制の対象区域外にあっても、高さが 10m を超える建築物で、冬至日において対象区域内の土地に日影を落とすものは、**対象区域内にある建築物とみなされて**、日影規制の規定が適用されます（建基 56-2 ④）。

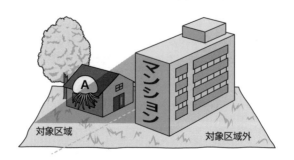

え～と、第１種・２種中高層住居専用地域で日影規制が適用されているときは、北側斜線制限は定められないんだよね!?

そのとおり！　北側斜線制限の適用範囲は、特に住居環境の保護が重要な第１種・第２種低層住居専用地域、田園住居地域と第１種・第２種中高層住居専用地域に限られています。そして、日照の保護を図るための日影規制の適用を受けている第１種・２種中高層住居専用地域の建築物については、重ねての北側斜線制限の適用はないのですね。

第１種・第２種中高層住居専用地域については、日影規制の方が実際に厳しくなっているので、あえて重ねて北側斜線制限を適用する必要がないというわけです（建基56①三かっこ書）。

> **Q** **令2-18-4** 日影による中高層の建築物の高さの制限に係る日影時間の測定は、夏至日の真太陽時の午前８時から午後４時までの間について行われる。

A **解説**　日影時間の測定は、"冬至日"の日影について、測定されます（建基56-2①）。問題文の、夏至日というヒッカケに注意しましょう。答 ×

3-2-9 防火地域内と準防火地域内の制限
1 建築物等の建築制限

ちょっと思い出してください。都市計画法によれば、**防火地域**と**準防火地域**は、都市計画区域内で火災の危険を防ぐため定められる地域ということでした（都計8①五・9）。そして、その具体的な制限の内容についてはこの建築基準法で定められています。

〈防火地域と準防火地域の建築制限〉

（耐火・準耐火・木造建築物の別）

建築制限		対象建築物等
防火地域内 （建基61、令 136-2）	**耐火建築物等**^{※1}としなければならない。	・階数が **3 以上**（地階を含む）の建築物 ・延べ面積が **100m² を超える**建築物
	耐火建築物等^{※1}又は**準耐火建築物等**^{※2}としなければならない。	・上記以外の建築物
準防火地域内 （建基61、令 136-2）	**耐火建築物等**^{※1}としなければならない。	・階数が **4 以上**（地階を除く）の建築物 ・延べ面積が **1,500m² 超**の建築物
	耐火建築物等^{※1}又は**準耐火建築物等**^{※2}としなければならない。	・延べ面積が **500m² 超、1500m² 以下**の建築物 ・階数が **3**（地階を除く）の建築物
	耐火建築物等^{※1}・**準耐火建築物等**^{※2}又は一定の技術的基準に適合する**防火建築物**としなければならない。	・階数が **2 以下**（地階を除く）の建築物 ・延べ面積が **500m² 以下**の建築物

※1 **耐火建築物等**──耐火建築物、又は建築物の主要構造部、防火設備及び消火設備の構造に応じて算出した延焼防止時間（建築物が通常の火災による周囲への延焼を防止することができる時間）が、その主要構造部及び外壁開口部設備（**主要構造部等**）が耐火建築物における基準に適合すると仮定した場合におけるその主要構造部等の構造に応じて算出した延焼防止時間以上であるもの

※2 **準耐火建築物等**──準耐火建築物、又は建築物の主要構造部、防火設備及び消火設備の構造に応じて算出した延焼防止時間が、その**主要構造部等**が準耐火建築物における基準に適合すると仮定した場合におけるその主要構造部等の構造に応じて算出した延焼防止時間以上であるもの

ここで、重要なポイントを一つ！

防火地域内の建築で次のものは、適用除外となります（建基61）。

・高さ2m以下の門・塀
・準防火地域内にある建築物（木造を除きます）に附属するもの

延べ面積が丁度100m²で、3階建ての住宅を防火地域内に建築しようと思っているんです。準耐火建築物にしておけばいいですか？

準耐火建築物ではダメ！　階数が3以上のものや、延べ面積が100m²を超える建築物は耐火建築物等としなければなりません（建基61）。

2 隣地境界線に接する外壁

防火地域又は準防火地域内にある建築物で、外壁が耐火構造であれば、その外壁を、隣地境界線に接して設けることができます（建基63）。

3 建築物が防火・準防火地域の内外にわたる場合は

①建築物が防火地域又は準防火地域とこれらの地域として指定されていない区域にわたる場合、又は②防火地域及び準防火地域にわたる場合には、その全部についてそれぞれ厳しい方の規定が適用されます（建基65）。

〈原則〉
　建築物が異なる地域にまたがる場合で、
・未指定地域と防火・準防火地域にわたるのなら、**防火・準防火地域の規定**が適用！
・準防火地域と防火地域にわたるのなら、**防火地域の規定**が適用！
〈例外〉
　その建築物が防火地域又は準防火地域の外において**防火壁で区画**されている場合は、その防火壁の外側の部分については、厳しい方の規定の適用はありません（建基65①但・②但）。

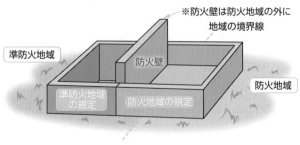

防火壁で区画した場合

※防火壁は防火地域の外に

地域の境界線

準防火地域

防火壁

防火地域

準防火地域
の規定

防火地域の規定

4 防火地域又は準防火地域内の建築物の屋根

防火地域又は準防火地域内では、建築物の屋根は、"一定の技術的基準"に適合するものでなければならないことになっています。必ずしも耐火構造や準耐火構造にする必要はありません（建基62）。

5 看板等の防火措置

防火地域内にある看板、広告塔、装飾塔その他これらに類する工作物で、建築物の屋上に設けるもの又は高さ3mを超えるものは、その主要な部分を不燃材料で造り、又は覆わなければなりません（建基64）。

これは、準防火地域内の規制じゃないよ！

3-2-10 違反建築物に対する措置（建基9①）

では、こういった規定に違反したらどうなるの？

次の①②③の要領で措置がとられます。

①特定行政庁は、建築基準法等の規定に基づく許可に付した**条件に違反**した建築物や建築物の敷地については、

②a. 建築物の**建築主**、建築物に関する工事の**請負人**（下請人を含む。）、**現場管理者**ばかりでなく、b. 建築物やその敷地の**所有者**、**管理者**、**占有者**（賃借人など）に対して、

③その**工事停止**を命じ、又は、相当の猶予期限を付けて、当該建築物の<u>除却、移転、改築、増築、修繕、模様替え、使用禁止、使用制限</u>その他これらの

　規定又は条件に対する違反を是正するために必要な措置をとるよう命ずる
ことができます。

3-2-11 建築協定

 キレイに建物のデザインや街区の景観がそろった街並みを見たことあり
ませんか。

 う〜ん、お揃いの壁面線で統一した街並みなどを見たことあるかも
……

 そうなんです。その地域の土地所有者や借地権者が、「建築協定」を
定めていると、壁面線をそろえたり、交差点の隅切りを設けたりと、
その地域の実情に合わせた細かい街づくりを推進することができま
す。

1 建築協定の目的等（建基69）

①建築協定の根拠は？——市町村の**条例**で、建築協定を定めてもよいとされてい
る区域に限られます。

②誰が作るの？——土地の**所有者**及び**借地権者**（＝土地の所有者等）です。

2 建築協定の作成（建基70）

①協定では何を締結するの？—— 一定の**区域**（建築協定区域）を定め、その区
域内の建築物の敷地、位置、構造、用途、形態、意匠又は建築設備に関する基
準について締結します。

②合意は？——建築協定書には、原則として土地の所有者等の**全員の合意**が必要
です。

③作ったら？——土地の所有者等は、「建築協定書」を作成したら、代表者が、
特定行政庁に提出し、その**認可**を受けなければなりません。

3 建築協定の効力（建基75）

 後からその区域内に引越ししてきた人なんかは、協定を守ってくれる
かな？

認可の公告あった建築協定は、公告後に建築協定区域内の土地の所有者等となった者に対しても、原則として効力があります。

 それと、"一人協定"っていうのがあるって聞いたけど、どんなもの？

 建築協定の区域内に所有者等が1人しかいないときには、建築協定は、その1人でも定めることができます。そして特定行政庁の認可の日から3年以内に区域内の土地の所有者等が2人以上となった時から通常の建築協定と同一の効力を生じることになります（建基76-3⑤）。

 これは、開発業者が、宅地の分譲開始前に建築協定を締結し、建築協定付き住宅地として販売できるようにしたものです。

Q 平24-19-4 建築協定区域内の土地の所有者等は、特定行政庁から認可を受けた建築協定を変更又は廃止しようとする場合においては、土地所有者等の過半数の合意をもってその旨を定め、特定行政庁の認可を受けなければならない。

A 解説 建築協定を変更しようとするときは、土地所有者等の全員の合意をもって手続きを行う必要があります（建基74）。 答×

3-3 国土利用計画法

「土地転がし」という言葉を聞いたのですが、何だか面白いものですか？

土地を仕入れて、もうけをのせて、売却する……これを繰り返しますと、天井知らずに土地の値段が上がっていってしまいますね。それでは、庶民にとってはマイホームが"高嶺の花"になってしまうおそれも！　どこかでチェックを入れないとダメですね。「国土利用計画法（国土法）」とはそのような法律ですよ。

3-3-1 国土利用計画法（国土法）とは

1970年代の列島改造論による"地価狂乱時代"にこの法律ができ、1980年代後半のバブル経済期の地価高騰時期に大幅に強化されました。そう、国土利用計画法の目的は、「**地価の高騰を抑える**」ことです♪

土地価格が無意味に上昇しないよう、土地が有償譲渡される際に、その**価格**や**利用目的**をチェックして、過度な譲渡益（値上がり益）を目的とした転売（土地転がし）などが繰り返されないように目を光らせています。

3-3-2 土地取引の規制の方法

1 国土利用計画法における土地取引の規制

国土法における土地取引の規制には、次のものがあります。

①土地取引の**許可制度**※──事前に許可を得ないと、土地取引の効果が発生しない（＝無効）（国土14①③）。

※"許可制度"は、その影響の大きさから、まだ一度も発動されたことはありません。

②土地取引の**届出制度**──原則は取引後に届け出ます！（国土23）

329

届出を怠っても取引は有効ですが、その旨公表されたり、勧告を受けたりします。そして、地価が高騰し始めて、**注視区域**や**監視区域**が指定されたような場合には、下線<u>事前届出</u>が必要となります。

国土法の出題でのメインは、
②の「**事後届出制**」になるんだって！

そして、区域ごとの規制内容ですが……

第3編
制法
限令

区域の種類	特　徴	規制の態様は	
一般の区域 （下記以外） （国土 23）	一定の 面積以上の一団の土地に関する権利を、対価を得て、移転・設定する売買等の契約を締結した場合に届け出る。	事後届出制	だんだん規制が厳しくなる
注視区域 （国土 27-3）	指定期間は 5 年以内 。届出対象面積は、上記と同じ。契約の中止を勧告できる。	事前届出制	
監視区域 （国土 27-6）	地価の高騰が収まらない場合、届出対象面積を引き下げることができる。	事前届出制	
規制区域 （国土 12①）	都市計画区域内で、投機的取引の集中や急激な地価の上昇等の要件に該当する区域。	許可制	

まず「**事後届出**」で、地価の動向をチェックして、高騰の兆しがあれば、一般的に「**注視区域**」を指定、それでもダメなら「**監視区域**」が指定されます。

3-3-3 事後届出の制度

「**事前届出**」となるケース（注視区域又は監視区域内の土地取引等）もありますが、出題のメインは「**事後届出制度**」です。

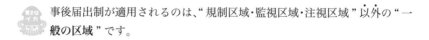
事後届出制が適用されるのは、"規制区域・監視区域・注視区域"以外の"一般の区域"です。

1 許可・届出を要する「土地売買等の契約」

 事後届出の要件は、先の表にもありますが、ここでもう一度確認しましょう。

なお、①～③は、事後・事前届出、許可を問わず、共通となる基本です。

　一定の面積以上④の一団⑤の土地に関する権利①を、対価②を得て、移転・設定する売買等の契約③を締結した場合

 この①～③に④⑤の面積がそろった場合に、権利取得者（売買なら、買主のこと）は、その契約を締結した日から起算して**2週間以内**に、土地の利用目的や対価の額を、土地が所在する市町村長を経由して、**都道府県知事**（指定都市では市長）に届出をしなければなりません（国土23・44）。

①「**土地に関する権利**」とは——"**所有権・地上権・賃借権**"の三つをいい、これらの権利を**取得**する場合に届出が必要になります（国土14①・令5）。

②「**対価を得て**」とは——土地売買等の契約は、金銭又は金銭に換算できる**経済的価値の授受**がある土地取引でなければなりません（国土14①）。

③「**契約**」とは——"**所有権・地上権・賃借権**"の三つの権利の**取得**を目的とする**契約**のことです（国土14①）。

a．③に 該当するもの の例——譲渡担保・代物弁済（所有権が移転するから）
　　代物弁済（予約を含む）は、権利の移転に該当し、対価の授受を伴い、契約によって行われるので、要件がそろっており、届出が必要となります。

b．③に 該当しないもの の例——抵当権・不動産質権の設定（所有権が移転しないから）
　「信託契約による所有権の移転」は、対価の授受を伴わないため、該当しませんが、受託者が信託財産を有償で処分した場合には、届出の対象となります。
　「地上権・賃借権の設定・移転に伴う対価」は、権利金その他権利設定に伴う一時金として支払われるものであり、これらは届出の対象となりますが、地代・賃料などの金銭の授受は、地上権・賃借権の設定・移転に伴う対価には当たりません。

〈届出を要する主な「土地売買等の契約」の範囲〉

「権利」「対価」「契約」の三つが○になって初めて届出が必要となります。

権利移転の形態	権利	対価	契約	届出の要否
売買、売買予約	○	○	○	○
保留地処分（区画整理）	○	○	○	○
共有持分の**譲渡**	○	○	○	○
譲渡担保	○	○	○	○
代物弁済、代物弁済予約、交換	○	○	○	○
予約完結権、買戻権等の形成権の譲渡	○	○	○	○
停止条件又は**解除条件**付契約	○	○	○	○
地上権・賃借権の設定又は**譲渡**	○	○	○	○
信託受益権の譲渡	○	○	○	○
地役権、使用貸借権、**抵当権**、不動産質権の移転・設定	×	○	○	×
抵当権消滅請求、代価弁済	×	○	×	×
贈与、**負担付贈与**、財産分与、合意解除、信託の引受け及び終了	○	×	○	×
予約完結権、**買戻権**、**解除等の形成権** の行使	○	×	×	×
相続、遺贈、遺産の分割、時効取得	○	×	×	×
土地収用、換地処分（土地改良、区画整理）	○	×	×	×
共有持分の**放棄**	○	×	×	×

※形成権……権利者の**一方的な意思表示**で法律関係の変動を生じさせる権利。

　　　　　契約は、その当事者間の意思表示の合致（合意）で成立するので、当事者間の**合意**により土地の権利が**設定**され、又は**移転**するものであれば、売買契約でなくとも該当します。たとえば……“**予約完結権の行使・解除権・買戻権**”は、該当しません。これらは、権利者の一方的な意思表示によって法律関係の変動を生じさせる“形成権の行使”にあたるもので、これによる権利移転は、当事者間の意思表示の合致によるものではないからです（権利を使うだけだから）。一方、予約完結権・買戻権そのものの譲渡は“当事者間の意思表示の合致”によるものであり、**契約に当たる**ので、届出の対象となりま

す。

④「一定の面積以上」とは？

　　　　土地が所在する場所によって届出対象となる規模が異なります。次の
　　　　面積以上の場合に届出が必要となります（国土 23 ②一）。

〈届出が必要になる面積規模〉

市街化区域	2,000m²
市街化区域以外の都市計画区域※1	5,000m²
都市計画区域外の区域※2	10,000m²

※1 市街化区域以外の都市計画区域……市街化調整区域と区域区分の定めのない都市計画区域
※2 都市計画区域外の区域……準都市計画区域、都市計画区域及び準都市計画区域外の区域

⑤「一団の」とは？

　　　　一つの土地、又は隣接するバラバラの土地を一つずつ買い足して一ま
　　　　とまりの土地としたものです。たとえば……なるやま君が A・B から、
　　　　市街化区域内の隣接する土地それぞれ 1,500m² ずつを買った場合は、
合計で 3,000m² になるので、取得したなるやま君に届出義務が発生します。

なるやま君が届け出る

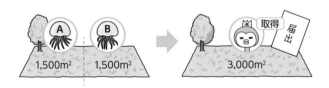

　なるやま君が、3,000m² の土地を A・B にそれぞれ 1,500m² ずつに分割して
譲渡した場合、権利取得者であっても A・B は届出が不要です。

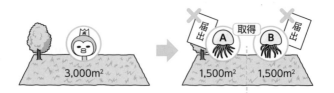

A・Bとも届出不要

 では、たとえば市街化区域にある土地を半年前に **1,000m²** 買って、今また**隣地を 1,000m²** 買い増ししたとします。この場合は届出は必要でしょうか？

 譲受人（買主）が土地を買い進め、数筆の隣接する土地を購入する場合、それらの土地の個々の取引面積は小さくても、それぞれが地域内で接していて、**合計が届出対象面積以上の「一団の土地」**の取引となれば、買い受けた時期が同時でなくても、それぞれ契約を結ぶたびに届出が必要です。

分筆売買や時期をずらした売買でも、**計画性**があれば「**一団の土地取引**」となります。ですが、当初の契約を行う時点で、買い増す意図が全くなければ、その後の土地の追加購入によって合計が届出対象面積以上となっても届出は不要です。

> **Q** **平15-16-3** Ｆが所有する市街化区域に所在する面積 5,000m² の一団の土地を分割して、1,500m² をＧに、3,500m² をＨに売却する契約をＦがそれぞれＧ及びＨと締結した場合、Ｇは事後届出を行う必要はないが、Ｈは事後届出を行う必要がある。

A **解説** 届出を行うのは一定面積以上の一団の土地を取得したＨだけです（国土 23）。 答○

2 例外（届出不要）

 次のいずれかの場合には、この届出をすることなく、契約を締結することができます（国土 23 ②二・三、令 17）。

①契約当事者の一方又は双方が**国・地方公共団体等**の場合

②民事調停法による**調停**に基づく場合

③**農地法3条1項の許可**（**農地の売買の許可**）を要する場合――利用目的が農地と決まっているからOK！

④滞納処分・強制執行・担保権の実行としての競売により換価する場合

⑤後述する監視区域、注視区域又は規制区域内の土地について、土地売買等の契約を締結した場合　他

3 事後届出に関する勧告・公表

①勧告

都道府県知事は、届出に係る土地の**利用目的**が土地利用に関する計画に適合せず、その土地を含む周辺地域の適正かつ合理的な土地利用を図るのに**著しい支障がある**と認めるときは、土地利用審査会の意見を聴いて、届出をした者に対して、その届出に係る土地の「**利用目的の変更**」を勧告することができます（国土24①）。

※この勧告は、届出があった日から起算して**3週間以内**にしなければなりません（国土24②）。

ここで勧告できるのは「利用目的」だけ！

②公表

この勧告を受けた者が勧告に従わないときは、都道府県知事は、その旨及びその勧告の内容を**公表**することができます（国土26）。

ですが契約の効力等には影響ないし、罰則もありません。なんだか拍子抜けですね♪

4 助言

都道府県知事は、事後届出に係る土地の利用目的について、当該土地を含む周辺の地域の適正かつ合理的な土地利用を図るために**必要な助言**をすることができます（国土27-2）。

※届出をした者がその助言に従わなくても、公表することはできません。助言に従わない場合に公表できる旨の規定まではありません。

3-3-4 注視区域内の特例（事前届出）
1 注視区域の指定（国土 27-3 ①②）

先ほど出てきた、注視区域についてその指定から見ていきましょう。

①**指定権者と指定**——都道府県知事が、あらかじめ**土地利用審査会及び関係市町村長の意見**を聴いて指定します。

②**指定要件**——その都道府県の区域のうち、地価が相当程度を超えて上昇し、又は上昇するおそれがあるとして国土交通大臣が定める基準に該当し、適正で合理的な土地利用の確保に支障をきたすおそれがあると認められる区域であること（規制区域・監視区域を除く）

③**指定期間**——注視区域の指定の公告の日から **5 年以内**（国土 27-3 ①③・12 ②）

2 注視区域内の届出と契約締結の制限（国土 27-4 ①②）
①届出

注視区域の土地について土地売買等の契約を締結しようとする場合には、当事者は事前届出をしなければなりません。事前届出が必要となる面積要件、適用除外などは事後届出とほぼ同じです（国土 27-4 ①②）。

事後届出の"事前版"が「注視区域」と思って理解すればいいね！

②契約締結の制限期間

そして、この届出をすると、届出の日から起算して **6 週間**を経過する日まで、その契約を締結することができません。もっとも、勧告又は勧告をしない旨の通知を受けた後は、契約をすることができます（国土 27-4 ③）。

3 注視区域内における勧告と通知

①勧告

 都道府県知事は、注視区域内の規定による届出があった場合には、その届出事項が次のいずれかに該当し、その土地を含む周辺の地域の適正かつ合理的な土地利用を図るために**著しい支障**があると認めるときは、土地利用審査会の意見を聴いて、その届出をした者に対し、土地売買等の契約の締結を中止すべきこと、その他必要な措置を講ずるよう**勧告**することができます（国土27-5①）。

a. 届出に係る土地の予定対価の額が、<u>著しく適正を欠くこと</u>
b. 届出に係る土地の利用目的が土地利用基本計画その他の土地利用に関する<u>計画に適合しないこと</u>
c. 届出に係る土地の利用目的が、道路、水道その他の公共施設もしくは学校その他の公益的施設の整備の予定からみて、又は周辺の自然環境の保全上、<u>明らかに不適当</u>なものであること

※この勧告は、届出があった日から起算して**6週間以内**に行われます（国土27-5②）。

②通知

また、都道府県知事は、勧告をする必要がないと認めたときは、遅滞なく、その旨を届出をした者に**通知**しなければなりません（国土27-5③）。

③勧告に従わない場合

この勧告を受けた者が勧告に従わないときは、都道府県知事は、その旨及びその勧告の内容を**公表**することができます（国土27-5④・26）。ですが契約の効力には影響はないし、罰則もありません。

3-3-5 監視区域内の特例（事前届出）

1 監視区域の指定

①指定権者と指定——都道府県知事が、あらかじめ、**土地利用審査会及び関係市町村長**の意見を聴いて指定します（国土27-6①②）。

②指定要件——その都道府県の区域のうち、地価が急激に上昇し、又は上昇するおそれがあり、これによって適正かつ合理的な土地利用の確保が困難となるおそれがあると認められる区域であること（規制区域を除く）

③指定期間──監視区域の指定の公告の日から**5年以内**(国土27-6①③・12②)

2 監視区域内の届出対象面積

①届出対象面積

事後届出や注視区域の法定面積ではなく「都道府県の**規則**で定められた面積以上」に引き下げられます。つまり、その状況により届出対象面積を小さくして、小規模な土地取引もチェックしようというものです(国土27-7①)。

②契約締結の制限期間

注視区域同様、この届出をすると、その届出をした日から起算して**6週間**を経過する日まで、その**契約を締結すること**ができません。こちらも、勧告又は勧告をしない旨の通知を受けた後は、契約することができます(国土27-7①)。

3 監視区域における土地売買等の契約に関する勧告等

①勧告──都道府県知事は、監視区域内において届出があった場合に、合理的な土地利用を図るために**著しい支障**などがあると認めるときは、土地利用審査会の意見を聴いて、その届出をした者に対してその土地売買等の契約の締結を中止すべきことや、その他の必要な措置を講ずべきことを**勧告**することができます(国土27-8①)。

②勧告に 従わない 場合──この勧告を受けた者が勧告に従わないときは、都道府県知事は、その旨及びその勧告の内容を**公表**することができます(国土27-8②)。ですがこれまた、契約の効力には影響はないし、罰則もありません。

ここで、重要なポイントを一つ！

・届出制では、いずれも届出そのものをしないと罰則がありますが、**勧告を無視**しても、公表までで、**罰則はありません**。

3-3-6 土地取引の許可制

地価抑制策の最後の切り札です。地価の高騰を招くような土地取引の契約を**不許可**として、**無効**にすることができる強力なものです。ゆえにまだ一度も発動されたことはありません。

1 規制区域の指定

指定についてはこちら！

①指定権者と指定──都道府県知事が、独自に指定できます（国土 12 ①）。

②指定要件──届出制の要件に加え、"投機的取引が相当範囲にわたり集中して行われ、又は行われるおそれ"があるときに指定されます。

③指定の効果──規制区域内で、土地の取引行為などを行うには、事前に都道府県知事の**許可**を受けなければなりません（国土 14 ①）。

2 許可を受けないでした行為は？

　届出制では、事前・事後届出ともに届出をしなくても、契約は有効でしたが、この"**許可制**"では、許可を得ないでした行為は、その効力を生じません（**無効**）（国土 14 ③）。また、罰則を受けることにもなります（国土 46）。

"**許可制**"は、ほとんど出題されませんが、「有効・無効」に関しては、よく押さえておいてくださいね！

3-3-7 罰則について（主なもの）

国土法では、どんなときに**罰則**を受けるの？

それでは、よく試験に出るものを見ておきましょう。

①事後届出や事前届出が必要なのに、届出そのものをしないと……
　➡ 6 か月以下の懲役又は 100 万円以下の罰金（国土 47）

②事前届出の後で、契約締結の制限期間内に契約をすると……
　➡ 50 万円以下の罰金（国土 48）

③必要な許可を受けずに契約をすると……
　➡ 3 年以下の懲役又は 200 万円以下の罰金（国土 46）

Ⓠ 平 22-15-1 改 Aが、自ら所有する市街化区域内の 5,000㎡の土地について、Bに売却する契約を締結した場合、Bが契約締結日から起算して 2 週間以内に法 23 条の事後届出を行わなかったときは、A及びBは 6 月以下の懲役又は 100 万円以下の罰金に処せられる場合がある。

Ⓐ **解説** これは事後届出が必要なケースで、この場合は権利の取得者である Bにのみ事後届出の義務があります。Bは届出をしないと 6 か月以下の懲役又は 100 万円以下の罰金となることがあります（国土 47）。売主Aにお咎めはありません。 答 ×

第 3 編
法令
制限

〈事後届出制と事前届出制、許可制の対比〉

	事後届出制	事前届出制	許可制
適用区域	規制区域・監視区域・注視区域以外の区域	注視区域=地価が相当な程度を超えて上昇（指定期間5年以内） 監視区域=地価の急激な上昇（期間5年以内）	規制区域=地価の急激な上昇＋投機的取引の集中（指定期間5年以内）
対象となる行為	土地に関する権利を、対価を得て、移転・設定する売買等の契約を締結した場合		
届出不要の場合	①抵当権・贈与・信託等の契約を締結する場合 ②相続・遺産分割をする場合 ③予約完結権・買戻権を行使する場合 ④契約の当事者の一方又は双方が国・地方公共団体等である場合 ⑤民事調停法による調停の場合 ⑥農地法3条の許可を受ける場合		同左 （不許可の場合、買取請求権あり）
「一団」の判断基準	権利取得者が基準	当事者双方が基準	―
届出時期	契約締結後2週間以内	予め（契約締結前）	―
届出義務者許可申請者	権利取得者	当事者（契約を締結しようとする両者）	
届出対象面積	市街化区域 　　＝2,000㎡以上 市街化区域外の都市計画区域＝5,000㎡以上 都市計画区域外の区域＝10,000㎡以上	注視区域:左と同じ 監視区域:知事が都道府県の規則で定める面積以上	面積要件なし
契約締結の制限期間	―	6週間	
勧告の対象	土地の利用目的の変更（再度の届出不要）→勧告無視の場合は公表可能	予定対価の額・利用目的の変更（変更のときは原則再度の届出必要）→勧告無視の場合は公表可能	―
勧告時期	原則届出後3週間以内	届出後6週間以内	―
勧告無視	公表されるも、罰則なし		―
助言制度の有無	あり	なし	
届出・許可違反の場合の効力	契約自体は有効		契約は無効
届出・許可違反の場合の罰則	懲役又は罰金		

3-4 土地区画整理法

土地区画整理法……「換地(かんち)」とか「減歩(げんぶ)」とか、聞きなれない言葉も多いみたい！

土地区画整理事業の施行地区内の土地については、必要な工事の許可がなければ広告をすることも契約を締結することもできませんし、建築物の建築制限なども重要事項として説明しなければなりません。このように業務上でも重要な項目ですので、試験対策としてもがんばって学習しましょう♪

3-4-1 土地区画整理法とは〜土地区画整理事業の目的

旧市街地などでは、道路が極端に狭かったり、きちんとマス目状に整備されていなかったりと、生活上困るわぁということはないでしょうか？　また、近所にちょっとした広場や公園があるといいな、ということもあるでしょう。**土地区画整理事業**は、関係権利者の権利関係をうまく調整しながら、暮らしやすい街づくりを進めるものです。

1 用語の定義

まずは、出てくる用語の定義を押さえましょう（整理2）。

施行者	土地区画整理事業を施行する者
施行地区	**土地区画整理事業を施行する土地の区域**
施行区域	**都市計画事業として土地区画整理事業を施行する土地の区域**
公共施設	道路、公園、広場、河川その他、公共の用に供する施設
宅　地	公共施設の用に供されている国又は地方公共団体の所有する土地以外の土地
借地権	借地借家法にいう借地権
借　地	借地権の目的となっている宅地

2 土地区画整理事業の施行者

 土地区画整理事業を施行する者（**施行者**）は、次のとおりです。

〈民間施行〉
①個人施行者（整理4）
②土地区画整理組合（整理14）
③区画整理会社（整理51-2）
〈公的施行〉※
④都道府県・市町村（整理52）
⑤国土交通大臣（整理66）
⑥独立行政法人都市再生機構又は地方住宅供給公社（整理71-2）
※公的施行の場合は、知事の認可が不要であることがポイントです。

①個人施行——土地区画整理事業は、宅地の所有権者又は借地権者が個人施行として**1人又は数人**で共同して施行することができます。個人で施行するには規準又は規約と事業計画を定め、その土地区画整理事業の施行について都道府県知事の**認可**を受けなければなりません（整理4①）。

②土地区画整理組合の設立——土地区画整理組合を設立しようとする者は、**7人以上**で共同して、定款及び事業計画を定めて、その組合の設立について都道府県知事の**認可**を受けなければなりません（整理14①）。

また、事業計画の決定に先立って組合を設立する必要があるときは、事業計画の代わりに事業基本方針を定めて、都道府県知事の**認可**を受けることもできます（整理14②）。

③区画整理会社の施行——株式会社である区画整理会社は、規準と事業計画を定め、施行地区となるべき区域を管轄する市町村長を経由して、都道府県知事の**認可**を受けなければなりません（整理51-2①）。

④公的施行——**地方公共団体・国土交通大臣・独立行政法人都市再生機構（UR）**などは、施行規程及び事業計画を定めて、土地区画整理事業を**施行**することができます（整理52①・66①・71-2①）。

3 都市計画事業との関係は

土地区画整理事業には、"都市計画事業として行われるもの"（整理3-4①）と、"都市計画事業以外のもの"として行われるものがあります。

①都市計画事業として行われる土地区画整理事業

都市計画の**市街地開発事業**として行うものであり、<u>市街地開発事業の施行区域内の土地</u>について土地区画整理事業を施行するものです。**市街化区域又は区域区分の定めのない都市計画区域内**で施行されます（整理3-4①）。

地方公共団体・国土交通大臣・独立行政法人都市再生機構などの**公的施行**の場合は、土地区画整理事業は必ず都市計画事業（＝市街地開発事業）として<u>施行区域内においてのみ施行することができます</u>（整理3④・3-2①）。

ということは、これら公的施行の場合は、市街化区域又は区域区分の定めのない都市計画区域内でのみ土地区画整理事業を施行できるので、"市街化調整区域内で土地区画整理事業を行うことはできない"ということです。

②都市計画事業以外のものとして行われる場合

一方、個人施行者・土地区画整理組合・区画整理会社などの民間施行では、都市計画事業以外のものとして土地区画整理事業を施行することができるので、都市計画に定められた施行区域以外の土地でも、土地区画整理事業を施行することができます（整理3①②③）。

〈民間施行と公的施行の比較〉

	民間施行＝個人・組合・区画整理会社	公的施行＝地方公共団体・国交大臣・機構
「どこで」土地区画整理事業を行うの？	土地区画整理事業の「施行地区」内	都市計画事業に定められた「施行区域」内
「都市計画事業」として行う必要があるかな？	必要ないよ！	必要あるよ！
「市街化調整区域」で行うことができるかな？	できます！	できません！

3-4-2 土地区画整理事業の実施

土地区画整理事業は、「換地」と「減歩」という手法により、土地の区画整理が行われます。区画整理が行われ、幅員の整った道路や公園などが区域内に整備されることになります。

土地区画整理事業のイメージ（換地）

従前地　　　　　　事業地(工事)　　　　　換地処分後

区画整理に伴って、換地処分後の土地の面積が従前地の面積よりも狭くなる場合もありますが（**減歩**）、でもよく見てください。整備された区画は地価が高くなり、損しないという理屈です。何よりも、暮らしやすい街並みが実現します。

減歩のイメージ

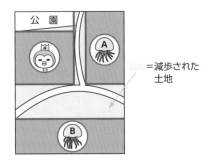

＝減歩された
土地

1 換地計画
①換地照応の原則

換地計画において定める**換地**は、従前の宅地と位置・地積・土質・利用状況・環境等が同じようなものでなければなりません（整理89①）。

②換地計画の認可手続

施行者は施行地区内の宅地について換地処分を行うため、**換地計画を**定めなければなりません。換地計画を定めるには、施行者が都道府県・国土交通大臣以外の場合には、都道府県知事の**認可**を受けなければなりません（整理86①）。

③換地計画の内容

換地計画には個々の宅地をどのように再配置するかを定めるとともに、換地設計、各筆換地明細のほか、**清算金**※や**保留地**なども定めなければなりません（整理87①）。

※換地又は換地不交付により不均衡が生じた場合に<u>金銭により清算</u>します（整理94）。

④換地計画の縦覧

個人施行者以外の施行者は、その計画を**2週間**、<u>公衆の縦覧</u>に供し、その縦覧期間内に利害関係者は施行者に対して**意見書**を提出することができます（整理88②③）。

⑤換地を定めないこともできる

換地計画において、<u>宅地の所有者の申出又は同意</u>※があった場合には、その宅地の全部又は一部について換地を定めないことができます（整理90）。

※この申出や同意ができるのは、宅地の**所有者だけ**ダヨ。

⑥換地計画の変更

換地計画を定める際に都道府県知事の認可を受けた施行者（整理86①）は、換地計画を変更する場合にも、都道府県知事の認可を受けなければなりません（整理97①）。

⑦保留地の設定

個人、土地区画整理組合、区画整理会社など<u>民間施行の土地区画整理</u>事業の換地計画では、土地区画整理事業の施行費用に充てるために、又は定款等で定める目的のために、一定の土地を換地しないで、**保留**

地とすることができます（整理96①）。いわば、“とっておきの土地”というところですね♪

地方公共団体などの公的施行の場合は、**土地区画整理審議会の同意**を得て、土地区画整理事業の施行費用とする場合にだけ、施行後の宅地の総額が施行前の宅地の総額を上回る範囲内で、保留地を定めることができます（整理96②③）。

〈土地区画整理事業の流れ〉

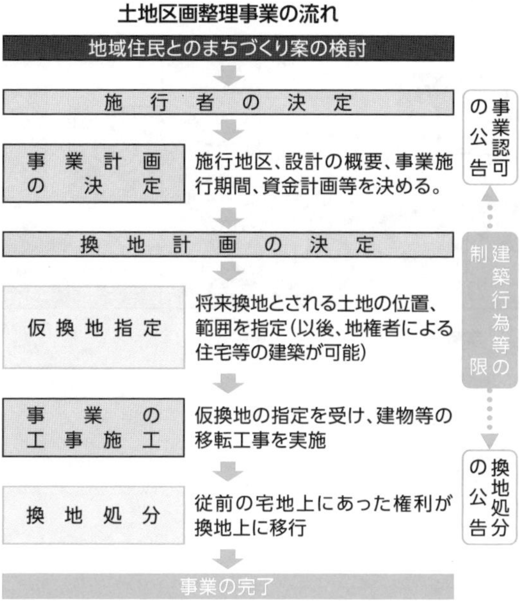
土地区画整理事業の流れ
地域住民とのまちづくり案の検討
施行者の決定
事業計画の決定
施行地区、設計の概要、事業施行期間、資金計画等を決める。
換地計画の決定
仮換地指定
将来換地とされる土地の位置、範囲を指定（以後、地権者による住宅等の建築が可能）
事業の工事施工
仮換地の指定を受け、建物等の移転工事を実施
換地処分
従前の宅地上にあった権利が換地上に移行
事業の完了
事業認可の公告
建築行為等の制限
換地処分の公告

保留地は、事業の施行費用に充てるのはいいけど、いつ“保留”でなくなるの？

換地計画において保留地として定められた宅地は、換地処分の公告があった日の翌日において、**施行者が取得**します（整理104⑪）。

2 仮換地の指定

　施行者は、換地処分を行う前において、土地の区画形質の変更や公共施設の新設・変更に係る宅地の造成工事の都合上必要がある場合又は換地計画に基づく換地処分を行うため必要がある場合においては、施行地区内の宅地について"仮換地"を指定することができます（整理98①）。

　たとえば……土地区画整理事業の工区をA工区・B工区・C工区に分けて、A工区は未着工、B工区は工事中、C工区は造成工事が完了したとします。ですが換地処分の公告はすべての工事が完了しないとできないし、それまでは使用収益もできません。そこで工事が完了したC工区を仮の換地（＝仮換地）として指定し、使用・収益できるようにしたのです。

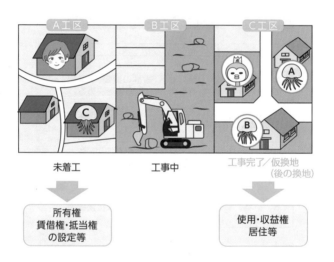

未着工　　　　　工事中　　　　工事完了／仮換地
　　　　　　　　　　　　　　　　　（後の換地）

所有権
賃借権・抵当権
の設定等

使用・収益権
居住等

3 仮換地の指定の効果

　土地区画整理法上の仮換地が指定されると、使用・収益するのは、仮換地になりますが、所有権や抵当権といった土地に関する権利は従前の宅地上に残ります。すなわち仮換地が指定されると、家を建てたりして居住するのは仮換地に、自分の土地を売却するのは従前地、ということになります（整理99①）（前出、「土地区画整理事業のイメージ」の図参照）。それと、都合によっては、仮換地を使用収益できる日を、効力発生の日と別の日に定める場合があります。指定された仮換地にまだ家屋が残っていたりしますと、仮換地の効力発生の日からは使えないので、使用開始日を別に定めます（整理99②）。

第3編
制法
限令

僕も、仮換地の指定してもらったよ！　ところで、宅地に抵当権をつけて、銀行からお金を借りようと思うんですけど、抵当権は、仮換地につけるの？　それとも、元の宅地（前前地）？

従前地に抵当権を設定します！　仮換地指定の効力の発生の日から換地処分公告の日の翌日まで、従前地の所有者なるやま君は、従前地の使用収益はできませんが、**従前地の所有者である**ことに変わりはないですよね。そこで、所有権を有するのですから、**従前地のほうに抵当権を設定し**て、その旨の**登記**をすることができます。

さてここで、重要なポイントを二つ！

・今まで仮換地について権原に基づいて使用・収益することができた者は、仮換地の指定の効力発生の日（整理 98 ⑤）から換地処分の公告（整理 103 ④）がある日まで、その仮換地を使用・収益することができなくなります（整理 99 ③）。

・仮換地の指定や使用・収益の停止により使用・収益できる者のなくなった従前の宅地は、換地処分の公告がある日までは、**施行者が管理**します（整理 100-2）。

4 換地処分

　換地計画に係る区域の全部について土地区画整理事業の工事が完了すると、遅滞なく、施行者により**換地処分**が行われます（整理 103 ②）。換地処分がされると、国土交通大臣又は都道府県知事がその旨を**公告**（換地処分の公告）します（整理 103 ④）。

※具体的には関係権利者への**通知**によります（整理 103 ①）。

「換地処分」と「換地処分の公告」は別ものダヨ。

①換地処分の効果——換地処分が行われると、換地は換地処分の公告のあった日の翌日より従前の土地とみなされます。従前の宅地上に存在した抵当権などは、元となる被担保債権が存在していれば、土地の形状が変わっても、そのまま従前の宅地とみなされた換地上に存在し続けます。

　換地計画において、換地を定めなかった従前の宅地について存する権利は、公

告があった日が終了したときに**消滅**します（整理104①）。

②**清算金の確定**——換地を定めた場合や定めない場合においても、不均衡が生じたときのために、換地計画において「清算金」としてその額を定めておきます（整理94）。そして換地処分の公告の日の**翌日**に確定します（整理104⑧）。

③**新設された公共施設の管理**——土地区画整理事業の施行によって公共施設が設置された場合は、その公共施設は、原則として換地処分の公告の日の翌日に、その公共施設の所在する**市町村**の管理に属します（整理106①）。

④**換地処分に伴う登記**——換地処分の公告があった日以後においては、施行者の申請又は嘱託による事業の施行による施行地区内の土地・建物の変動に係る登記が**一括**で行われますので、原則としてその後でないと、他の登記をすることはできません（整理107①②③）。

 換地処分の効力発生の時期は、換地処分の「公告」のあった日の「翌日」から。

3-4-3 建築行為等の制限

1 許可が必要な行為と許可権者

 土地区画整理事業の**認可・決定の公告**があった日以後、**換地処分の公告**（整理103④）がある日までの間は、施行地区内において、土地区画整理事業の施行の障害となるおそれがある次の行為を行おうとする者は、a.**国土交通大臣施行**の土地区画整理事業にあっては**国土交通大臣**の、b.**その他の者**が施行する土地区画整理事業にあっては**都道府県知事等**の許可を受けなければなりません（整理76①）。

 〈制限される行為は〉

①土地の形質の**変更**
②建築物その他の工作物の**新築、改築、増築**
③重さ**5トン**を超える移動の容易ではない物件の設置・堆積

 これって、都市計画法の都市計画事業地内での建築制限（都計65・令40）と同じだね！

3-5　宅地造成等規制法

最近、災害級の豪雨とかが多いですね。もしも土砂崩れとかが発生したら・・・コワイ！ブルブル・・・

宅地はその安全性が保たれていなくてはなりません。ですので、**宅地造成工事規制区域**はどんなところなのか、区域内ではどのような規制があるのかなどをしっかりと学習して、宅建士になったら重要事項説明でしっかり説明できなければなりません。

3-5-1 宅地造成等規制法とは

　この法律は、「**宅地造成**」に伴うがけ崩れや土砂の流出による災害の**防止**のために必要な規制（許可・届出等）を行うものです。これにより、国民の生命及び財産の保護を図って、公共の福祉に寄与することを目的としています（宅造1）。

この宅地造成等規制法については、「**宅地の安全を保つこと**」を大前提に学習をしていくとよいでしょう。難しいところはなく、毎年必ず出題されるので、得点源になる科目です。

3-5-2 宅地造成工事規制区域内の制限

1 宅地造成工事規制区域の指定

 宅地造成工事規制区域（以下「規制区域」）は、"宅地造成"に伴うがけ崩れや土砂の流出による災害の防止のために必要があるときに、**都道府県知事**（指定都市、中核市ではその市長。以下同じ）が関係市町村長（特別区の長を含む）の意見を聴いて、宅地造成に伴い災害が生ずるおそれが大きい場所であって、宅地造成工事について規制が必要なものを指定します。指定される場所は、市街地又はこれから市街地となろうとする区域ですが、都市計画区域・準都市計画区域内外に限らず全国どこであっても、危険な場所であれば、指定することができます（宅造3①）。

2 用語の定義

 まずおさえておきたい用語の定義は、次のとおりです（宅造2・令3）。

> 宅　地──農地、採草放牧地及び森林並びに道路、公園、河川その他政令で定める公共施設の用に供されている土地以外の土地
>
> 宅地造成──宅地以外の土地を宅地にするため、又は宅地において行う土地の形質の変更で**政令**で定めるもの　⇒　次図（宅地を宅地以外の土地にするために行うものを除く）
>
> 　＝農地（非宅地）を採草放牧地（非宅地）にするような造成工事は、宅地造成に当たらず、許可不要。宅地の安全性を高めるための規制だからです。
>
> 造成主──宅地造成に関する工事の請負契約の注文者又は請負契約によらないで自ら工事をする者
>
> 工事施行者──宅地造成に関する工事の請負人又は請負契約によらないで自らその工事をする者
>
> 造成宅地──宅地造成に関する工事が施行された宅地

 「宅地の定義」でも、宅建業法の宅地とは異なります。比べて覚えましょう。

3 宅地造成等規制法における「宅地造成」とは（宅造令 3）

 都道府県知事の許可を必要とする「**宅地造成**」とは、次の要件を満たすものでなければなりません。

a. 高さ **2m** を超える<u>がけ</u>ができる**切土**

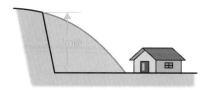

b. 高さ **1m** を超える<u>がけ</u>ができる**盛土**

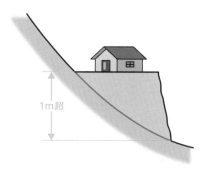

c. <u>盛土・切土の併用</u>で、**2m** を超える<u>がけ</u>ができ、その**盛土部分**が **1m 以下**[※] のもの

※ 1m 超の盛土は b. でカバー。

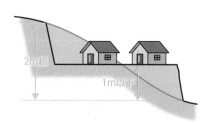

d. 前記 a ～ c に該当しないけれど、<u>盛土・切土を行う土地</u>でその**面積が 500m²**を超えるもの

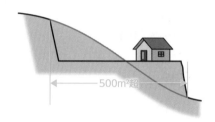

4 宅地造成の許可・届出

①許可を必要とする場合は

 規制区域内で**宅地造成**の工事をするには、**造成主**は、工事着手前に、都道府県知事の**許可**を受けなければなりません（宅造 8 ①）。

 〈例外〉都市計画法の開発許可（都計 29 条①②）を受けた宅地造成工事は、<u>許可不要</u>です（宅造 8 ①但）。

 また都道府県知事は、工事の施行に伴う**災害を防止**するため、許可に必要な**条件**を付けることができます（宅造 8 ③）。

②届出を要する三つの工事

 次の三つの工事は、許可が必要な宅地造成に当たりませんが、規制区域内で行われる場合には、都道府県知事へ**届出**が必要です。

a. 既に工事を始めている場合──規制区域の指定の際に、その区域内で既に宅地造成工事が行われている場合、その造成主は、指定があった日から **21 日以内**に届け出る（宅造 15 ①）。

b. 規制区域内の宅地で、高さが 2m を超える擁壁に関する工事等を行おうとする者は、その工事着手日の **14 日前**までに届け出る（宅造 15 ②・令 18）。

c. 規制区域内で、宅地以外の土地を宅地に転用した者は、その転用した日から **14日以内**に届け出る（宅造15③）。

 宅地造成って、宅地を農地にするための土地の形質の変更も含まれるの？

 農地にするものは、含みません！　すでに「宅地造成」じゃあないですよね。"宅地を宅地以外にする"ものは除かれます（宅造2二）。そして重要なポイントを一つ！

・「5m超の擁壁の設置」「1,500m^{2}を超える造成地における排水施設の設置」については、**一定の資格者の設計**によらなければなりません（宅造9②・令16）。

5 工事完了の検査と検査済証の交付

 宅地造成工事の許可を受けた者（宅造8①）は、工事が完了したら、その工事が宅地造成工事の技術的基準等（宅造9①）に適合しているかについて、都道府県知事の**検査**を受けなければなりません（宅造13①）。そして都道府県知事は、検査の結果工事が技術的基準等に適合している場合には、**検査済証**を交付しなければなりません（宅造13②）。

 許可と検査はワンセット！

6 宅地の保全と勧告

 いずれも、規制区域の**指定前**に行われたものを<u>含みます</u>。 災害発生の危険度は、規制区域の指定前後なんか関係ないからだね。

①宅地の保全義務（宅造16①）

 規制区域内の宅地の所有者、管理者又は占有者は、宅地造成に伴う災害が生じないように、その宅地を**常時安全な状態**に維持するように<u>努めなければなりません</u>。

②勧　告（宅造16②）

　都道府県知事は、規制区域内の宅地について、宅地造成に伴う災害の防止のために必要がある場合には、その宅地の**所有者**、**管理者**、**占有者**、**造成主又は工事施行者**に対して、擁壁等の設置又は改造その他宅地造成に伴う災害の防止のため必要な措置をとることを**勧告**することができます。

7 改善命令

　"規制区域内の宅地"で、宅地造成に伴う災害防止のため必要な擁壁等が設置されておらず、又は極めて不完全なために、これを放置すると、"宅地造成に伴う災害の発生のおそれが大きい"と認められる場合には、災害の防止のため必要かつ相当な限度で、その宅地又は擁壁等の**所有者**、**管理者又は占有者**に対して、都道府県知事は、相当の猶予期限をつけて、擁壁等の設置もしくは改造又は地形・盛土の改良のための<u>工事を行うことを命ずることができます</u>（宅造17①）。

これも、規制区域指定の前後不問ですよ〜

8 二つの「立入り」

　「立入り」には、"規制区域**指定**のための土地の立入り"と、工事に関する"**立入検査**"の二つがあります。注意してください♪

①規制区域指定のための土地の立入り（宅造4①）

　<u>都道府県知事又はその命じた者もしくは委任した者は、規制区域の指定のため必要がある場合には</u>、他人の占有する土地に立ち入って**測量**又は**調査**をすることができます（宅造4①）。そして土地の占有者又は所有者は、正当な理由がない限り、立入りを拒んだり妨げてはいけません（宅造4⑤）。

②宅地又は宅地造成工事についての立入検査（宅造18①）

　上記の都道府県知事等は、宅地造成工事の許可（宅造8①）、工事完了の検査（宅造13①）、改善命令（宅造17）を行うため<u>必要がある場合</u>には、その宅地に立ち入り、宅地又は宅地造成に関する工事の状況を**検査**することができます。

9 無許可で宅地造成等をしたら（監督処分）

 イザというときのために、**監督処分**があります。

①不正手段又は許可条件違反の場合

 ウソ偽りその他不正な手段により宅地造成工事の許可を受けた者又はその許可の条件（宅造8①）に違反した者は、都道府県知事によりその許可が取り消されます（宅造14①）。

②無許可等で宅地造成を始めたら？

 宅地造成工事規制区域内において行われている宅地造成工事で、その許可を受けず、これらの許可条件（宅造8①）に違反し、又は工事の技術的基準等（宅造9①）に適合していないものについては、その**造成主**又は工事の**請負人**（請負工事の下請人を含みます）もしくは**現場管理者**に対して、都道府県知事は、工事の施行の停止を命じ、又は擁壁の設置等、宅地造成に伴う災害の防止のため必要な措置をとることを**命ずる**ことができます（宅造14②）。

③出来上がってしまったら？

 では、すでに「ア．無許可の宅地造成工事により造成された宅地」、「イ．工事完了の検査（宅造13①）を受けなかった宅地」、又は「ウ．検査の結果工事が技術的基準等（宅造9①）に適合していない宅地」だったら、どうしましょう？

 この場合、都道府県知事は、その宅地の**所有者**、**管理者**もしくは**占有者**又は**造成主**に対して、a．その宅地の使用を**禁止**し、b．もしくは**制限**し、c．又は擁壁の設置等、宅地造成に伴う災害の防止のため必要な措置をとることを**命ずる**ことができます（宅造14③）。

3-5-3 造成宅地防災区域
1 造成宅地防災区域の指定と解除
①造成宅地防災区域の指定

"宅地造成工事規制区域以外の土地"についても、都道府県知事は、**宅地造成に伴う災害の防止上必要がある**ときは、関係市町村長の**意見**を聴いて、宅地造成に伴う災害で"相当数の居住者などに危害を生ずるものの発生のおそれが大き

い一団の造成宅地”の区域で一定の基準に該当するものを、「**造成宅地防災区域**」として**指定**することができます（宅造20①）。

 これは、**規制区域**に重ねて指定することはできません！

②指定の解除

 擁壁等の設置や改造など災害の防止のため必要な措置が講じられ、造成宅地防災区域について指定の事由がなくなった場合には、都道府県知事は、造成宅地防災区域の全部又は一部について、**指定を解除**します（宅造20②）。

 造成宅地防災区域内での災害の防止措置とは

①**防災の努力義務**──造成宅地防災区域内の造成宅地の**所有者、管理者又は占有者**は、災害が生じないように、その造成宅地について擁壁等の設置又は改造その他**必要な措置**を講ずるように努めなければなりません（宅造21①）。

②**勧告**──都道府県知事は、造成宅地防災区域内の造成宅地について、災害の防止のために必要があると認める場合は、その造成宅地の**所有者、管理者又は占有者**に対して、擁壁等の設置又は改造その他、災害の防止のために**必要な措置**をとることを**勧告**することができます（宅造21②）。

③**改善命令**──造成宅地防災区域内の造成宅地でも、災害の防止のため必要があれば、造成宅地又は擁壁等の**所有者、管理者又は占有者**に対して、**改善命令**を出すことができます（宅造22）。

3-6 農地法

アイスが大好きな僕ですが、ごはんも大好き！ 一食に二膳は、食べたいな。

農地の保全と市街化の促進の二つの要請から、農地法では農地の売買や転用に許可や届出の制限が定められています。都市部の市街化区域内の農地に関しては、相続に絡んだ農地の宅地化⇒分譲住宅建設などの事例も多くあります。宅建業者としては、農地の売買等にも十分注意が必要とされていますよ。

3-6-1 農地法とは

　農地が現在及び将来における国民の限られた資源であり、かつ、地域における貴重な資源であることにかんがみ、**農地法**は、農地を農地以外のものにすることを規制するとともに、耕作者による農地についての権利の取得を促進し、**耕作者の地位の安定**と国内の**農業生産の増大**を図り、もって国民の<u>食料の安定供給の確保</u>に資することを目的としています（農1）。

　このように農地法の目的は、農地を確保し耕作者を育成することで、わが国の農業生産力を保護・増進することにあります。農地を取引するにしても、基本的に**農地を取得した人が農業を営むこと**を前提としています。

　一方、都市計画法の市街化区域内では、積極的な街づくりの観点から、農地の**転用や転用目的の権利の移動**には寛容です。農地法では、農地の売買や転用を許可制や届出制にして、農地の保全と市街化の促進の折り合いをつけています。

※農地法の「許可制」は、講学上は「**認可**」といわれるもので、私人間で行われた農地の権利移動（売買や賃貸借など）の<u>効力を発生させる</u>ものです。

3-6-2 農地とは

 まずは、**農地の定義から**入っていきましょう。

① 農地 —— 耕作の目的に供される土地（農2①前）

② 採草放牧地 —— 農地以外の土地で、主として耕作又は養畜の事業のための採草又は家畜の放牧の目的に供されるもの（農2①後）

 ここで、重要なポイントを二つ！

・農地法では、<u>不動産登記上の地目に関係なく</u>、その土地が**現実に、客観的に、継続的に**耕作の目的に供されていれば、**農地**とされます。
・農地の**賃貸借**ですが、その期間は最長 **50 年**（民 604）とされています。そして、農地・採草放牧地の賃貸借契約の**第三者との関係（対抗力）**については、登記がなくても "**引渡し**" があれば対抗することができるとされています（農 16）。

3-6-3 権利移転・転用の制限となる行為

 農地法で、権利移転・転用の制限となる行為ってなに？

 以下、順番に見ていきましょう。

①農地又は採草放牧地を、農地又は採草放牧地のまま権利移動※（3条）

 これには、原則として農業委員会の**許可**（農地法3条の許可）が必要です。

※権利移動＝所有権を移転し（売買）、又は地上権、永小作権、質権、使用貸借による権利、賃借権もしくはその他の使用及び収益を目的とする権利を設定し、もしくは移転することをいいます（農3①）。

②農地を農地以外のものに転用（4条）

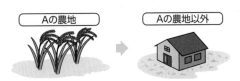

 これには、原則として都道府県知事等の**許可**（農地法4条の許可）が必要です。

ここで、重要なポイントを二つ！

①市街化区域内の農地の場合は、農業委員会への事前届出で許可に代えることができます（農4①八）。
②許可が必要なのは農地→宅地等への転用です！　採草放牧地→農地・宅地等への転用は制限なし！

③農地又は採草放牧地の転用のための権利移動（5条）

 これには、原則として都道府県知事等の許可（農地法5条の許可）
が必要です。

ここでも、重要なポイントを二つ！

①これも"転用"が絡んでいるので、前述4条の「重要ポイント①」は同
じく適用があります（農5①七）。
②採草放牧地を農地に転用するための権利移動は3条の許可が必要♪

覚えなイカ❓ 4条・5条の許可権者は、**農地の所在が指定市町村内の場合**は、指定市町
村長となります。そのため、農地法ではまとめて「知事等」といっていま
す。

Ⓠ 平30-22-2 遺産分割により農地を取得することとなった場合、農地法
第3条第1項の許可を受ける必要がある。

Ⓐ **解説** 遺産の分割により農地を取得する場合には、許可を要しません（農
地3①十二）。許可は必要ありませんが農業委員会に**届出**をする必要はあり
ます。答×

〈農地法３条、４条、５条の比較一覧〉

	行為の例	許可権者は	農地はどうなる？	許可が要らないのは？	市街化区域内特例
３条 権利の移動	農地を農地のままで売却する。	農業委員会	**農地のまま**、農業生産力は維持！	① 国や都道府県が農地を取得する等、**権利を得る**場合 ② **土地収用法等**による収用の場合等 ③ 遺産分割による権利の移動・設定の場合（農業委員会への届出は必要）	届出の特例なし
４条 転用	自分の農地にアパートを建設して大家さんに商売替えする。	都道府県知事等	農地ではなくなっちゃう！	① **国や都道府県等**が道路や農業用用排水施設等に転用するとき ② **土地収用法等**による収用の場合等 ③ 自己所有の農地（２アール未満）を農業用施設にする場合	農業委員会への届出の特例あり
５条 転用目的の権利移動	農地に家を建てたい人に売却する	都道府県知事等	農地ではなくなっちゃう！	① **国や都道府県等**が取得して道路や農業用用排水施設等に転用しようとするとき ② **土地収用法等**による収用の場合等	農業委員会への届出の特例あり

3-6-4 無許可・無届けでした行為の効力は

1 権利移動を伴う場合

農地法３条の許可、５条の許可・届出をしないで、<u>農地の売買等を行っても</u>、その行為は "**無効**" とされ、<u>効力を生じません</u>（農３⑥・５③）。

2 違反転用に対する処分

都道府県知事等は、農地法4条・5条の許可・届出をしない違反転用者等に対して、次に定める**原状回復等**の措置を命ずることができます（農51①）。

①許可の 取消し　　②工事の 停止命令　　③原状回復 命令

3-6-5 許可があったものとみなされる場合

これも、4条・5条のお話です。**国や都道府県等**が**病院や学校**を作るために**農地を転用**し又は**取得して転用**するときは、国や都道府県等と都道府県知事等との**協議が成立**すれば、許可があったことになります（許可ありとみなされる）（農4⑧・5④）。

> Ⓠ **令3-21-2** 農地法第3条第1項の許可を受けなければならない場合の売買については、その許可を受けずに農地の売買契約を締結しても、所有権移転の効力は生じない。

Ⓐ **解説** 農地法3条に基づく許可を受けずに農地の売買契約を締結しても、無効となります（農地3⑥）。答〇

3-7　その他の諸法令のポイント

ここまでの「法令上の制限」科目で、色々な法律をいっぱい学習しました。これで、全部かナ？

「法令上の制限」の出題法令には、今までみてきた都市計画法や建築基準法、土地区画整理法といった法令のほかにもたくさんの法令があり、（業令2-5・3）、各種の法令を混ぜこぜにした、**「混合問題」**という形式で、1問、出題されることがあります。
　内容は、各種の法令で定める区域内での工事等について、①**誰**の、②**許可や届出**が必要か、というものがほとんどです。ここでは、よく出題される「その他の法令」とその**許可等**について、押さえておきましょう。

3-7-1 主な出題法令とそのポイント

1 河川法

「河川保全区域内」において次の行為を行おうとする者は、原則として河川管理者の許可を受けなければなりません（河川法55①）。

①土地の掘さく、盛土又は切土等の土地の形状を変更する行為
②工作物の新築又は改築

2 生産緑地法

「生産緑地地区内」においては、次の行為は、原則として**市町村長の許可**を受けなければなりません（生産緑地法8①）。

①建築物その他の工作物の新築、改築又は増築
②宅地の造成、土石の採取その他の土地の形質の変更
③水面の埋立て又は干拓

3 急傾斜地の崩壊による災害の防止に関する法律

「急傾斜地」とは、傾斜度が**30度以上**である土地をいい（急傾斜2①）、「急傾斜地崩壊危険区域」は、崩壊するおそれのある急傾斜地を含む土地で所定の要件に該当する区域について指定されます（急傾斜3①）。

「**急傾斜地崩壊危険区域内**」において、<u>工作物の設置や掘さく等</u>を行うには、原則として**都道府県知事の許可**を受けなければなりません（急傾斜7①）。

4 自然公園法

国立公園又は**国定公園**の各地域・地区内において<u>工作物の新築や土地の形状変更等</u>を行うには、それぞれ次の**許可**や**届出**が必要です。

国立／国定	地域・地区の別	制限
国立公園	特別地域（自然公園法20③）	**環境大臣**の許可
	特別保護地区（自然公園法21③）	
	普通地域（自然公園法33①）	**環境大臣**への届出
国定公園	特別地域（自然公園法20③）	**都道府県知事**の許可
	特別保護地区（自然公園法21③）	
	普通地域（自然公園法33①）	**都道府県知事**への届出

3-7-2 そのほか一覧表で覚えましょう

法　令	区域等の別	許可権者・届出先
道路法	道路予定区域（道路法91①）	**道路管理者**の許可
海岸法	海岸保全区域（海岸法8①）	**海岸管理者**の許可
港湾法	港湾区域（港湾法37①）	**港湾管理者**の許可
文化財保護法	重要文化財の現状変更等 （文化財保護法43①）	**文化庁長官**の許可
都市計画法	地区計画区域等（都計58-2①）	**市町村長**への届出

第4編

その他の分野

例年、合計で8問程度の出題数になります。
登録講習修了者は、5点分が免除になります！
目標点は、6点〜7点で！
税法と地価公示法・鑑定評価は必須科目。
キチンと学習しておかなければなりません。
その他の免除科目は、出題ポイントを
効率よくまとめて頭に入れておきましょう！

もうひと頑張り!!

その他の分野　学習上のプロローグ

　登録講習を修了すると、「その他の分野」の科目中で５問分は免除科目になるというお話を、テキスト冒頭でいたしました。ですが、**税法＆地価公示法・鑑定評価**については免除されません（必修科目）。この部分、登録講習修了者の方も、３問分ではありますが、１〜２点差で合否が分かれる宅建試験では、決しておろそかにはできません！　基本テキストの記述＋問題演習によって、十分に対策をしておくことをお薦めします。そして、５点免除ではない方は、そもそもその他の科目で８問分になるわけですので、免除科目の方の分の５問分＋αを狙っていかなくてはなりません!!　もう一息、頑張りましょう♪

その他の分野は、実務寄りの問題のイメージ！

　その他の分野の項目は、上記の**税法＆地価公示法・鑑定評価**に加えて、**住宅金融支援機構、景品表示法、土地建物の知識**、それと**統計**と、"実務寄りの項目"で占められています。それでも、"手ごわいかな？"という先入観は必要ありません！　過去問を見ていただくと分かりますが、結構"出る箇所は出る"という<u>傾向が顕著</u>です。基本テキストと問題集で採り上げられている箇所にまずは絞って<u>学習</u>をして、自分なりに「興味が出てきたかも……」という箇所を掘り下げていただければ、自信をもってほとんど攻略できる科目であるとお考え下さい。学習時間を多めにかけるべきは、あくまで今までの「主要３分野」のほうです。基本の部分を忠実にマスターして、"深入りしすぎず、さりとて油断はせずに"というスタンスで臨むのが、「その他の分野」科目の攻略法です。

4-1　宅地・建物の税金（必須科目）

この項目のテーマ

海の家不動産でも、お客様から、土地建物についての税金に関して、よく質問されるんですよ……。税理士の先生にも聞いてみますけど……

詳しくは税理士の先生にまかせるにしても、どのような場合に、何という税金が課税されるのかは、きちんとお客さんに対して説明できなくてはなりません！

4-1-1 宅地・建物の税金の基本的な枠組み

1 宅地・建物の税金の種類

宅地・建物の税金は、課せられる形態ごとに「**取得**」「**保有**」「**譲渡**」「**相続**」「**登記**」等に分けられます。

〈関係する税〉

取得 すると……不動産取得税・印紙税
贈与 を受けると……贈与税
保有 していると……固定資産税・都市計画税
譲渡 すると……所得税
相続 すると……相続税
登記 すると……登録免許税

なにをやっても税金がかかるんだなあ〜

2 課税の基本的な用語と仕組み

課税の基本的な用語と仕組みについてはこちら！

用　語	例：譲渡所得（資産を売却したときの所得）
課税主体（課税する者）	所得税＝国（国税） 住民税＝都道府県・市町村（地方税）
課税客体（課税される物・行為）	資産の譲渡による所得
納税義務者（税を納める者）	自己所有の資産を譲渡した個人
課税標準（課税客体を金額で表したもの）	譲渡した資産の価額（特例措置あり）
税　率	15％・30％（軽減税率の特例あり）
納税方法（税金の納め方）	申告納付
免税点（課税の最低限度） 非課税（税金がかからないこと）	あり

 税金の基本的な計算方法は、　<u>税額＝課税標準 × 税率</u>

 これらにさまざまな**特例**や**控除**がつき、**免税点など**が設けられます。

4-1-2 不動産取得税（地方税）

 不動産（土地、家屋）を「**取得**」すると、この「**不動産取得税**」が課せられます。

1 課税主体と課税客体

①課税主体

　不動産取得税は、不動産の**所在**する**都道府県**が、その不動産の取得者に対して課税する地方税（都道府県税）です（地73-2 ①）。

②課税客体

　不動産取得税は、不動産の"取得"に対して課税されます。「取得」とは、その所有権を<u>現実的に取得すること</u>を意味しますから、取得の際の有償・無償を問いません。

相続の場合は……相続によって、土地の所有権を得た場合は、「形式的な所有権の移転」とみなされ、「不動産取得税」は非課税とされます。

2 納税義務者

不動産取得税の**納税義務者**は、その不動産を取得した人です（地 73-2 ①）。その所有権について、登記をしたかどうかは関係ありません。

3 課税標準

不動産取得税の課税標準は、「その不動産の取得時の価格」です（地 73-13 ①）。実際は、「**固定資産課税台帳**」に登録された価格が課税標準となります。

では、固定資産課税台帳に登録されていない不動産の場合は課税されないの？

たとえば……新築家屋のように、固定資産課税台帳に価格が登録されていないというような場合には、"固定資産評価基準"に基づいて算定した価格により課税されます（地 403 ①）。

4 不動産取得税の標準税率と免税点

①標準税率

不動産取得税の標準税率は、4/100 です（地 73-15）。

②免税点

土地又は家屋の課税標準額が、次の額未満の場合は、不動産取得税は課税されません（地 73-15-2）。

①土地の取得……**10 万円**
②家屋の取得のうちで新築など建築にかかるもの……1 戸について **23 万円**
③家屋の取得のうちで売買など建築以外の場合………1 戸について **12 万円**

5 減額のシステムは（課税の特例）

何かオマケ的な、減額のシステムはないの？

「住宅」又は「宅地」を取得した場合には、「**課税標準**」及び「**税率**」について、減額される特例システムがあります。

①新築住宅の課税標準の 1,200 万円控除

　床面積が<u>50m² 以上 240m² 以下</u>の新築住宅を取得した場合には、建物価格から **1,200 万円**を控除した額が<u>課税標準</u>となります（地 73-14 ①）。

 ここでは「住宅」と「家屋」は違うよ！

②宅地評価土地の課税標準の特例（地附 11-5 ①）

　令和 6 年 3 月 31 日までに宅地を取得すれば、その「課税標準」が **1/2** とされます。

 ここでは「宅地」と「土地」も違うよ！

③税率の軽減（地附 11-2 ①）

　不動産取得税のもともとの標準税率は **4/100** ですが、「**住宅**」又は「**土地**」の取得に関しては、その標準税率は当分の間 **3/100** とされています（令和 6 年 3 月 31 日までに取得した物件が対象）。

 〈つまり税率はこのように〉

- ・「**土地**」は **3/100** の税率　〜宅地なら、上記②の、「課税標準の特例」も加わる！
- ・「**住宅**」は **3/100** の税率
- ・「**家屋（住宅以外）**」は **4/100** の税率

Q **平16-26-2改** 宅地の取得に係る不動産取得税の課税標準は、当該取得が令和6年3月31日までに行われた場合に限り、当該宅地の価格の3分の1の額とされる。

A **解説**　宅地の取得に係る不動産取得税の課税標準は、その宅地の価格の**2分の1**の額とされます（地附11-5①）。　答 ×

家屋を新築したんだけど、不動産取得税はいつの取得として課税されるの？

<u>最初に使用又は譲渡された日</u>です！　建売業者などが家屋の建築を注文した場合には、請負人から注文者へ最初に譲渡された後に最初に使用又は譲渡された日に、所有者又は譲受人が取得したものとみなされます（地73-2②）。

じゃあ、その建売がずっと売れなかったら、不動産取得税を払わなくていいの？

そうはいきません！　家屋が新築された日から**6か月**（宅建業者は1年）を経過した日に家屋の取得があったものとみなされて、家屋の所有者を取得者とみなして、不動産取得税が課されます（地73-2②但）。

住宅を新築した場合の不動産取得税の課税標準の1,200万円控除だけど、この軽減措置は、アパートや寄宿舎などの共同住宅の場合は、もしかして一部屋ごとに適用されるの？

そのとおり！　共同住宅、寄宿舎などの「共同住宅等」は、居住用に独立的・区画された<u>一の部分につき1,200万円</u>が価格から控除されます（地73-14①）。

4-1-3 固定資産税（地方税）

1 課税主体と課税客体

固定資産税は、不動産を「保有」していることについて、市町村が課税する地方税です（地342①）。

固定資産税は、その固定資産の所在する市町村が、その年の**1月1日**現在に所有している固定資産に対して課税します（地359）。

じゃあ、不動産を1月2日に売って手放しても、1年分の固定資産税は払うことになるの？　いやだなあ。

普通は契約で日割計算にしますね（業37①十二参照）。

（業37①十二参照）

2 納税義務者

納税義務者は、原則としてその年の1月1日現在における<u>固定資産の所有者</u>※ として登録されている者です。例外として、**質権者**や**地上権者**が課税される場合もあります（地343①・359）。

賃借権者が固定資産税を課税されることはアリマセン！

※「固定資産の所有者」とは、登記簿又は土地補充課税台帳もしくは家屋補充課税台帳に所有者として登記・登録されている者です（地343②）。

3 課税標準と税率

固定資産税の課税標準は、**固定資産課税台帳**※1 に登録されている価格です（地349①）。この台帳価格は、**3年ごと**に<u>見直し</u>が図られています。

また、固定資産税の“**標準税率**※2”は **1.4/100** です（地350①）。

※1 固定資産課税台帳——土地課税台帳、土地補充課税台帳、家屋課税台帳、家屋補充課税台帳及び償却資産課税台帳の総称。

※2 標準税率——市町村が課税する場合に標準とすべき税率で、財政上などの必要がある場合には、市町村が条例で別に定めることもできます（地1①五）。

4 固定資産税の特例

①得するシステムその1……住宅用地の課税標準の特例！

住宅用地の「課税標準」は、面積に応じて次のとおりとなります。

〈住宅用地の課税標準の評価〉

	課税標準の評価
一般の住宅用地（一定のもの）	3分の1（地349-3-2①）
小規模住宅用地（200m² 以下）	6分の1（地349-3-2②）

②得するシステムその2……新築住宅の税額控除！

新築住宅の「税額」には、面積・構造に応じて**減額措置**があります（令和6年3月31日までの新築の場合　地税附15-6）。

a.　特例期間——**新築の中高層耐火住宅**の場合は、**5年度の間**
　　　　　　　　それ以外の新築住宅では**3年度の間**
b.　要　　件——床面積が**50m² 以上・280m² 以下**の新築の住宅であること
c.　減　　額——床面積が**120m² まで**の部分について、税額の**1/2**につき減額を受けられます。

固定資産税関連の土地又は家屋の「価格等縦覧帳簿」を見せてもらえるって聞いたのですが、ホント？

見ることはできます！　市町村長は、あらかじめ縦覧の場所と縦覧期間を公示して、毎年一定の期間、「**土地価格等縦覧帳簿**」及び「**家屋価格等縦覧帳簿**」又はその写しを関係者の**縦覧**に供しなければならないことになっています（地416①）。

4-1-4 所得税（国税）

1 所得税「譲渡所得」の基本的な仕組み

　所得税（国税）・住民税（地方税）は、国又は地方公共団体（都道府県・市町村）が、個人が1年間で得た所得（**利益**）に対して課税するものです。利益に対して課税されるので、その不動産の取得費と譲渡にかかった費用（経費）は差し引いて税額を計算します。

〈譲渡所得金額の計算〉

> | まず | 譲渡所得金額＝総収入額－必要経費（取得費＋譲渡費用） |
> | 次に | 課税譲渡所得金額＝譲渡所得金額－特別控除 |
> | 最後に | 所得税額＝課税譲渡所得金額×税率 |

2 譲渡所得の特例……得するシステムその1

①「長期譲渡所得」と「短期譲渡所得」の区別

　長期保有した不動産を売却した場合の方が、短期間で売却するより所得税はお得です。土地を転売してもうけようという場合は、短期保有してすぐに売却しがちです。<u>長期保有した不動産を売却</u>するのなら、「土地転がし」の可能性は低いと考えられるので、お得な税金計算としています♪

> ・**長期保有**の税率（長期譲渡所得）——取得後**5年を超えて所有する**ことが基準になります（税率**15%**）（租特31①）。
> ・**短期保有**の税率（短期譲渡所得）——取得後**5年以内に売却**すると、短期保有として税率が高くなります（税率**30%**）（租特32①）。

②居住用財産の譲渡所得の特例（居住用財産譲渡の3,000万円特別控除）

　住宅（居住用財産）を売却したときは、譲渡所得から**3,000万円**が控除されます。自分の居住用の住宅を手放したということは、これまた「土地転がし」の可能性は低いと考えられます。そこで、この場合は、"課税標準から控除してもらえるんだ〜"ということになります。その要件は、

> a. 自己の居住用の住宅（家屋又は家屋とその敷地）を譲渡した場合
> 　この特別控除には、所有期間による適用制限は**ありません**。

 でも、土地だけでは受けられないよ。

> b. 現に居住している住宅もしくは居住しなくなってから**3年**を<u>経過する日</u>の属する年の**12月31日**までの譲渡であること

いずれも**配偶者など**、一定範囲の者に対する譲渡である場合は、特例は適用されません。

【特例の併用は】前年・前々年に、同じ 3,000 万円の特別控除を受けていたり、後述の"特定の居住用財産の買換え特例"を受けていた場合は、適用がありません。

> Q **平 24-23-1 改** 譲渡した年の 1 月 1 日において所有期間が 10 年以下の居住用財産については、居住用財産の譲渡所得の 3,000 万円特別控除（租税特別措置法第 35 条第 1 項）を適用することができない。

A 解説 所有期間の長短に関係なく、居住用財産の譲渡所得の **3,000 万円の特別控除**は受けられます（租特 35）。 **答 ×**

3 居住用財産譲渡の軽減税率の特例……得するシステムその 2

所有期間が譲渡した年の1 月 1 日現在で 10 年を超える居住用財産を譲渡した場合は、次の区分により**税率が軽減**されます（租特 31-3）。

譲渡益 6,000 万円以下の金額の部分については税率が **10%**
譲渡益 6,000 万円を超える金額の部分については税率が **15%**

　適用の要件は次のとおりです。

①譲渡時期——現に居住している住宅もしくは居住しなくなってから **3 年**を経過する日の属する年の 12 月 31 日までの譲渡であること。
②譲渡先——配偶者及び直系血族に対する譲渡等でないこと（租特令 20-3 ①）。
【特例の併用は】前年・前々年に、"特定の居住用財産の買換え特例"を受けていないこと。しかし、「居住用財産譲渡の 3,000 万円特別控除」や、「収用等の場合の 5,000 万円の控除」との併用はできるので、注意してください。

4 特定の居住用財産の買換え特例……得するシステムその 3
①自分の家を買い換えると差額への課税が繰延べに！

自分の持ち家で自分が住んでいる住宅を買い換えた場合には、取得物件と譲渡物件の価格を比べ、次のように扱います（租特 36-2）。

a．取得物件の価格が譲渡物件の価格を<u>上回れば</u>税金は課税されない。

b．取得物件の価格が譲渡物件の価格を<u>下回れば</u>その譲渡益について、課税を繰延べ（先送り）できる。

 上記 b. の場合は、譲渡益が非課税になるのではアリマセン！

【特例の併用は】<u>前々年、前年、その年</u>に「居住用財産譲渡の 3,000 万円特別控除」や「居住用財産譲渡の軽減税率の特例」を受けていないこと。これらと、この買換え特例は、**どちらか選択**になります。

②適用の要件

 譲渡資産と買い換える資産が次の**各要件**を満たしていることが必要です。

譲渡する資産	対象	現に居住している住宅もしくは居住しなくなってから3年を経過する日の属する年の12月31日までの譲渡
	所有期間	1月1日において10年を超えていること
	居住期間	10年以上
	譲渡対価	1億円以下
	譲渡先	配偶者、直系血族、同一生計の親族等以外
買い換える資産	取得時期	譲渡した年をはさんだ前後1年間(計3年間) 取得時期 ｜ 前年 ｜ 譲渡年 ｜ 翌年 ｜
	居住開始期限	譲渡した年又はその前年に取得した場合 ＝譲渡した年の翌年末までに居住 取得時期 ｜ 前年 ｜ 譲渡年 ｜ 翌年 ｜ 居住開始時期 譲渡した年の翌年に取得した場合 ＝取得した年の翌年末までに居住 取得時期 ｜ 前年 ｜ 譲渡年 ｜ 翌年 ｜ 居住開始時期
	面積要件	家屋は、床面積が50m²以上 敷地は、面積が 500m²以下
	建物の要件	中古でも、建築後25年以内であること 又は、(耐火建築物以外なら取得期限までに)一定の耐震基準を満たすものであること
	取得先	特に制限なし

5 住宅ローン控除（住宅借入金等特別控除）……得するシステムその4

　<u>住宅ローン控除</u>は、個人が**住宅ローン**等を利用して、マイホームの新築、購入又は増改築等（以下「取得等」）をするのを援助するものです。

　取得等した住宅に居住し、一定の要件を満たす場合には、その住宅ローン等の**年末残高**を基に計算した金額を、居住を始めた年分以後の**原則**として<u>10年間</u>※、各年分の所得税額から**控除**するものです（租特41）。

※例外として新築であれば、13年間控除される場合もあるね……適用の要件とかはあるの？

個人が住宅を新築し又は未使用住宅を取得した場合で、この特別控除の適用を受けるには、次の要件を満たす必要があります。

a. 新築又は取得の日から**6か月以内**に居住の用に供し、適用を受ける各年の12月31日まで引き続いて住んでいること
b. この特別控除を受ける年分の<u>合計所得金額</u>が、**2,000万円以下**であること
c. 新築又は取得した住宅の<u>床面積</u>が**50m² 以上**（原則）であり、床面積の1/2以上が専ら自己の居住用であること
d. **10年以上**にわたる住宅ローン（住宅とともに取得する敷地の購入資金等を含む）であること　等

　贈与による取得、生計同一親族や特別な関係のある者からの取得は、この住宅ローン控除の適用はありません。

　【特例の併用は】居住を始めた年とその前後2年ずつの5年間に、**居住用財産譲渡の軽減税率の特例**（租特31-3）などの<u>適用を受けていないこと</u>。

〈各種特例の併用適用のまとめ〉

	長期譲渡所得15％	短期譲渡所得30％	居住用財産の3,000万円特別控除	特定居住用財産の買換え特例	10年超居住用財産軽減税率	住宅ローン控除
長期譲渡所得15％		—	OK	—	—	—
短期譲渡所得30％	—		OK	—	—	—
居住用財産の3,000万円特別控除	OK	OK		選択	OK	不可
特定居住用財産の買換え特例	—	—	選択		選択	不可
10年超居住用財産軽減税率	—	—	OK	選択		不可
住宅ローン控除	—	—	不可	不可	不可	

4-1-5 登録免許税（国税）

 売買契約などで、土地・建物の所有権が移転した場合や、抵当権を設定した場合など、登記記録に登記することで権利に関する登記を公示しますね。その際に、国に対して納める税金が「登録免許税」です。

1 納税義務者、納税方法

①納税義務者

　登録免許税の**納税義務者**は、登記等を受ける者です。その登記等を受ける者が2人以上いるときは、これらの者が**連帯**して納付義務を負います（登免3）。

 たとえば……所有権移転登記の場合は、売主（登記義務者）と買主（登記権利者）が連帯して登録免許税を納付する義務を負います。

②納税方法

　登録免許税は、原則として**現金納付**とされていますが（登免21）、税額が3万円以下の場合は収入印紙による納付もできます（登免22）。

③納税地

　登録免許税の納税地は、納税義務者が受ける登記の事務をつかさどる登記所の

所在地です（登免8①）。

つまり、<u>土地・建物がある場所の管轄登記所の所在地</u>です。売主甲地在住・物件所在地乙地・買主丙地在住だとすると、納税地は乙地を管轄する登記所の所在地になるというわけです。

2 土地の所有権の移転登記

①課税標準

土地の所有権移転登記にかかる登録免許税の課税標準は、登記のときの価額（不動産の価額）であり（登免10）、当分の間、**固定資産課税台帳**に登録された価格が基礎になります（登免附7・令附3）。

ここで、重要なポイントを二つ！

- 地上権や永小作権等が登記されている土地の課税標準たる不動産の価額は、その地上権等が設定されていないものとした土地の価額＝いわゆる更地として評価した価額によります。
- 新築住宅の表示に関する登記や国・地方公共団体が自己のために登記を受ける場合などは、課税されません。

②税率

土地等の登録免許税率は、**登記原因**（売買、相続、贈与等）によって異なります（登免9・別表1）。

〈不動産登記の主な登録免許税の課税標準と税率（登免別表 1）〉

登記事項	課税標準	税率	軽減税率	軽減税率の適用期間
所有権の保存の登記	不動産の価額	4/1000	住宅用家屋 1.5/1000	令和 6 年 3 月 31 日まで
所有権移転の登記（売買）	不動産の価額	20/1000 土地では令和 5 年 3 月 31 日までは、15/1000	住宅用家屋 3/1000	令和 6 年 3 月 31 日まで
相続又は法人の合併による所有権移転の登記	不動産の価額	4/1000	―	―
抵当権の設定登記	債権金額	4/1000	1/1000	令和 6 年 3 月 31 日まで
地上権・賃借権の設定登記	不動産の価額	10/1000	―	―
所有権の保存の仮登記	不動産の価額	2/1000	―	―
土地の贈与、交換、収用、競売等	不動産の価額	20/1000 土地	―	―
配偶者居住権の設定登記	不動産の価額	2/1000	―	―

軽減税率は、たとえば、住宅用家屋の所有権の保存登記にかかる登録免許税の軽減税率の対象となるものは、「個人がもっぱらその<u>個人の住宅の用に使用</u>するための一棟の家屋」とされるなど、一定の条件の下、適用されます。

4-1-6 印紙税（国税）

印紙税は、売買契約書や領収書などの一定の**課税文書**に対して、その<u>作成者</u>が<u>収入印紙を貼付</u>することで納税します。

1 納税義務者

課税文書の**作成者**に、その作成した課税文書について、印紙税を納める義務があります（印紙3①）。また、売買契約書のように、一つの課税文書を2人以上の者が共同して作成した場合には、それらの者（売主・買主）は**連帯**して印紙税を納めなければなりません（印紙3②）。

2 課税文書と非課税文書

 〈不動産に関する主な課税文書と非課税文書（別表1）〉

課税文書の例	非課税文書の例
不動産の譲渡に関する契約書	質権、抵当権の設定又は譲渡の契約書
土地賃貸借契約書※ 地上権設定契約書	**建物賃貸借契約書**
工事などの請負契約書	委任状又は委任に関する契約書 （例：不動産媒介契約書）
売上代金に係る受取書（領収書）	営業に関しない受取書（領収書）

※**土地の賃貸借契約書**では、契約書に記載された**権利金の額**によって印紙税額が決まります。賃料額ではありません。

 上記のほか、国・地方公共団体が作成した文書も非課税です。また国と私人が共同して作成した文書で、私人が保存する文書は国が作成したものとみなされ、非課税とされています。

 海の家不動産で、5億円の土地の売買契約書を交わした後で、『当初の契約書の契約金額を1億円増額して6億円とする』という別の売買契約書を作成することになりました。その契約書の記載金額は、1億円でいいのかな？

 そうです！　5億円については、すでに納付済みなので、増額分1億円が記載金額とされて印紙税が課税されます。

4-1-7 贈与税（国税）

贈与を受けた（もらった）財産に対して、贈与を受けた者に課税される国税で

す。相続税法に定められています。

1 贈与税の納税義務者（相続 1-4）

贈与税の納税義務者はダレ？

原則として、贈与により財産を取得した**個人**です。贈与税は原則として、個人間（こじんかん）の贈与（ぞうよ）について課せられます。個人と法人間の贈与については、適用されません。

2 通常の課税方法

①計算方法

> 税額＝(1 年間に贈与を受けた財産額の合計－基礎控除額 110 万円)× 税率

②基礎控除——贈与税の基礎控除は<u>年 110 万円</u>です。つまり毎年 **110 万円**ずつ贈与を受ければ、贈与税はかかりません。

③居住用不動産にかかる配偶者控除——さらに婚姻期間が 20 年以上の配偶者からの<u>一定の居住用不動産等の贈与</u>については、一度配偶者控除を受けている場合を除いて、最高 **2,000 万円**が課税価格から**控除**されます。つまりこれは一生に一度しか適用されないものです。

一生のお願い♪

3 相続時精算課税制度

自分の財産を子や孫に残したいとき、**ア.**「自分が死んだときに相続させるか」、それとも**イ.**「子や孫が若いうちに贈与して、相続のときに精算するか」ということを**選べる**制度です。**ア.** が普通の相続の制度ですし、**イ.** がこの<u>相続時精算課税制度</u>ということになりますね。

①概要

これは、原則として **60 歳以上の父母や祖父母**（直系尊属）から、18歳以上の子又は孫（直系卑属）が、**財産を贈与してもらう場合に適用**できる贈与税の制度です。

※一度この制度を選択すると、その選択に係る贈与者から受ける贈与財産は、その選択をした年分以降すべてこの制度が適用されて、暦年課税（通常の贈与税）への変更はできなくなるので、注意が必要です！

 そして、この制度の贈与者である父母又は祖父母が亡くなった時に、相続税の計算上、相続財産の価額にこの制度を適用した贈与財産の価額（贈与時の時価）を**加算**して、精算し相続税額を計算します。このように、相続時精算課税制度では、贈与税・相続税を通じた課税が行われます。

②適用対象者

a. 贈与者──贈与をした年の1月1日における**60歳以上**の父母又は祖父母

b. 受贈者──贈与を受けた年の1月1日における**18歳以上**の贈与者の直系卑属である推定相続人又は孫

 適用される財産などに制限はあるの？

 制限なしです。贈与財産の種類、金額、贈与回数に制限はありません。そしてこの他にも、「**相続時精算課税の住宅取得等資金贈与の特例**」という制度もあります。

・父母又は祖父母からの贈与によって、自己の居住の用に供する**住宅用の家屋の新築、取得又は増改築等**（新築等）の**対価に充てるための金銭**（住宅取得等資金）を取得した場合で、一定の要件を満たすときは、贈与者がその贈与の年の1月1日において60歳未満であっても、相続時精算課税を選択することができるというものです。

※こちらには、贈与者の年齢による制限はありません。

（関係条文　相続21-2、21-5、21-9 〜 21-16、28、33-2、相続令5、相続則10、11、租特70-2-4、70-2-6）

4-2 宅地・建物の鑑定評価（必須科目）

この項目のテーマ

お客様から、不動産売却のときの値付けの根拠について詳しく教えて！ というご要望がありましたよ〜！ え〜と、どんなふうに説明したらよいかな!?

宅地・建物を売買する者として値付けのメカニズムは知らなくてはならないし、説明ができなければなりません。不動産鑑定評価は、用語や文章表現に独特のものがあるので、難しく感じますが、**「三つの鑑定評価の手法」**を中心として、専門語句をそのまま覚えてしまうことが効率のよい学習法といえます。がんばって！

4-2-1 不動産鑑定評価とは

1 不動産の鑑定評価

不動産の鑑定評価とは、「現実の社会経済情勢のもとで合理的と考えられる市場で形成されるであろう**市場価値**を表示する適正な価格を判定し、それを価格で表示するもの」です。

2 地域分析

さて、何から手を付けてよいものやら……

まずは、地域分析から試みましょう。**地域分析**とは、価格形成要因を分析して、対象不動産の**最有効使用**を判断して価格を求めることです。次の項目を分析し、判断します（鑑定6章1節）。

①その対象不動産がどのような**地域**に存するのか
②その地域はどのような**特性**を有するのか
③対象不動産に係る**市場**はどのような特性を有するのか
④これらの特性がその地域内の不動産の**利用形態**と**価格形成**について、全般的にどのような**影響力**を持っているのか

4-2-2 鑑定評価における宅地の類型

鑑定評価では、宅地の類型を次のとおりに**定義**しています（鑑定2章2節）。

① 底　地——宅地について、借地権が付着している場合におけるその宅地の所有権のこと
② 借地権——**借地借家法**に基づく**借地権**のこと
③ 建付地——建物等の敷地で、建物等とその敷地が同一所有者に属し、かつ、その所有者が使用し、その敷地の使用収益を制約する権利が付着していない宅地
④ 更　地——建物等の定着物がなく、かつ使用収益を制約する権利が付着していない宅地

4-2-3 鑑定評価によって求める四つの価格

「不動産の価格」は、次の**四つ**に使い分けています（鑑定5章3節Ⅰ）。

① 正常価格——市場性を有する不動産について、現実の社会経済情勢の下で合理的と考えられる条件を満たす市場で形成されるであろう市場価値を表示する適正な価格です。そして取引形態が、市場参加者が制約されたり、売急ぎ、買進み等を誘引したりするような特別なものではないこととされています。
② 限定価格——市場性を有する不動産について、不動産と取得するほかの不動産との併合又は不動産の一部を取得する際の分割等に基づき正常価格と同一の市場概念の下において形成されるであろう市場価値と乖離（かいり）することにより、市場が相対的に限定される場合における"取得部分"のその市場限定に基づく市場価値を適正に表示する価格です。

　　たとえば……幅員の大きい道路に面した賑やかな商店街の土地を有していて、その裏側にある土地を買い足す場合、裏側の土地は買い足した後では表側に面した土地の一部になるので、価格は値上がりするはず……このような土地の場合は、「限定価格」となります。

③ 特定価格——市場性を有する不動産について、法令等による社会的要請を背景とする鑑定評価目的の下で、正常価格の前提となる諸条件を満たさないことにより正常価格と同一の市場概念の下において形成されるであろう市場価値と乖離（かいり）することとなる場合における不動産の経済価値を適正に表示する価格です。

　　たとえば……会社更生法による更正目的の財産評価や担保として安全性を考慮することが特に要請される場合の評価などがあります。

④特殊価格——不動産の性格により、文化財等の一般的に市場性を有しない不動産について、その利用現況等を前提とした不動産の経済価値を適正に表示する価格をいいます。

 たとえば……寺院や神社など、宗教上の物件のような特殊な建築物の評価があります。

4-2-4 鑑定評価の3方式

不動産の鑑定評価の方式には、「原価法」「取引事例比較法」「収益還元法」の三つがあります。これらは、それぞれ異なる視点から鑑定を行うもので、互いに補完しあうものです。これらを併用することが有効です（鑑定7章1節）。

1 原価法

原価法は、対象となる不動産を、再び最初から作り直したらいくらかかるか（再調達原価）、を算出し、補正（減価修正）して算出します。再調達原価を算出しやすいため、造成地、埋立地の鑑定評価などで特に効果を発揮します（鑑定7章1節II）。

2 取引事例比較法

取引事例比較法は、なるべく多くの同種の物件取引の事例を収集し、参考にして、補正を加えて価格を算出します（鑑定7章1節III）。取引事例は、原則として"近隣地域又は同一需給圏内の類似地域に存する不動産"のうちから選択します。そのほか、次に掲げるものからも選択できます。
①必要やむを得ない場合には、近隣地域の周辺の地域にある不動産
②対象不動産の最有効使用が標準的使用と異なる場合等には、同一需給圏内の代替競争不動産

3 収益還元法

収益還元法は、対象の不動産が将来生み出すであろうと期待される純収益の現在価値の総和を求める手法で、「直接還元法」※1と「DCF法」※2があります（鑑定7章1節IV）。これらは、賃貸用不動産や一般企業用の不動産の価格を求める場合に、特に有効です。また文化財の指定を受けた建造物等の一般的に市場性を有しない不動産以外のものには基本的にすべて適用すべきであり、現実に収益を生じていない自己用物件についても適用できることに注意しましょう（鑑定7章1節IV1）。

※1 直接還元法——1年間の**純収益**を**還元利回り**で割り、不動産の収益価格を求める方法

※2 DCF法——土地等の収益資産を持ち続けた場合に、それによって発生する**キャッシュフロー**の割引現在価値を計算して不動産価格を算定する方法

 既成の市街地にある土地の価格を求める場合には、取引事例比較法と原価法では、どちらが有効かな？

 どちらかというと取引事例比較法です！　既成市街地の土地の価格が高い場合には、素地価格（再調達原価）の把握が困難なので、原価法は適用しにくいんですよ。

 不動産の鑑定評価に出てくる「一般的要因」って、「社会的要因」、「経済的要因」及び「行政的要因」のこと？

 そのほかに、「自然的要因（地質、地勢等の状態）」も含まれますよ。

Q　令2-25-4　原価法は、対象不動産が建物及びその敷地である場合において、再調達原価の把握及び減価修正を適切に行うことができるときに有効な手法であるが、対象不動産が土地のみである場合には、この手法を適用することはできない。

A　**解説**　対象不動産が土地のみである場合についても、再調達原価を適切に求めることができるときは、原価法を適用することができるとされています。

答 ×

4-3 地価公示法（必須科目）

この項目のテーマ

あそこの土地が欲しいケド、いくらくらいかとか、今持っている土地はいくらなら売れるかなど、不動産業者としては一番気になるところ。それも公正な一般的な価格が知りたいよ～。

それが地価公示法に基づく、地価公示価格です。地価公示は、毎年1月1日時点での全国の標準地での土地の価格を公表するというもので、毎年3月に公示されます（公示2①・則2）。日本中のさまざまな場所での、土地の価格が公表されて、新聞等にも掲載されます。役立ててね♪

4-3-1 地価公示法の目的

地価公示法では、都市やその周辺の地域において、"標準地"を選定してその正常な価格を公示することにより、一般の土地の取引価格に**指標**を与え、及び公共事業の用に供する土地に対する適正な補償金の額の算定等に役立てることによって、適正な地価の形成に寄与することを目的としています（公示1）。

4-3-2 地価公示の手続

1 標準地の価格の判定等

土地鑑定委員会は、都市計画法の都市計画区域、そのほか土地取引が相当程度見込まれる区域内（＝**公示区域内**）の標準地について、**毎年1回**、2人以上の不動産鑑定士の鑑定評価を求めて、その標準地の単位面積当たりの「**正常な価格**」を判定して**公示**します（公示2①）。

「正常な価格」とは、土地について、自由な取引が行われるとした場合におけるその取引において通常成立すると認められる価格です。そして、その土地に建物などの定着物がある場合や、地上権などの土地の使用・収益を制限する権利がある場合には、これらの定着物や権利がないものとして、通常成立する価格をいいます（公示2②）。

公示区域は、都市計画区域内には限定されていないよ。

2 標準地の選定

標準地は、土地鑑定委員会が、自然的及び社会的条件からみて<u>類似の利用価値を有すると認められる地域</u>において、土地の利用状況・環境等が通常と認められる一団の土地について選定します（公示3）。

3 三つの鑑定評価の基準

不動産鑑定士が、標準地の鑑定評価を行うにあたっては、次の価格・額を勘案して鑑定評価を行います（公示4）。

①近傍類地の**取引価格**から算定される推定価格
②近傍類地の**地代等**から算定される推定価格
③<u>同等の効用</u>を有する**土地の造成**に要する推定費用の額

4 鑑定評価書の提出と標準地の価格等の公示

①鑑定評価書の提出（公示5）

標準地の鑑定評価を行った不動産鑑定士は、土地鑑定委員会に対して鑑定評価額等を記載した鑑定評価書を**提出**しなければなりません。

②標準地の価格等の公示（公示6）

土地鑑定委員会は、標準地の単位面積当たりの正常な価格を判定したときは、<u>すみやかに</u>、下記の事項を官報で**公示**しなければなりません。

 〈主な公示事項（公示6・則5）〉

①標準地の**所在**の郡、市、区、町村及び字並びに**地番、住居表示**
②標準地の単位面積当たりの**価格及び価格判定の基準日**
③標準地の**地積及び形状・前面道路の状況**
④標準地及びその周辺の**土地の利用の現況**
⑤標準地の水道、ガス供給施設及び下水道の**整備の状況**
⑥標準地の**鉄道**そのほかの主要な**交通施設**との接近の状況

⑦標準地に係る都市計画法等の**法令に基づく制限**で主要なもの

5 公示に係る事項を記載した書面等の送付及び閲覧

　土地鑑定委員会は、公示をしたときは、速やかに**関係市町村**（特別区を含む）の長に対して、その市町村がある都道府県の標準地を記載した書面及びその標準地の所在を表示する図面を**送付**しなければなりません（公示7①）。そして関係市町村の長は、その図書をその市町村の事務所において、一般の方の**閲覧**に供しなければなりません（公示7②）。

4-3-3 公示価格の効力

 公示価格の効力は、どんなものなの？　 不動産鑑定士が鑑定評価を行う場合は、**義務**！（公示8）

・**不動産鑑定士**は、公示区域内の土地について鑑定評価を行う場合に、その土地の**正常な価格**を求めるときは、公示された標準地の価格（公示価格）を"**規準**"としなければなりません。

 自分たちが作ったんだから、率先して使わなきゃ！　 公共事業用地の取得価格を算定するときも！（公示9）

・**土地収用法**などの法律によって土地を**収用**することができる事業を行う者は、公示区域内の事業用地を取得する場合に、その**取得価格**を定めるときは、公示価格を"**規準**"としなければなりません。

 収用する土地に対する補償金の額の算定のときも！（公示10）

・公示区域内の土地について、**補償金の額を算定**するときは、公示価格を"**規準**"として算定した価格を考慮しなければなりません。

 土地の取引を行う者は努力義務で！

・都市やその周辺地域で**土地取引**を行う者（宅建業者など）は、取引を行う場合には、公示価格を指標とするように努めなければなりません（公示1-2）。

 「指標」と「規準」の違いに注意！

A **解説** 土地の取引を行う者は、公示された価格を指標として、取引を行うように努めなければならないという努力規定になっています（公示1-2）。
答 ×

4-3-4 土地鑑定委員会

 土地鑑定委員会とはダレのこと？

 土地鑑定委員会は国土交通省に設置されて、地価公示などその他法律に基づいた権限を行います（公示12）。土地鑑定委員会は、委員7人をもって組織されます（公示14①）。また、国土交通大臣が土地鑑定委員会の委員の任命・罷免をします。

 地価公示の主役、土地鑑定委員会！　ってことなのか〜

4-4　住宅金融支援機構法（免除科目）

 「住宅金融支援機構」って、海の家不動産のお仕事でも、よく聞くよ。

 「フラット35」、住宅購入を考えた方なら一度は耳にしたと思います。そう、独立行政法人住宅金融支援機構が行っている、長期・低利の住宅ローンです。住宅の購入を考えているお客さんに対してもフラット35を含めた住宅ローンの説明は欠かせません。

4-4-1 住宅金融支援機構の目的（支援4）

 住宅金融支援**機構**の**目的**は、こちら！

①一般の金融機関による住宅建設、新築・中古住宅購入の資金（建設・購入に付随する土地又は借地権の取得に必要な資金を含む）の融通を支援するための貸付け債権の譲受け等
②良質な住宅の建設等に必要な資金の調達等に関する情報の提供・援助
③一般の金融機関による融通を**補完**するため、一般の金融機関ではなかなかできない災害復興建築物の建設等に必要な資金の貸付け

↓　以上の業務を行うことによって、
・住宅の建設等に必要な資金の円滑かつ効率的な融通を図り、もって国民生活の安定と社会福祉の増進に寄与することを目的としています。

4-4-2 住宅金融支援機構の業務
支援機構の主な業務は次のとおりです。

1 証券化支援業務（買取り型）

住宅の建設又は購入に必要な資金の貸付けに係る金融機関の貸付け債権※の譲受け（買取り）を行うこと。この「購入に必要な資金」には、住宅の建設・購入に付随する資金も含まれることに注意！（支援13①一）

※金融機関が住宅金融支援機構と提携して取り扱う「全期間固定金利型住宅ローン」〜これが一般に「**フラット35**」といわれているものです。

 〈主な融資条件〉※

①申込者本人又は親族の居住する住宅
②新築に限らず中古住宅でもOK！
③住宅の床面積―― 一戸建＝ 70m² 以上・マンション＝ 30m² 以上
④貸付期間等――原則 15 年以上 35 年以下の長期・固定金利

※こちらは、土地又は借地権の取得資金だけの貸付けはできず、**住宅の建設又は購入資金**と併せての貸付けに限られます。

2 証券化支援業務（保証型）（支援13①二）

貸付け債権を担保とする債券にかかる**債務保証**による証券化支援業務です。

3 住宅融資保険引受け業務（支援13①三）

住宅ローンの債務者が返済不能になったときに、支援機構が金融機関に**保険金**を支払う業務です。

4 その他の業務

①直接融資業務――支援機構は、住宅資金の直接融資は原則として行いませんが、民間金融機関が行うには**困難な融資の分野**に限り、民間金融機関の融資を補完するために、個人に、直接に融資を行うことができます。

②災害関連の資金の貸付け――**災害復興建築物等**の建設・購入、**被災建物**の補修等に必要な資金の貸付けを行います（支援13①五）。

③住環境再生のための資金の貸付け

   a. マンションの建替え、共用部分の改良（**リフォーム**）等（支援13①七）

第4編 その他分野

b. **子供を育成している家庭**や**高齢者**家庭の**住宅改良資金等**（支援 13 ①八・九）

④勤労者財産形成持家融資──**勤労者財産形成促進法**による、勤労者財産形成持家融資（支援 13 ②五）

5 業務の委託（支援 16）

支援機構は、次の者に対して、業務の一部を**委託**することができます。

①主務省令で定める<u>金融機関</u>、債権管理回収業に関する特別措置法に規定する<u>債権回収会社</u>、<u>地方公共団体</u>その他一定の法人

②支援機構は、必要があるときは、業務委託を受けた者に対して、その委託を受けた業務について**報告**を求めたり、機構の役員もしくは職員に、その委託を受けた業務について必要な**調査**をさせることができます。

Q **平 30-46-4** 住宅金融支援機構は、高齢者の家庭に適した良好な居住性能及び居住環境を有する住宅とすることを主たる目的とする住宅の改良（高齢者が自ら居住する住宅について行うものに限る。）に必要な資金の貸付けを業務として行っている。

A **解説** 記述のとおりです。この他、高齢者居住法 7 条 5 項に規定する**登録住宅**とすることを主たる目的とする人の居住の用に供した事のある住宅の購入に必要な資金の貸付けも行っています（支援 13 ①九）。 答○

4-5 景品表示法と公正競争規約（免除科目）

この項目のテーマ

広告関係の規制はいっぱいあって、チラシ作りにも気を使わないと、タ〜イヘン!!　お客様に分かりやすくて役に立つ広告にしないとね……

景品表示法は、不動産に限らず各種の販売活動について規制をしています。そして景品表示法31条の規定に基づいて、不動産業界の自主規制である「不動産の表示に関する公正競争規約」が不動産公正取引協議会連合会により定められています。そしてこの公正競争規約が宅建業法32条の「誇大広告等の禁止」の**具体的な規制**になっています。

4-5-1 不当景品類及び不当表示防止法の目的

　景品表示法（不当景品類及び不当表示防止法）の目的は、商品及び役務の取引に関連する不当な景品類及び不当な表示による顧客の誘引を防止するため、**一般消費者を惑わすおそれのある行為を制限・禁止**することにより、一般消費者の利益を保護することをその目的としています。そして一般消費者の利益保護の目的のみならず、事業者間の公正な競争を確保することにも一役買っているといえます。

4-5-2 景品表示法・公正競争規約と宅建業法

　景品表示法は、実は宅建業法と密接な関係があります。

　宅建業法上、「物件の所在」「規模」「形質」「環境」「交通」「利用制限」「代金やその支払方法」「ローンの条件など」について誇大広告をした場合には、誇大広告等として業法違反とされます。

　その違反となる基準は、「著しく事実に相違する表示をし、又は実際のものよりも著しく優良・有利であると人を誤認させるような表示」です（業32）。

　さらにこれを具体化したのが不動産業界の自主規制である「不動産の表示に関する公正競争規約」です。

4-5-3 景品類及び表示に関する規制

1 景品表示法における内閣総理大臣の二つの役割

①景品類の制限及び禁止（景表4）

　内閣総理大臣は、不当な顧客の誘引を防止し、一般消費者による自主的・合理的な選択を確保するため必要があると認めるときは、景品類の価額の最高額・総額、種類その他景品類の提供に関する事項を**制限**し、又は景品類の提供を**禁止**することができます。

②措置命令（景表7）

　内閣総理大臣は、この法律による景品類の制限もしくは禁止又は規定に違反する行為があるときは、その事業者に対し、その行為の**差止め**又はその行為の**再発防止**を命ずることができます。

　そして、この命令は、その違反行為が<u>既に無くなっている</u>場合でも、その違反行為をした事業者等に対してすることができます。

2 景品類の提供の禁止（景品規約3①）

　宅建業者は、一般消費者に対し、次に掲げる範囲を超えて景品類を提供してはなりません。

> ①懸賞により提供する景品類——取引価額の20倍又は10万円のいずれか<u>低い価額の範囲</u>。ただし、景品類の総額は、懸賞に係る取引予定総額の100分の2以内でなければなりません。
> ②懸賞によらないで提供する景品類——取引価額の10分の1又は100万円のいずれか<u>低い価額の範囲</u>

3 不当な表示の禁止（景表5一）

　事業者は、一般消費者に対し、自己の供給する商品又は役務の取引について、実際のものより又は同業他社の同種・類似の商品・役務よりも著しく優良・有利であると表示して、不当に顧客を**誘引**し、一般消費者による自主的かつ合理的な選択を**阻害**するおそれがあると認められるものを<u>表示してはなりません</u>。

4-5-4 不動産広告についての具体的規制

　広告の不当表示としては、不動産業界団体の自主規制である「**不動産の表示に**

関する公正競争規約」において具体的に定めています。また、宅建業者が広告代理業者に委託して作成した広告でも、違反があれば、宅建業者に対して景品表示法の罰則が適用されます。

1 用語の定義

不動産の表示において「**建築条件付土地**」とは、宅建業者の所有する土地を取引（販売他）するにあたり、宅建業者と土地購入者との間において、<u>宅建業者又は宅建業者の指定する建設業者</u>との間に、その土地に建築する建物について一定期間内に**建築請負契約**の成立を条件として取引（販売他）される土地として用います。これには、建築請負契約の相手方となる建設業者を制限しない場合も含みます（表示規約4⑥(1)）。

2 特定事項の明示義務

 ここからは、<u>覚えておけば得点できる項目</u>ばかりですよ〜!!

①**市街化調整区域**内の土地は、原則として「市街化調整区域。宅地の造成及び建物の建築はできません」と**16ポイント以上**の文字で明示すること。

②建築基準法42条の**接道義務**を満たしていない土地については、原則として「**再建築不可**」又は「**建築不可**」と明示すること。

③**路地状部分**のみで道路に接する土地であって、その路地状部分の面積がその土地面積のおおむね**30%以上**を占めるときは、路地状部分を含む旨及び路地状部分の**割合**又は**面積**を明示すること。

④**古屋、廃屋**等が存在する土地については、その旨を**明示**すること。

⑤土地の全部又は一部が**高圧電線路下**にあるときは、その旨及びそのおおむねの**面積**を**表示**すること。この場合に、建物その他の工作物の建築が禁止されているときは、併せてその旨を**明示**すること。

（⑤のイメージ）

⑥傾斜地を含む土地であって、傾斜地の割合が当該土地面積のおおむね**30%以上**を占める場合（マンション及び別荘地等を除く）又は傾斜地を含むことにより、その土地の有効な利用が著しく阻害される場合（マンションを除く）は、その旨及び傾斜地の割合又は面積を明示すること。

3 物件の内容・取引条件等に係る表示基準

①**新設予定**の駅又は停留所は、その路線の<u>運行主体が公表したものに限り</u>、その新設予定時期を明らかにして表示することができます。ただし、現に利用されていない駅又は停留所を起点もしくは着点として算出した電車等の予想所要時間は表示してはいけません。

②自動車による所要時間は、**道路距離**を明示して、走行に通常要する時間を表示します。原則として、有料道路（橋を含む）を通行する場合はその旨を明示します。

③徒歩による所要時間については、道路距離**80m**につき**1分**を目安にします（信号待ち、坂道などで要する時間については考慮しません）。また<u>1分未満の端数は1分</u>とします。

④建築基準法28条（居室の採光及び換気）に適合しないため、<u>居室と認められない納戸</u>を「居室」と表示してはいけません。「**納戸**」などと表示すること。

⑤**割賦販売**の利率については**実質年率**である旨を明示して表示すること。銀行ローン等の金利についてアドオン方式※による利率のみを記載することはできません。

※アドオン方式による金利表示は、実質金利より低くなるためです。

4 特定用語の使用基準

①建物について「**新築**」と表示する場合、その建物は建築（工事完了）後<u>1年未満</u>で、<u>かつ未使用</u>であること。

②事業者は、表示内容を裏付ける合理的根拠を示す資料を現に有している場合を除いて、**物件の形質**などについて、「完全」、「完璧」、「絶対」、「万全」等、全く欠けるところがないこと、又は全く手落ちがないことを意味する用語を使用することは**できません**。

5 物件の名称の使用基準

<u>物件の名称として地名等を用いる場合</u>において、その物件が所在する市区町村内の町名又は地理上の名称を用いる場合を除いては、物件の所在地において、慣例として用いられている地名又は歴史上の地名がある場合は、その地名を用いる

ことができます。

6 おとり広告

次に掲げる物件の表示は、**おとり広告**に当たるとして禁止されています。

①物件が**存在しない**ため、実際には取引することができない物件
②物件は存在するが、実際には**取引の対象となり得ない**物件
③物件は存在するが、実際には**取引する意思がない**物件

7 その他の不当表示

次に掲げる広告表示は、**不当表示**にあたり、禁止されています。
①電車、バス等の**交通機関**を利用する場合の**利便性**について、実際のものよりも優良であると**誤認**されるおそれのある表示
②学校、病院、官公署その他の公共・公益施設又はデパート、商店その他の商業施設もしくは**生活施設の利用の便宜**について、実際のものよりも優良であると**誤認**されるおそれのある表示
③モデル・ルーム又は写真等、コンピュータグラフィックス、見取図、完成図もしくは完成予想図による表示であって、物件の規模、形状、構造等について、事実に**相違**する表示又は実際のものよりも優良であると**誤認**されるおそれのある表示

前におとり広告やっちゃったけど、もう違反行為が既に無くなっているから、いまさら措置命令は来ないよね〜

いいえ！　違反した具体例を明らかにすることと、業者に対する一種の見せしめのため、その違反行為が既に無くなっていても、措置命令を出せることになっているのよ（景表7①）。

4-6　統計問題（免除科目）の攻略法

 地価公示って……「地価公示法」は前に学習しましたが、統計とは……ナニ？

 宅建士は、不動産取引の専門家として、<u>最新の不動産を取り巻く動向等</u>を、常に押さえておく必要があるんですよ。国土交通省が発表する最新データ等について、ＨＰなどでチェックしておきましょう♪

 宅建試験では、**統計**について<u>毎年１問出題</u>されています。出題されやすい項目は以下の統計調査に基づく**数値や増減の傾向**です。細かいところまで覚える必要はありません。<u>大雑把な数値や傾向を見ておけ</u>ばよいでしょう。

①建築着工統計……受験年の１月末〜２月にかけて、国土交通省より、受験年前年の１年間の実績について、<u>新設住宅着工総戸数</u>などが発表されます。

②地価公示……受験年の３月に公示された内容について問われます。<u>前年の地価の傾向</u>（上昇したか？　下落したか？　等）について問われます。

③白書関係……土地白書、国土交通白書について、公表された内容から出題されます。白書の公表は受験年の５〜６月頃です。土地利用の概況及びその推移や、指定流通機構への新規登録件数、宅建業者の数、売買による<u>土地所有権移転登記の件数</u>等が問われます。

・土地白書――国公有地と私有地の割合、土地の取引件数、土地所有権移転登記の件数など。
・国土交通白書――宅建業者数、宅建士の新規登録件数、宅地供給量など。

④その他、「法人企業統計調査」の結果から、不動産業の経常利益・売上高の動きなどが問われたりします。

※実際の数値・傾向等の情報は、下記のホームページ等でも掲載いたします。
「中神エマ HP」https://www.nakakamiema-takkenshi.com/

4-7 土地と建物（免除科目）

 いよいよ、最後の項目ですね〜、一体何が出てくるかナ……土地と建物!?

 宅建業者の扱う商品そのものです。土地の形状・性質、宅地としての適否、建物ではその形状や構法（工法）の特徴など、商品の善し悪しを見分けるための、いわば宅建業者の必須の常識といってもよいでしょう。その宅地の場所が安全かどうかも、重要テーマです。

4-7-1 土地の知識

　土地の知識のうち、宅建試験では、その土地の**性質**、**利便性**、**安全性**について、「その土地が**宅地**に適しているか」ということがよく問われます。

　ある宅地の性質について考えた場合に、さまざまな見方が存在します。

 どういうことでしょう？

 たとえば……利便性で見た場合、駅に近い物件は便利ですが、環境について考えた場合、騒音について考える必要があります。つまり店舗などには向いていますが、住宅地としては、やや不適格ということになります。

1 環境・利便性

①幼稚園や小学校に隣接した土地は、子供の教育上好ましくても、**騒音や交通量**（子供の送り迎えなど）の点で嫌がる人もいます。

②大通りに面した住宅は、利便性は高いですが、**プライバシー保護**の面で問題の生じる場合もあります。

③奥まった住宅は、静かでプライバシー保護の面でも良いですが、**防犯上の問題**（ピッキングによる窃盗など）の生じる懸念があります。

第4編
その他
分野

2 土地の安全性

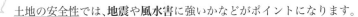

　土地の安全性では、**地震や風水害に強いか**などがポイントになります。

①**海抜の高い土地**の方が、比較的、安全性が高いといわれます。また、神社仏閣など、**古い建物がある地域**の土地は、それまで大きな地震の被害に遭っていない可能性が高く、比較的安全な土地といえます。

②山に囲まれた谷の出口部分では、鉄砲水の危険性があります。

③台地は、中心部は安全ですが、縁辺部は**崩壊**するおそれがあります。

④地下水位の高い土地は、地震時の**液状化**、**水害**の危険性があります。

⑤土砂崩れなどで一度崩壊している土地は、**再発**のおそれがあります。

⑥埋立地の場合、信頼のおける工事が十分に行われていれば、海抜以下の干拓地よりも安全性が比較的高いといえます。

⑦山麓部の地形の中で、谷の出口から広がる**扇状地部分**は、確かになだらかで水はけもいいし、地下水も得やすいため宅地として好適です。ですが、②のように谷の出口の部分は、**鉄砲水**のおそれがあるので、宅地としては不適です。

> **Q** 〔令3-49-4〕 崖錐や小河川の出口で堆積物の多い所等は、土石流の危険が少ない。

A **解説**　出口部分は、土石流の危険があります。安全とはいえません。　答 ×

海の家不動産で、産業廃棄物の処分場の跡地を安く手に入れたので、宅地に利用しようと思うのですが、危ないかな〜？

塵芥や産業廃棄物等による**埋立地**の場合は、あらかじめ時間をかけて、ガス抜きや浸出水の浄化、それと地盤沈下等の観測等も行わなければなりません。特に**地盤沈下**が激しいことが多いから、十分な注意が必要です。

4-7-2 建物の知識

　建物の安全を考える場合、その建物の**施工方式**による**強度**が問題になってきます。また、地震や台風の影響などを考えることも重要な要素です。構造と安全性のポイントは次のとおりです。

1 木造建物のポイント

①木造建物は、コンクリート造りの建物と比較して、軽量で加工しやすい特徴がありますが、<u>防火上の性能が劣る傾向</u>にあります。

②木造建築の場合、柱が多い方が耐震性が向上します。また、階数が複数の場合、1階に壁や柱を多く用いるほうが<u>耐震性が向上</u>します。基礎と土台、柱とはりを金物により緊結する方法も有効です。

③木造建築の場合、屋根瓦は重量の軽いものを用いたほうが、<u>耐震性が向上</u>します。でも、軽いと<u>耐風性には劣ります</u>。

2 鉄骨構造・その他の構造のポイント

①鉄骨構造は、材料が鉄であるため、引っ張られる力に強く、横向きの衝撃にも対応でき、**高層住宅**に向いています（**ラーメン構造**など）。ですが、熱に弱いという欠点があります。その点を補う方法として、耐火性能のある材料で覆う工法があります。

②鉄筋・鉄骨は錆に弱いので、"鉄筋コンクリート造"等では覆うコンクリートに塩分が含まれないようにします（コンクリートはアルカリ性）。

③**鉄筋コンクリート造**は、柱・はり・壁・床の鉄筋をあらかじめ組み上げておいて、その回りに型枠を造って、その中にコンクリートを流し込む方法（流込み・現場打ち工法）です。基礎から最上階までを一体に造るので、<u>造形の自由度</u>があります。ですが、自重が大きい（重い）という弱点があります。

④**免震構造**は、建物の基礎部分と上部構造の間に衝撃を和らげる装置（積層ゴム、滑り機能など）を設けて、建物の変形を少なくして耐震性を向上させています。

⑤"日本の建築"では、組積造（レンガなどを積み上げて造る方法）がよく使われます。中でも、「補強コンクリートブロック造」が多く用いられます。

⑥コンクリートブロックの**組積造**については、その<u>接着材料</u>として、セメントなどが使われます。

 〈コンクリートブロック造の特徴〉

　日本が地震の多い地域であることやコンクリートは年月を経ることでひび割れ・変形を生じやすいこともあり、コンクリートブロックを積み上げる際はタテヨコに鉄筋を通し、隙間をセメントで埋めるといった工法がとられます。このような構造を「**補強コンクリートブロック造**」といいます。

⑦補強していないコンクリートブロック造を高く積み上げますと、横からの衝撃に弱いので、一定の安全な技術的基準に適合させずに高さ**13m**を超えるなどして建築してはいけません（建基20①三）<u>※</u>。

※「建物の知識」では、建築物の**基礎の構造**や**高さ制限**など、<u>建築基準法の知識</u>が問われる場合もあります。

Q **令3-50-3** 鉄骨構造は、耐火被覆や鋼材の加工性の問題があり、現在は住宅、店舗等の建物には用いられていない。

A **解説** 鉄骨構造は加工性がよく、靭性もあり、耐火被覆などを施したうえで多くの建物に用いられている工法です。 答 ×

 木造軸組工法は、実は火に弱い欠点があるんだね？

 そうですね！ **木造軸組工法**（在来工法）は、我が国伝統の工法であって、柱に**はり**等の横架材を組み合わせて架構（軸組又は骨組のこと）を構成し、これを基本として壁、床、屋根等を付加して全体の構造を形成するからバランスはとても良いのですが、火に弱い欠点は否めないですね。

 ツーバイフォー工法は、柱がないんでしょ。地震では大丈夫なのかナ？

 大丈夫！ **ツーバイフォー工法**（枠組壁工法）は主に北米で普及した木造住宅の工法で、**床板**と**耐力壁**によって<u>建築物全体を一体化</u>し、一種の**箱**を組み立てることを基本にしています。柱でなく**壁**でもって箱を構成しているので、<u>耐震性が高い</u>ことが長所です。

＊＊＊＊＊＊＊＊＊＊＊＊＊＊＊＊＊＊＊＊＊＊＊＊＊＊＊＊＊＊＊＊＊＊＊

 　さあ、これまで、宅建試験に出題される全分野から、重要な項目を学習してきました。次のステップは、**問題演習**です。問題を解きながら、適宜、この“基本テキスト”で、復習を行なってください。頭の中に、テキストの記述と解答した問題が再現できるようになるまで、繰り返し繰り返しです。テキストを2回読んで覚えられなくても、3回、4回読めば、記憶のスイッチが“カチッ”と入る瞬間がきっと訪れます！　問題集は、同じ問題でも5回くらい行うと、傾向がバッチリつかめますよ♪

 　がんばるぞ〜!!

＊＊＊＊＊＊＊＊＊＊＊＊＊＊＊＊＊＊＊＊＊＊＊＊＊＊＊＊＊＊＊＊＊＊＊

さくいん